高等学校新体系土木工程系列教材

JIANSHE FAGUI

建设法规

（第3版）

王立久　曹明莉
艾红梅　王宝民　编

中国教育出版传媒集团
高等教育出版社·北京

内容提要

本书以规范建设活动的基本法《中华人民共和国建筑法》为基础，以基本建设程序为主线，阐述与建设工程勘察、设计、施工、监理等活动相关的法律法规。全书除绪论外共分八章，主要内容有建设法规基本概念，建设立法与实施，基本建设程序，建筑工程市场交易法规，工程勘察设计法规，建筑施工法规，建设监理法规，以及建设基本法。

本书可作为普通高等学校土木工程、水利水电工程、港口航道与海岸工程、交通工程、环境工程、城乡规划、城市设计、房地产开发与管理等专业教学用书，也可作为各级政府相关行政主管部门监督管理的工具书，以及勘察、设计、施工、监理、建设投资单位及其专业技术人员从业执业资质的备考用书。

图书在版编目(CIP)数据

建设法规 / 王立久等编. --3 版. -- 北京:高等教育出版社,2023.5

ISBN 978-7-04-060220-3

Ⅰ. ①建… Ⅱ. ①王… Ⅲ. ①建筑法 – 中国 – 高等学校 – 教材 Ⅳ. ① D922.297

中国国家版本馆 CIP 数据核字(2023)第 043468 号

策划编辑　赵湘慧　　责任编辑　赵湘慧　　封面设计　李小璐　　版式设计　王艳红
责任绘图　于　博　　责任校对　张　薇　　责任印制　赵　振

出版发行	高等教育出版社	网　　址	http://www.hep.edu.cn
社　　址	北京市西城区德外大街 4 号		http://www.hep.com.cn
邮政编码	100120	网上订购	http://www.hepmall.com.cn
印　　刷	唐山市润丰印务有限公司		http://www.hepmall.com
开　　本	787mm×1092mm　1/16		http://www.hepmall.cn
印　　张	17.75	版　　次	2000 年 6 月第 1 版
字　　数	350 千字		2023 年 5 月第 3 版
购书热线	010-58581118	印　　次	2023 年 5 月第 1 次印刷
咨询电话	400-810-0598	定　　价	37.50 元

本书如有缺页、倒页、脱页等质量问题，请到所购图书销售部门联系调换

物 料 号　60220-00

建设法规

（第3版）

1 计算机访问http://abook.hep.com.cn/1258871，或手机扫描二维码、下载并安装Abook应用。

2 注册并登录，进入"我的课程"。

3 输入封底数字课程账号（20位密码，刮开涂层可见），或通过Abook应用扫描封底数字课程账号二维码，完成课程绑定。

4 单击"进入课程"按钮，开始本数字课程的学习。

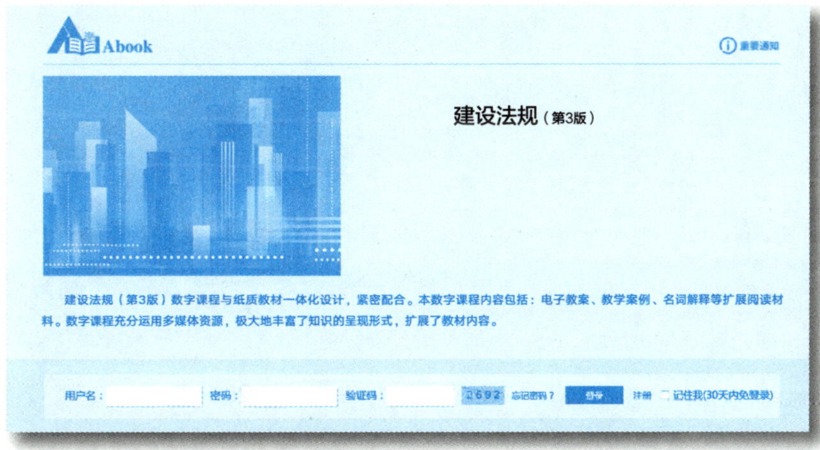

课程绑定后一年为数字课程使用有效期。受硬件限制，部分内容无法在手机端显示，请按提示通过计算机访问学习。

如有使用问题，请发邮件至abook@hep.com.cn。

教学案例目录

http://abook.hep.com.cn/1258871

第 3 版前言

《建设法规》自第 1 版、第 2 版相继出版以来，由于其具有鲜明的特色且实际教学使用效果好，已被国内多所高等院校使用，受到师生普遍好评。

《建设法规》第 3 版最大的特点依然是以建设活动的基本法《中华人民共和国建筑法》为基础，突出建筑法律法规的基本概念、基本法条，较全面、系统地讲述建设工程各个阶段的相关法律制度。全书内容通俗易懂，贴近建设活动实际，便于学生自学和掌握。

自党的十八大以来，我国建筑业保持平稳增长，相应的建设法律、法规也不断地更新。为此，第 3 版对相关内容做了较大修改，力求准确、科学地反映我国现行建设法律、法规制度的发展。

一、本次修订，全书的编写框架没有大的变动，仍然以《中华人民共和国建筑法》(2019 年第二次修正)为基础，以基本建设程序为主线编写，摒弃逐一罗列法律法规的编写模式，注重教程的系统性、严谨性和逻辑性，既便于教师讲授，又利于学生自学。

二、《中华人民共和国民法典》是我国第一部以法典命名的法律，在法律体系中居于基础性地位，也是市场经济的基本法。本次修订将其与建设法规相关的条款一并写入教程。

三、本次修订前三章主要依据近几年修订的建设法律、法规的新概念、新法条进行修正、完善，重点是第四章以后各个章节的修编，有的进行了整章整节的重写，并经过多次校核才完成终稿。具体修订工作包括：

① 更新了我国现行的与建筑活动相关的法律、法规，特别是仔细梳理了已经废止或失效的法律法规和近几年颁布的法律法规。

② 重新改写了第一章中的“建设民事法律”和第四章“建筑工程市场交易法规”，删除了原教程中相关合同的具体条款，重新进行了归类；重写了第五章、第六章。

③ 大幅修改了第七章、第八章。第八章中删除了第 2 版的第四节、第五节；基于“绿水青山”理念与建筑活动中环境保护的关系，依据《建设项目环境管理条例》和《中华人民共和国环境保护法》重新编写了第八章第四节(第 2 版教材第六节)，加入了有关内容。

④ 绪论作为绪章，在第 3 版中深入解读了一些基本概念，特别加强了学习建设法规的目的、意义和学习方法等相关内容，增加了“法律条文书写格式”的内容。

⑤ 学习建设法规本质上就是学习、理解、消化《中华人民共和国建筑法》和《中华人民共和国民法典》的法条及配套法律法规。因此，第3版各章节的编写突出法条内涵，即法律依据。

⑥ 本次修订升级为新形态教材，各章附有典型案例，主要案例来源于编者们多年的教学积累。为节省篇幅，典型案例和电子教案均采用扫描二维码的方式进行阅读。

⑦ 对文字进行了勘误，对一些基本概念做了补证或完善。为了达到言简意赅，对部分内容做了删减，特别是删除了个别章节涉及的一些过时的法律法规及“模糊性”表达和冗长的叙述性论述。

⑧ 部分篇章增加了相关内容框架简图，以形象表述相关内容的内涵和关系，进一步加强学生对建设法规的整体把握和理解。

第1版、第2版参与编写的有王立久、曹明莉、任铮钺和王宝民等。第3版主要由王立久、曹明莉、艾红梅和王宝民完成编写。另外，全书案例筛选及完善由曹明莉完成，教学课件的制作由艾红梅完成，各章所附思考题的编写由王宝民完成。

中国工程院院士赵国藩教授是第1版书稿的主审，并为之作序。至此，我怀着授业弟子之心表达对先生的深深怀念和敬意。

著名教育家、原大连理工大学校长金同稷教授，曾多次为第1版书稿提出宝贵意见，最终指导我确定按基本建设程序编写的理念，金教授的谆谆教诲令我终生难忘。

浙江大学钱晓倩教授对第3版书稿进行了认真地审阅并提出宝贵意见，我在此深表谢意。

总之，本次修订结合我国最新颁布的建设法律、法规，对书中相关内容做了大量删减、更改、增加，甚至“斧正”。但限于编者水平，不妥之处在所难免，欢迎广大读者在使用过程中提出宝贵意见，以便重印或再版时修改。

王立久

2022年10月于大连理工大学

第 2 版前言

《建设法规》一书于 2000 年第 1 版问世以来，深受全国相关使用院校好评，并多次重印。由于近年来为适应我国建设领域的发展需求，国家相关行政主管部门颁布一系列新的法律法规，因此此次再版对本书相关内容做了较大修改。

1. 本次修订对全书的结构体系没有较大修改，仍然以建筑法为基础，以基本建设程序为主线。

2. 本次修改的内容主要有：

绪论、第一章和第二章除个别之处修改外，其他部分基本没有变化。

第三章删掉第一部分的第(二)项，与第三部分建设项目的特殊性合并，并对基本建设程序、单位工程、分项工程、分部工程等基本概念进行了重新定义，增加了可行性研究报告后的主要工作、初步设计的审查内容等。

第四章删除了建筑市场管理规定，调整了建设工程合同行政法规的全部内容，并对有关内容进行了更改或增加。

第五章和第七章依据近几年出台的法律法规进行了重新编写。

第六章对企业资质等级划分标准及资质管理方面的内容进行了更新，如对《建筑业企业资质等级标准》《建筑业企业资质管理规定》进行了更新，删除了《施工企业资质动态管理暂行办法》《施工企业资质等级标准》等废止的标准，新增了《建造师执业资格制度暂行规定》等有关建造师方面的内容，充实了建筑安全生产内容，新增了《特别重大事故调查程序暂行规定》《建设工程安全生产管理条例》《关于加强建设系统重大质量安全事故快报工作的通知》等有关内容。

第八章新增了第六节“建设项目环境保护管理条例”。

总之，本次修订结合我国最新颁布的法律法规，对书中相关内容做了大量删减、更改或增加。但限于编者水平，不妥之处在所难免，欢迎广大读者在使用过程中提出宝贵意见，以便重印或再版时修改。

编　者

2006 年 7 月

第 1 版序

改革开放以来，我国土木工程、建筑工程、线路管道和设备安装工程及装修工程规模不断扩大，作为我国国民经济中占有支柱产业地位的建筑业，依法管理已成必然。特别是作为土木建筑类专业本科生，将来要从事建设活动，更应学好建设法规，为今后依法执业打好基础。

本书主编王立久教授从事土木建筑类专业教学和科研多年，在建设工程质量的检测、评价和仲裁方面做了大量工作，对相应建设法规颇有研究。

该书以《中华人民共和国建筑法》为基础，以基本建设程序为主线进行编写，很有特色。书中对建设法规基本概念讲授清楚，通篇论述通俗易懂，语言流畅。该书注重教材的系统性、严密性和逻辑性，既便于教师讲授，又利于学生自学。

此书是适应土木建筑类专业本科生建设法制教育的一本好教材。

中国工程院院士

大连理工大学教授 赵国藩

2000 年 2 月

第1版前言

随着国家建设形势的发展和21世纪国家建设对专业人才的需求，我国近期对高等教育专业设置进行了较大幅度的调整，其中新设置的土木工程专业取代了过去的建筑工程、交通土建工程等四个相近专业。根据国家教育部门的安排，全国各高校将从1999年开始按新专业目录进行新生录取工作，高等学校土木工程学科专业指导委员会也于1999年初下达了新土木工程专业的课程设置指导意见。比较而言，土木工程专业较过去各专业覆盖面要广泛很多，涵盖了原来近8个专业的内容，因此新专业的教学计划、课程内容调整及新教材的编写就成为当前一项较为紧迫的任务。为适应这一形势的发展，大连理工大学河北工业大学、天津大学、天津城市建设学院等院校经过充分协商和研究，本着“探索、科学、先进”的原则和符合“大土木”的专业要求，联合编写了一套系列教材，由中国建材工业出版社出版发行。

本教材以规范建设活动的建设法规为基础，以基本建设程序为主线，阐述建设工程的勘察、设计、施工、监理和监督等相应法律法规。重点是建设法规基本概念，突出建设行业基本法，侧重理论分析。本书可作为土木建筑类专业本、专科生“建设法规”课程的教学用书，也可作为建设管理、设计、施工、投资等单位的参考用书。

本书由王立久教授任主编，由曹明莉、任铮钺、王宝民任副主编。全书由中国工程院院士赵国藩教授主审并作序，在此深表感谢。

由于时间仓促及编写人员的能力和学识水平有限，不妥之处在所难免，恳请指正，以资重印或再版时修订。

编　者

2000年3月于大连

目　录

绪　论

作为教材，它和一般的学术专著一样总要有一个开端，也就是要有一篇绪章。本教材绪章的任务就是以建设工程的"法"为开篇，继而展现编写的总体框架，以及其他需要说明的问题，比如作为教材还应让学生认识学习"法规"的目的、意义和方法等。

0-1 绪论电子教案

第一节　法律、法制与法规

一、法律及其体系

（一）法律

1. "法"的定义

"法"是汉语通用规范一级汉字。"法"古字写作"灋"，最早见于西周金文。"法"本意是法律、法令。它的含义古今变化不大，在古代有时特指刑法，后来由"法律"的含义引申出"标准""方法"等含义。

"法"是一种规范，它确定了人的行为的自由程度，即在法律界限之内，人可以自由地活动；超越了界限，即违法必然要被矫正。

2. "法"的本质

"法"是由国家制定或认可，以权利义务为主要内容，由国家强制力保证实施的社会行为规范及其相应的规范性文件的总称。"法"作为一种特殊的社会规范，是人类社会发展的产物。但人们对于法的概念的理解，古今中外并不一致。

"法"的本质是国家意志，是国家利益的集中反映。

①"法"是上层建筑的组成部分，受经济基础的制约，一个国家具有什么样的经济模式就必然会形成什么样的法。

②"法"是人们的行为规范，它调整的是人们的行为而不是思想或其他的非行为的东西。

③"法"的内容不是所有人的想法，只能是国家利益，且不是简单相加，而是集中的、高度的概括。

④“法”是国家确立、维护和发展社会秩序的工具。这个工具的使用,是以军队、法庭、监狱等为后盾的。

3. “法”和法律的区别

法律是具体的、明确的、应用性的规范。“法”是这些具体规范的总和,往往指整个制度或一个学科研究体系,它是抽象的、伦理性的。

马克思主义对于法的基本观点是:第一,“法”的本质表现为“法”的**权威性**;第二,“法”的本质反映法的**阶级性**;第三,“法”的本质最终体现为“法”的**物质制约性**。“法”的物质制约性是指“法”的内容受社会存在制约,其最终也是由一定的社会物质生活条件所确定的。

马克思主义法律理论认为法律是社会的组成部分,也是社会关系的反应,社会关系的核心是经济关系,经济关系的中心是生产关系。生产关系是由生产力决定的,而生产力三要素(劳动资料、劳动对象、劳动者)则是不断发展变化的,最终导致包括法律在内的整个社会的发展变化。按照这种观点,立法者不是在创造法律,而是在表述法律,是将社会生活中客观存在的包括生产关系、阶级关系、亲属关系等在内的各种社会关系及相应的社会规范、社会需要上升为国家的法律,并运用国家权威予以保护。所以,“法”的本质存在于国家意志、阶级意志与社会存在、社会物质条件之间的对立统一关系之中。

(二) 法律体系

1. 法律体系的定义

在一个国家中,不同法律部门纵横交错,组成了这个国家的法律整体,它们是相互联系,相互补充,相互协调,多层次的完整统一的有机体,称之为法律体系。

法律体系,在法学中有时也称为“法的体系”,即法系。它通常是指一个国家全部现行法律规范分类组合为不同的法律部门而形成的有机联系的统一整体。简单地说,法律体系就是部门法体系。部门法,又称法律部门,是根据一定标准、原则所制定的同类规范的总称。

2. 法律体系的组成内容

(1) 从横向看

在我国,组成法律体系的法律部门有:宪法、刑法、民法典、行政法、经济法、国家赔偿法、诉讼法、建筑法等。

(2) 从纵向看

法律体系又是由级别不同、效力不一的法律组成的。如我国宪法是我国的根本法,效力最高;民法典、刑法、劳动法、建筑法等法律属于基本法,效力仅次于宪法;行政法规、地方法规的效力则更低一些,其内容不得与宪法和基本法相违背。

《中华人民共和国立法法》(简称《立法法》)第二条中规定,“国务院部门规章和地方政府规章的制定、修改和废止,依照本法的有关规定执行。”第四条规定,“立法应当依照法定的权限和程序,从国家整体利益出发,维护社会主义法制的统一和尊严。”

法律层级图如图 0-1 所示。

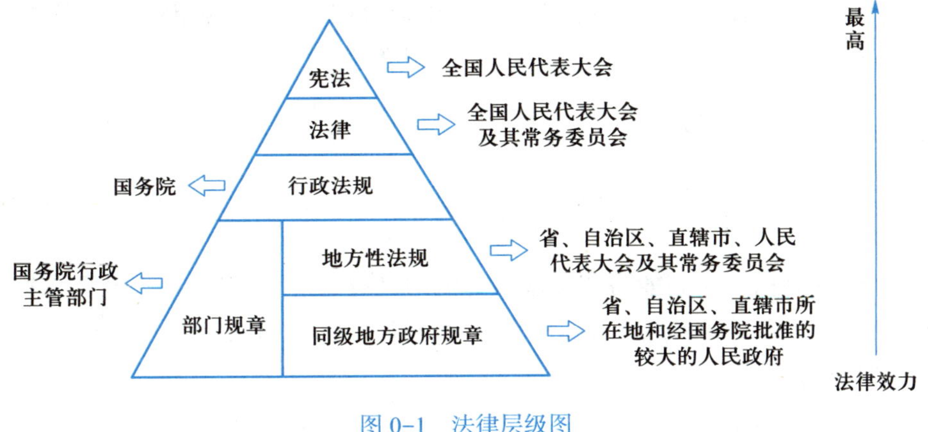

图 0-1 法律层级图

二、法制

(一) 法制的含义

1. 法制的定义

法制即法律制度,也就是国家的立法制度与司法制度的总称。从广义上讲,法律制度是指一个国家法律规范的总和;从狭义上讲,法律制度是指调整某一类特定关系,规范某一类特定行为的法律规范的总和。

运用法律规范调整了多少社会关系就形成多少种具体的法律制度,如行政法律制度、建设工程法律制度、经济法律制度、婚姻家庭法律制度、诉讼法律制度、教育文化法律制度等。法律制度及其相应的法律规范的总和构成法律部门。

从宏观角度来说,法律制度与法系的概念比较接近,但不能把制度等同于法律条文。

法律制度有三方面要素:法律的权威;良好的司法官员;简单易行的诉讼程序。

法律体系的基本特征包括:

① 法律体系是一国国内法构成的体系,包括被本国承认的国际法;

② 它是现行法构成的体系;

③ 构成法律体系的单位是法律部门,法律部门是由若干相关的法律规范构成的,因此法律规范是法律体系构成的最基本单位;

④ 法律体系不同于立法体系,立法体系的构成单位是规范性文件。

2. 分类

法律制度按照划分方式不同,可以作出不同分类,但多数都以法律部门为依据来建立法律制度，如行政法律制度、建设工程法律制度、经济法律制度、婚姻家庭法律制度、诉讼法律制度、教育文化法律制度等。

在一个部门法中，还有许多不同的具体法律制度，如在宪法制度中包含政党制度、议会制度、经济制度等；在诉讼法律制度中包含回避制度、两审终审制度等；在建设工程法律制度中包含招标投标制度、许可证制度等。

（二）法人与法定代表人

1. 法人

(1) 定义

法人是具有民事权利能力和民事行为能力，依法独立享有民事权利和承担民事义务的组织。法人是与自然人相对应的一个法律概念，是指在法律上与自然人（或称公民）相对应的“人”。

(2) 法人的成立条件

① 依法成立。要求：一是法人的设立目的和方式必须符合法律法规的具体规定和要求；二是设立法人必须经过国家有关机关的批准或核准登记。

② 有必要的财产或经费。这是法人进行民事活动的物质基础，要求法人的财产或经费必须与法人的经营范围和设立目的相适应，否则不能被批准设立或核准登记。

③ 有名称、组织机构和经营场所。法人的名称或字号是法人之间相互区别的标志和法人进行民事活动时使用的名称；法人的组织机构是指对内管理法人事务、对外代表法人进行民事活动的常设机构或机关，包括法人的决策机构、执行机构和监督机构及内部业务活动机构；法人的经营场所是法人进行业务活动的所在地。

④ 能够独立承担民事责任。即法人能够以自己所拥有的财产或经费承担它在民事活动中的债务，以及法人在民事活动中给他人造成损失时的赔偿责任。

2. 法定代表人

法定代表人是指能够代表法人行使民事权利、承担民事义务的主要负责人。法人作为一个组织是不能直接实施行为的，而必须通过法定代表人的行为，或依照职权和法律要求而授权他人的行为才能完成。所以，法定代表人是法人实施行为的第一载体。

三、法规

（一）法规的概念

1. 定义

法律规范简称法规，它是法律、法令、条例、规则和章程等法定文件的总称。是由国家机关制定或认可并由国家强制力保证实施的具体行为规范。也就是说，法规指国家机关制定的规范性文件。如我国国务院制定和颁布的行政法规，省、自治区、直辖市人民代表大会及其常委会制定和公布的地方性法规。法规同样也具有法律效力。

2. 法律规范与法律的关系

它是个体与整体的关系。规范是法律的具体化，调整某类行为的不同法律规范组成了法律。

法律规范的表现形式是法律文件。法律文件必须公布实施后，法律规范方能生效，具有法律效力。

（二）法规的构成要素

任何一个法律规范都必须由假定条件、行为模式、法律后果三部分组成，法学上称之为法律规范的三要素。

1. 假定条件

假定条件是指在法律规范中，确定适用该规范的条件和环境的部分。

2. 行为模式

行为模式是指行为规则的本身，是法律规范确定的允许做什么，禁止做什么，要求做什么的部分。

3. 法律后果

法律后果是指法律规范所规定的人们的行为在法律上可能引起的结果，是法律规范的一个组成部分。它包括肯定式的法律后果和否定式的法律后果。前者表现为法律上的权利或奖励，即法律承认这种行为合法、有效并加以保护，如有权要求有关部门或人员保护自己参加选举活动；后者表现为法律上的责任或制裁，即从法律上不予承认，加以撤销或制裁，如应赔偿损失或被判处某种刑罚。

肯定式法律后果的法律依据是《中华人民共和国民事诉讼法》（简称《民事诉讼法》）第二条“中华人民共和国民事诉讼法的任务，是保护当事人行使诉讼权利，保证人民法院查明事实，分清是非，正确适用法律，及时审理民事案件，确认民事权利义务关系，制裁民事违法行为，保护当事人的合法权益，教育公民自觉遵守法律，维护社会秩序、经济秩序，保障社会主义建设事业顺利进行。”

否定式法律后果也称法律责任。法律责任是指自然人、法人或国家公职人员因违反法律而应依照法律承担的法律后果。它说明的是违反法律规范时，国家将给予怎样的处置，即法律规范的强制措施。

① 法律责任构成的要件主要有四个：即损害事实发生，存在违法行为，违法行为与损害事实之间有因果关系，违法者主观上有过错。

② 建设活动中的法律责任主要是：违约责任，表现为延误工期、产品质量不合格、拖欠工程款等；侵权责任，表现为勘察设计中的侵权责任（如发明权、专利权、版权、成果权等），施工中的侵权责任（如财产损失、人身伤害等）；行政责任，表现为行政管理

机关(工商、税收、审计、环保等)承担的责任;上级主管部门及内部管理中的行政责任(如企业法、技术法规、不正当竞争法等)。

③ 法律责任的基本特征是:具有法定性,主要表现为法律的强制性,即违反法律就必然要受到法律的制裁,它是国家强制力在法律规范中的一个具体体现;引起法律责任的原因是法律关系的主体违反了法律,包括没有履行法定义务及超越法定权利;法律责任的大小同违反法律义务的程度相适应,违反法律义务的内容多、程度深,法律责任就大;法律责任必须由专门的国家机关和部门来认定,无权的单位和个人是不能确定法律责任的。

0-2 扩展阅读(构成要素)

④ 依照行为违法的不同、违法者承担法律责任方式的不同,法律责任可分为:民事责任、行政责任、经济责任、刑事责任和违宪责任。具体内容可参阅有关法律法规的规定。

(三) 条例与规章

建设法规范畴除了“法律”“法规”名词外,还有“条例”“规章”“规定”和“办法”的概念。

条例和规章属于行政法规范畴。

规章是国务院或有关部委、中国人民银行、审计署和具有行政管理职能的直属机构或地方人民政府制定的。它是规范性文件,不属于法律范畴,效力低于法律。

条例是法律名称,但不是法律种类。

① 行政法规是由国务院制定的关于国家行政管理活动的规范性文件,具体有“条例”“规定”和“办法”称谓。对某一方面行政管理工作比较系统的规定,称为“条例”。对某一方面行政管理工作的部分规定,称为“规定”。对某一方面行政工作比较具体的规定,称为“办法”。它们之间的区别在于:在范围上,条例、规定适用于某一方面的行政工作,办法仅用于某一项行政工作;在内容上,条例比较全面、系统,规定集中于某个部分,办法比条例、规定具体得多;在名称使用上,条例仅用于法规,规定和办法在规章上经常遇到。

② 规章亦属于行政法规范畴,分为国务院部门规章和地方政府规章。

A. 国务院部门规章。国务院各部、委员会、中国人民银行、审计署和具有行政管理职能的直属机构,可以根据法律和国务院的行政法规、决定、命令,在本部门的权限范围内制定规章。部门规章规定的事项应当属于执行法律或者国务院的行政法规、决定、命令的事项。国务院部门规章服从宪法、法律和行政法规,与其他地方性法规处于同一级别。

B. 地方政府规章。省、自治区、直辖市和设区的市、自治州的人民政府,可以根据法律、行政法规和本省、自治区、直辖市的地方性法规制定规章。地方政府规章除了服从宪法、法律和行政法规外,还要服从地方性法规。

（四）行政令

行政令，或称行政法令，是国务院及其部门、县以上人民政府发布采取重大的强制性行政措施的一种公文。分为颁布性命令和事项性命令。行政令一般由三部分构成，即标题、正文和签署。

① 标题：行政令的标题由发文机关、事由、文种类别三部分组成，且三部分必须俱全，不可简略为两部分或一部分。

② 正文：正文一般先写发令目的、实施的起始时间和范围，后列具体内容，最后写明对违令者的处罚。

③ 签署：落款可以是机关也可以是机关领导人，领导人前要写明职务，同时要写明签发日期。

行政令的写作通常不如公布令简短，对于正文中的具体法令事项，要写得既明确简练又清楚周密。

例如：2022 年 3 月 10 日中华人民共和国住房和城乡建设部令第 55 号公布，自 2022 年 5 月 1 日起施行，标题为《住房和城乡建设行政处罚程序规定》，正文共四十六条，落款为住房和城乡建设部。

第二节　建设法规的法律效力

法律效力是指法律所具有或者赋予的约束力。规范性法律文件与非规范性法律文件都有一定的约束力。建设法规所具有的约束力就是要求人们按照法律文件规定的“法条”从事建设活动。只要是国家机关依据法定的职能和程序制定的规范性法律文件，就当然地具有一定的法律效力。

建设法规调整的是城乡建设规划、住宅房地产、工程建设、市政建设等领域的社会关系。住房和城乡建设部颁布的《住房和城乡建设部法律法规框架》，对建设法规的构成进行了归纳和规划。一系列建设法规的相继颁布对我国工程建设活动发挥着不可替代的法律效力。

一、调整领域

（一）工程建设法

① 立法目的：加强对建筑活动的监督管理，维护建筑市场秩序，保证建筑工程的质量和安全，促进建筑业健康发展。

② 调整范围:工程建设法具体包括《中华人民共和国建筑法》(简称《建筑法》)、《中华人民共和国招标投标法》(简称《招标投标法》)、《建设工程质量管理条例》《建筑业企业资质管理规定》《建筑工程施工许可管理办法》《注册建造师管理规定》等,调整在建设活动中产生的各种社会关系。

(二) 城乡规划法

① 立法目的:加强城乡规划管理,协调城乡空间布局,改善人居环境,促进城乡经济社会全面协调可持续发展。

② 调整范围:城乡规划法具体包括《中华人民共和国城乡规划法》(简称《城乡规划法》)、《村庄和集镇规划建设管理条例》《风景名胜区条例》《历史文化名城名镇名村保护条例》,调整因制定和实施上述法规及在各法规规定区内进行建设活动而产生的社会关系。

(三) 住宅与房地产法

① 立法目的:保障公民居住权,加强对城市房地产管理,维护房地产市场秩序,保障房地产权利人的合法权益,促进房地产业的健康发展。

② 调整范围:住宅和房地产法具体包括《中华人民共和国城市房地产管理法》(简称《房地产管理法》)、《物业管理条例》《城市房地产开发经营管理条例》《住房公积金管理条例》等,调整因保障公民居住权而形成的社会关系,以及房地产开发、交易、管理等活动中产生的社会关系。

(四) 市政建设法

① 立法目的:加强市政公用事业统一管理,保证城市建设和管理工作的顺利进行,发挥城市多功能的作用,促进城市经济和社会发展。

② 调整范围:市政建设法具体包括《城市绿化条例》《城市市容和环境卫生管理条例》《城市道路管理条例》等,调整城市市政设施、市容环境卫生、城市绿化等公用事业建设和管理活动中产生的社会关系。

二、法律效力

法律效力包括:时间效力,意为法律的生效和终止生效的时间;空间效力,意为法律适用地域范围;法律对人的效力,意为法律适用的自然人、法人或其他组织。

如《建筑法》的时间效力为 1998 年 3 月 1 日实施;空间效力为中华人民共和国境内;对人的效力为适用一切从事本法所称建筑活动的主体,包括建设、勘察、设计、施工、监理单位。

（一）法律基础

1. 宪法基础

《中华人民共和国宪法》（简称《宪法》）是我们国家的根本法，具有最高权威性。它是特定社会政治经济和思想文化条件综合作用的产物，规定国家的根本任务和根本制度，即社会制度、国家制度的原则和国家政权的组织，以及公民的基本权利义务等内容。宪法作为根本法，它是其他法律、法规赖以产生、存在、发展和变更的基础和前提条件，它处于一个国家独立、完整和系统的法律体系的核心，是一个国家法律制度的基石。

2. 建筑法基础

《建筑法》调整对象是中华人民共和国境内从事的建筑活动，其主体是建筑业。按照我国国家标准《国民经济行业分类》（GB/T 4754—2017）的表述，建筑业是从事工程建设的总称，包括土木建筑业，线路、管道和设备安装，装饰装修业，以及工程勘察、设计、施工和相应的管理工作。

《建筑法》属于行政法，分为总则、建筑许可、建筑工程发包与承包、建筑工程监理、建筑安全生产管理、建筑工程质量管理、法律责任、附则，共八章 85 条。

3. 民法典基础

《中华人民共和国民法典》（简称《民法典》）是我国第一部以“法典”命名的法律，所谓“典”就是典范、典籍、典则的意思。《民法典》的内容全面，体例科学，包括总则、物权、合同、人格权、婚姻家庭、继承、侵权责任等七编和附则，共 1 260 条。

我国《民法典》是“社会生活的百科全书”，是市场经济的基本法，是民事权利保护的“护身符”。它的颁布必将对我国法治国家、法治政府、法治社会建设带来更积极、更全面、更规范的影响，也会为坚持和完善中国特色社会主义制度，推进国家治理体系和治理能力现代化，保障人民群众美好幸福生活提供充分的法律保障。

《民法典》涉及建设工程法规的方面主要体现在“合同”和“物权”两编。

（二）法律效力主要表现

建筑法规的法律效力主要表现为五个方面：

1. 规范性

规范性是指对建设工程实施过程各个环节进行规范，通过法律法规的规定，明确工程建设行为的法律责任，引导从业企业和从业人员按照法律法规进行活动。

如《建筑法》第五十八条规定：“建筑施工企业对工程的施工质量负责。”这就是规定而必须执行。

2. 强制性

强制性是指通过法律法规规定的法律责任，强制遵法守法。强制对象是违法行为，通过对违法行为强制性制裁，能够使法律法规的规定得以落实。

如《建筑法》第六十四条规定:“违反本法规定,未取得施工许可证或者开工报告未经批准擅自施工的,责令其改正,对不符合开工条件的责令停止施工,可以处以罚款。”这就是一种强制性规定。

3. 评价性

评价性是指法律法规作为一种行为标准,具有判断、衡量他人行为合法与否的评判作用。通过与工程建设法律法规的具体规定相对比,可以判断从业企业和从业专业人员的行为正确与否,进而评价其是否承担法律责任。

如《中华人民共和国注册建筑师条例》(简称《注册建筑师条例》)第二十六条规定:“国家规定的一定跨度、跨径和高度以上的房屋建筑,应当由注册建筑师进行设计。”这就是对特殊要求的建筑设计的评价标准,违反就要承担法律责任。

4. 教育性

教育性是指法律法规通过实施对一般人的行为产生影响。这种作用具体表现为示警作用和示范作用。通过对违法案例的处理和对守法案例的宣传,可教育人们守法。

5. 预测性

预测性是指凭借法律的存在,可以预估人与人之间及其建设活动的行为。工程建设法律法规的存在,为预测这一行为提供依据。因为一般情况下,人们都会守法。

如北盘江第一桥由云南省和贵州省两省合作共建,总投资 10.28 亿元,其中,云南省出资 5.37 亿元,贵州省出资 4.91 亿元。大桥全长 1 341.4m,桥面至江面距离为 565.4m,这也是世界最高的跨江大桥。它比国外最高桥梁巴布亚新几内亚海吉焦峡谷大桥(管道桥)还高出近 100m。由于采用针对其地形特点和建设条件对山区风荷载、钢桥面板结构体系、主梁架设方案及运营期斜拉索凝冻检测技术等技术难点进行攻关,解决大桥一系列技术问题,并能严格恪守建设法规,从而有充分理由预测北盘江第一桥施工质量优异和运营的安全性。

第三节 学习建设法规的目的和意义

目的,通常指预先设想的行为目标和结果。而意义,在于价值和作用,也就是建设法规课程教学效果产生的影响,特别是潜在的和长远的影响。

一、学习建设法规的目的

(一) 提高法律法规认知

① 掌握建设法规所涉及的法律、法规基本知识和理论,具备解决实际建设工程相

关法律法规的能力。

② 培养学生在工程建设实施过程中的法律意识，恪守法律责任，以及严谨的法律执行力和团队凝聚力。

（二）熟悉建设活动基本程序

建设程序是“基本建设工作程序”的简称，是指工程建设实施全过程中各项工作的先后顺序，即时序过程，并据此制定出基本建设管理制度。任何工程项目的建设过程，一般都要经过**施工准备阶段**、**施工阶段**、**竣工验收阶段**（即三阶段），每个阶段又包含着许多环节。这些阶段和环节有其不同的工作步骤和内容，之间既相互有机联系又相对独立，自有先后顺序。前一个阶段的工作是进行后一个阶段工作的依据，没有完成前一个阶段的工作，就不能进行后一个阶段的工作。项目建设客观过程的规律性，构成基本建设的科学程序的客观内容。建设程序更详细的划分一般为“**四阶段七步骤**”，详见本书第三章。

建设单位进行工程施工的法律凭证是施工许可证，它是“承前启后”的标志性一环。“前”，涉及勘察、设计、报建、发包招标、承包投标等前期施工准备阶段被认可，获得建筑工程项目市场准入；“后”，涉及施工阶段和竣工验收阶段及后评价的实施被许可。除此以外，承包工程项目涉及相关企业从业资质，如施工单位、勘察单位、设计单位、监理单位；并涉及各类专业人员的执业资格，如注册建筑师、注册勘察工程师、注册设计工程师、注册建造师、注册结构工程师、注册监理工程师、注册造价工程师，以及建筑施工特种作业人员等。

因此，熟悉建设活动的基本建设程序，是学习建设法规的重要方面，要做到以下几点：

① 重点是熟悉建设工程勘察、设计、施工、监理所涉及的法律法规，并能在实践中逐渐加深对其的理解和应用。必须掌握“三阶段七步骤”，熟悉建筑市场交易过程。

② 熟悉招标投标基本过程、法律依据、实施程序，为今后的实践奠定基础。

③ 掌握“建筑工程五方责任主体”从业资质和专业技术人员执业资格条件。申领施工许可证是建设工程实施过程中的关键节点，涉及前期施工准备阶段，以及后期的施工阶段和验收竣工阶段法律法规。施工许可证制度是基本建设程序中最为关键的一环。

（三）能力培养

1. 专业能力

掌握建设工程涉及法律法规的法律知识。具备解决建设工程实施过程中所遇到的法律问题的能力。俗称的“不专业”就是指不懂法规或不按技术标准操作的行为。

“操千曲而后晓声，观千剑而后识器”，要想在建设领域大展宏图，必然要学深学透建设法规。

2. 方法能力

每一项工程建设活动都是一个过程，有过程就会有因过程而形成的方法。这里的方法有两个层面，其一是执行建设过程的法律方法，它使建设工程实施能顺利进行；其二是解决工程实施过程中出现的问题的方法，也就是说建设活动实施过程中不可避免会出现问题，解决问题的方法至关重要。工程上的“问题”大都与违背建设法规或技术标准有关。因此要做到遵法守法，关键是要熟悉建设法律法规，这也能为将来在法律层面从业、执业培养解决施工问题的能力。

3. 社会能力

团队是由不同层次的专业人员组成的一个共同体。建设工程都是依法由团队实施的，因此团队合作、交流沟通就显得十分重要。团队的构成要素（简称“5P”）为目标、人、定位、权限、计划，在建设法规中都有明确规定。学好建设工程基本建设程序，就会深知团队合作与交流的重要性。识清法律法规中的“法律责任”，就会懂得违法所付出的代价。

二、建设法规的基本构成

（一）建设法规的基本内容

建设法规课程属于技术基础课。除了与“法”相关的基本知识外，具体内容主要包括：

① 城市及村镇建设规划法规；

② 工程建设基本程序和建筑市场准入与许可法规；

③ 建设工程发承包和招投标法规；

④ 工程勘察设计和标准化管理法规；

⑤ 建设工程施工管理法规；

⑥ 建设工程监理法规。

（二）建设法规的章节框架

建设法规的根本法是《建筑法》，因此建设法规课程就是要以《建筑法》为基础，按建设工程基本建设程序贯穿各个章节。编者依据建设法规课程教学基本内容绘出本教材编写内容的基本框架图，如图 0–2 所示。

本教材的核心内容可用“一二三四”概括。即“一”是指基本建设程序，概括为“四阶段七步骤”；“二”是指两类资质，建筑企业从业资质和专业人员执业资格；“三”

是指三个环节，项目报建、施工许可证、施工质量（竣工验收基本条件）；“四”是指四法规和四法律，四法规即勘察设计法规、建筑市场交易法规、建设施工法规和建设监理法规，四法律即建筑法、城乡规划法、房地产法和环境保护法（主要涉及“建设项目环境保护条例”）。

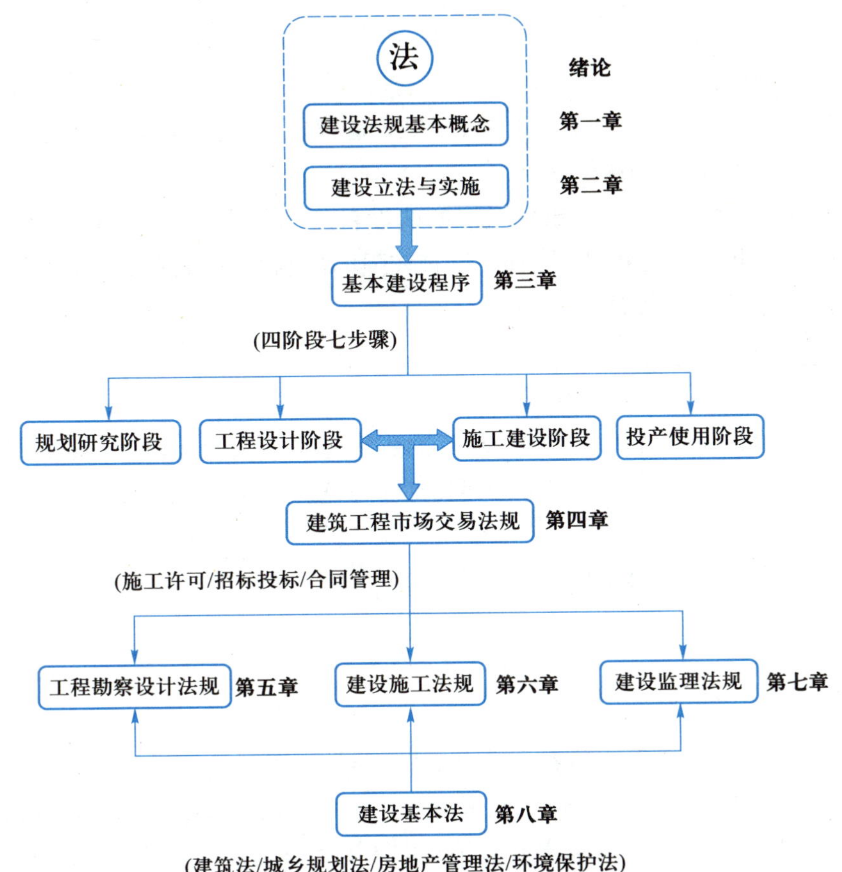

图 0-2　本教材编写内容的基本框架图

纵观本教材，第一章是基础，主要阐述建设法规基本概念。第二章建设立法与实施本质上是讲法律运行。第一、二章目的在于使学生认知所有建设工程项目都是在法律框架下的建筑活动。第三章是本教材重点教学内容之一，总结“四阶段七步骤”是为了便于学生掌握基本建设程序。第四章也是本教材重点教学内容之一，着重讲述建筑市场相关法规，使学生建立建筑市场交易概念。建筑市场交易是建设活动的关键环节，建设项目进行招标投标环节必须进入建筑市场交易，必须由有关部门进行监督管理，从事建设活动的主体必须取得许可和准入。第五～七章是第三、四章的细化，重点是资质等级及准入与许可，以及保证建设工程的施工质量与施工安全。第八章简要讲述建设活动的基本法。

三、学习建设法规的意义

（一）有利于建设活动健康发展

① 有助于学生深度理解建设项目的法律、法规，全面把握依法规范建设行业健康发展。若建设工程实施者的法治理念偏颇，则可能会弄虚作假，最终导致工程质量不合格甚至发生重大事故。

② 有助于学生增强法律意识和素质，维护法律权益，为尽快融入社会，依法实施工程建设项目奠定坚实的法律基础。

③ 作为当代大学生，未来市场经济的建设者，21 世纪中国参与国际竞争的高素质人才，若没有相应的法律法规知识，没有较强的法制观念和较高的法律素质，则不能适应市场经济和社会发展的需要。

（二）有利于法治环境

培养良好的法制观念和法律素质，有助于学生树立法治意识，增强公民责任感，在社会生活中自觉学法、守法、用法，为创造良好的法治环境起带头作用。

四、建设法规的学习方法

（一）教学

教学是人类特有的人才培养活动，也是培养学生成为社会所需要的人才的过程中极为重要的一环。教师的传道授业解惑就在于此。通过教学活动，教师有目的、有计划、有组织地引导学生学习和掌握科学文化知识和技能，促进学生提高素质。

建设法规这门课程涉及知识点多，且知识点较为零碎，通过老师的深入讲解，会加深学生对知识点的理解。同样一个法条知识点，若没有老师讲解，则学生可能需要花费大量的时间去理解掌握。

（二）实践

恩格斯的自然哲学，揭示人的思想产生于劳动，即人的主观意识产生于人的实践行为，同时人的主观意识反作用于客观存在。马克思强调人的社会实践，强调实践的社会性。

建设法规课程应注重理论与实践相结合。教学过程中的案例就是建设法规的教学实践。案例从法律角度讲，主要涉及行政和民事法律关系，这也是建设法规最基本的法律关系；从案例内容讲，涉及问题的方方面面，对于促进学生加深对建设法规的理解大有益处。

有条件的教学单位还可实施建筑市场的建设工程招投标模拟现场，让学生身临其境，实战演练，活学活用。同时建议在教师指导下让学生编制“项目建议书”“工程项目可行性研究报告(简约版)”“工程项目报建申请书”“施工许可证申请报告书”，为学生将来从业充实业务能力。也可组织学生模拟造价合同的签署过程，有利于学生毕业后适应工作需要。

(三) 自学

自学就是自觉地学习，自己钻研，自己解决问题。正如联合国教科文组织所指出的，自学在任何时候都是不可替代的有效学习方式。

建设法规课程要注重法律知识的灵活运用，采取教学为主自学为辅的学习方式。特别是在学习过程中要熟悉《建筑法》，作为学习建设法规的基础，抓牢基本建设程序这一条主线，依次学习勘察、设计、施工、监理相关法规。纲举目张是学习本课程的关键。

第一章至第四章，特别是建设工程法律体系和法律制度，一定要灵活掌握。

本教材在每章后提供思考题，都是建设法规基本知识点，对理解、消化、提高和掌握建设法规的相关知识十分重要。

学习建设法规本质上就是学深学透“法条”。法条在立法、司法、执法、守法、法学研究及法学教学等方面均具有不可替代的价值。

五、法律条文书写格式

了解“法律条文书写格式”有助于法律法规的学习。

通常，一件(部)法律由章、节、条、款、项、目组成，个别重要的法典还分编。编、章、节是对法条的归类，所以在使用法律时只需引用到条、款、项、目即可，无须指出该“条”所在的编、章、节。因此，弄懂法律规范中“条、款、项、目”的含义，培养在法律活动中正确使用法律规范的条、款、项、目的能力，对于规范遵法、执法行为大有益处。

(一) “条”

1. “条”的概念

法律规范的“条”，又称“法条”，是组成法律规范的基本单位。一部法律，都是由若干法条组成的。也就是说，法律条文是规范性法律文件的基本构成因素，规范性法律文件是法律条文的集合。如《建筑法》由 85 个法条组成。《民法典》由 1 260 个法条组成。法律规范的“条”，是法律规范对某一个具体法律问题的完整规定，如《建筑法》第十五条“建筑工程的发包单位与承包单位应当依法订立书面合同，明确双方的权利和义务。发包单位和承包单位应当全面履行合同约定的义务。不按照合同约定履行义务的依法承担法律责任。”

2. “条”的书写

一般来讲，“条”的数目的书写应使用中文，如《建筑法》第七条，不写作《建筑法》第 7 条。

（二）“款”

1. “款”的概念

“款”是“条”的组成部分。在一般情况下，每一款都是一个独立的内容或是对其前一款内容的补充表述。

2. “款”的表现形式

“款”的表现形式为“条”中的自然段，每个自然段为一款。“款”前不冠以数字以排列其顺序。

3. 关于“款”的数目的书写

“款”的数目的书写一般应当使用中文，不用阿拉伯数字。如《建筑法》第二十七条第二款，不写作《建筑法》第二十七条第 2 款。

（三）“项”

1. “项”的表现形式

含有“项”的法条，其前段文字中一般都有“下列”二字或相应的文字表述。“项”前冠以数字以对列举的内容进行排列。如《建筑法》第八条各项前都冠以（一）（二）（三）等数字，且这些数字只能以中文数字加括号的形式出现。

2. “项”的数目的书写

“项”的数目的书写一般应当使用中文加括号，不用阿拉伯数字。如《建筑法》第四十二条第（三）项，不写作《建筑法》四十二条第 3 项。

思考题

1. 法律的本质是什么？
2. 简要说明法律体系是如何组成的。
3. 什么是法制？法制如何分类？
4. 法人与法定代表人的区别是什么？
5. 举例说明法规的构成要素。
6. 我国主要的建设法规分类有哪些？
7. 简要说明法律效力的含义。
8. 建设法规的法律效力表现在哪几个方面？
9. 作为一名工程建设相关专业大学生，学习建设法规的目的和意义是什么？
10. 通过查阅文献，分析我国目前建筑市场存在的主要问题和对策。

第一章 建设法规基本概念

法规指国家机关制定的规范性文件，如我国国务院制定和颁布的行政法规，省、自治区、直辖市人民代表大会及其常委会制定和公布的地方性法规。法规同样具有法律效力。

1-1 第一章电子教案

第一节 建设法规的定义及基本特征

一、建设法规的定义和调整对象

（一）定义

建设法规是指国家权力机关或其授权的行政机关制定的，旨在调整国家及其有关机构、企事业单位、社会团体、公民之间在建设活动中或建设行政管理活动中发生的各种社会关系的法律、法规的统称。简言之，建设法规是指在建设活动中国家权力机关或其授权的行政机关制定的用以调整各种社会关系的法律、法规。

（二）建设活动与建设行政管理活动

1. 建设活动

《建筑法》第二条第二款“本法所称建筑活动，是指各类房屋建筑及其附属设施的建造和与其配套的线路、管道、设备的安装活动。”建设活动常指“三建三业”，即城市建设、村镇建设、工程建设和建筑业、房地产业、市政公用事业。

建设活动应当确保建筑工程质量和安全，符合国家的建筑工程安全标准、节约能源和保护环境，提倡采用先进设备、先进工艺、新型建筑材料和现代管理方式。

2. 建设行政管理活动

建设行政管理活动是指在建设活动中由国家权力部门正式授权的有关机构对建设业的组织、监督、协调等职能管理活动。

（三）建设法规调整对象

建设法规调整建设活动中所发生的各种社会关系，亦即调整国家管理机关、企业、事业单位、经济组织、社会团体,以及公民在建设活动中所发生的社会关系。

建设法规涉及建设活动主体包括:政府主管部门、建设单位、勘察单位、设计单位、施工单位(总承包)、监理单位。实施目标是建设项目。主要调整社会关系体现在三个方面:一是建设管理关系;二是建设经济关系;三是从事建设活动的主体内部民事关系。建设活动主体间关系如图 1-1 所示。

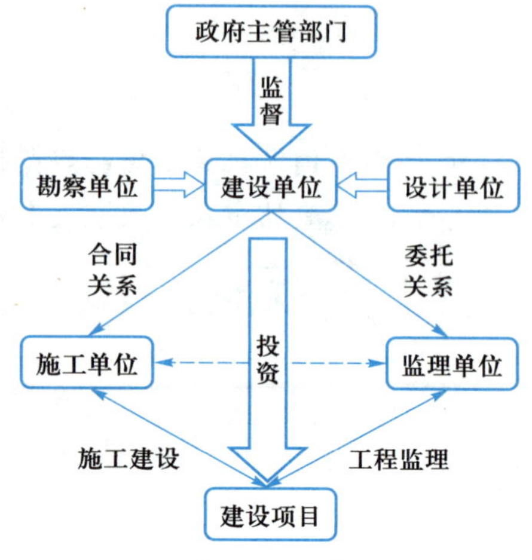

图 1-1 建设活动主体间关系图

1. 建设活动中的行政管理关系

(1) 内容

建设活动中的行政管理关系,是国家及其建设行政主管部门与建设单位、勘察单位、设计单位、施工单位、监理单位及有关单位(如中介服务机构)之间发生的相应的管理与被管理关系。

它包括两个相互关联的方面,一方面是规划、指导、协调与服务;另一方面是检查、监督、控制与调节。

(2) 调整方式

调整采取的方式是行政手段。

2. 建设活动中的经济协作关系

(1) 内容和特点

在各项建设活动中,各种经济主体为了自身的生产和生活需要,或为了实现一定的经济利益、目的,必然寻求协作伙伴,随即发生相互间的建设协作经济关系。如投资主体(建设单位)同勘察设计单位、建筑安装施工单位等发生的勘察设计和施工关系。

建设活动中的经济协作关系是一种平等自愿、互利互助的横向协作关系,一般应以经济合同的形式确定。

(2) 经济合同

经济合同是法人之间为了实现一定的经济目的,明确相互间的权利义务关系的协议。与一般经济合同不同的是,建设活动的经济合同关系大多具有较强的计划性。这是由建设活动和建设关系自身的特点所决定的。

(3) 调整方式

调整采取的是行政、经济、民事诸手段相结合的方式。

3. 建设活动中的民事关系

(1) 内容

这一民事关系是指因从事建设活动而产生的国家、单位法人、公民之间的民事权利、义务关系。主要包括:在建设活动中发生的有关自然人的损害、侵权、赔偿关系;土地征用、房屋拆迁导致的拆迁安置关系等。

(2) 调整方式

调整采取的方式主要是民事手段。

二、建设法规的基本特征

建设法规作为调整建设业管理和建设协作所发生的社会关系的法律规范,除具备一般法律的基本特征外,还具有不同于一般法律的特征。

(一) 行政隶属性

这是建设法规的主要特征,也是区别于其他法律的主要特征。

1. 主要含义

这一特征决定了建设法规必然要采用直接体现行政权力活动的调整方法,即以行政指令为主的方式调整建设业法律关系。

2. 调整方式

(1) 授权

国家通过建设法律规范,授予国家建设管理机关某种管理权限或具体的权力,对建设业进行监督管理。如规定设计文件的审批权限、建筑质量监督、建筑工程承包合同的签订等。

(2) 命令

国家通过建设法律规范,赋予建设法律关系主体某种作为的义务,如限期拆迁房屋,控制楼堂馆所建设,进行建设企业资质等级鉴定,征纳固定资产投资税,房屋产权登记等。

(3) 禁止

国家通过建设法律规范,赋予建设法律关系主体某种不作为的义务,即禁止主体某种行为。如严禁利用建设工程发包权索贿受贿,严禁无证设计、无证施工,严禁建设工程倒手转包、非法牟利等。

(4) 许可

国家通过建设法律规范,允许特别的主体在法律允许范围内有某种作为的权利。

(5) 免除

国家通过建设法律规范,对主体依法应履行的义务在特定情况下予以免除。如用侨汇建设住宅应列入各地基本建设计划,不受自筹资金计划指标的限制,用炉渣、粉煤灰等工农业废弃物作为主要原料生产建筑材料的可享有减、免税的优惠等。

(6) 确认

国家通过建设法律规范,授权建设管理机关依法对有争议的法律事实和法律关系进行认定,并确定其是否存在,是否有效。如由建设行政主管部门或者其他有关部门委托的各级建设工程质量监督机构,检查受监工程的勘察单位、设计单位、施工单位和监理单位的资质等级和营业范围,监督勘察、设计、施工等单位严格执行技术标准,检查其工程(产品)质量等。

(7) 计划

国家通过建设法律规范,对建设业进行计划调节。计划可分为两种:一种是指令性计划,一种是指导性计划。指令性计划具有法律约束力,具有强制性,当事人必须严格执行,违反指令性计划的行为,将要承担法律责任。指令性计划本身就是行政管理。指导性计划一般不具有约束力,是可以变动的,但是在条件可能的情况下也是应该遵守的基本建设程序,如必须执行国家的固定资产投资计划。

(8) 撤销

国家通过建设法律规范,授予建设行政管理机关运用行政权力对某些权利能力或法律资格予以撤销或消灭。如没有落实建设投资计划的项目必须停建、缓建。无证设计、无证施工的建设项目必须坚决取缔等。

(二) 经济性

经济性是建设法律制度的重要特征。建设业的活动直接为社会创造财富,为国家增加收入和积累。建设法规的经济性既包含财产性,也包括其与生产、分配、交换、消费的关联性,如房地产开发、住宅商品化、建设工程勘察设计、施工安装等。邓小平同志在 1980 年 4 月曾明确指出:建筑业是可以为国家增加收入、增加积累的一个重要产业部门,许多国家都把建筑业看作国民经济的强大支柱之一。

(三) 政策性

建设法律规范体现着国家的建设政策。它一方面是实现国家建设政策的工具,另一方面也把国家建设政策规范化。国家建设形势总是处于不断发展变化之中,建设法规要随着政策的变化而变化,灵活而机敏地适应变化的建设形势的客观需要。如国家人力、财力、物力紧张时,基建投资就要压缩,通过法律规范加以限制。国力储备充足时,就可以适当增加基建投资,同时以法律规范予以扶植和鼓励。

(四) 技术性

法律法规的技术性是指为解决立法和法律在适用形式方面的问题,国家对采用一定法律技术方法和措施所作的规定。如对规范性文件的体例格式、不同国家机关的规范性文件所用名称、法律解释方法等作出的规定。这类规定属于法律规范,但本身不反映法律的社会内容和法的本质，它反映的是法律技术内容，目的在于使法律体系协调一致，有效发挥法律的职能。

技术法规是指规定强制执行的产品特性或其相关工艺和生产方法（包括适用的管理规定）的文件，以及规定适用于产品、工艺或生产方法的专门术语、符号、包装、标志或标签要求的文件。这些文件可以是国家法律、法规、规章，也可以是其他的规范性文件，以及经政府授权由非政府组织制定的技术规范、指南、准则等。

（五）综合性

建设活动涉及内容复杂，既要考虑工程技术、投资效益，又要强调建设质量和安全；既要注意现行的政策法规及管理运行机制、社会政治经济状况，又要考虑各地区发展不平衡。因此，建设法规制度涉及经济、金融、保险、工商、劳动、物资、环境、安全诸多领域。

第二节 建设法律关系要素

一、建设法律关系的概念

（一）建设法律关系的概念

1. 法律关系

（1）法律关系定义

法律关系就是由法律规范所确定和调整的人与人或人与社会之间的权利、义务关系。

（2）权利和义务的概念

① 权利。权利是由法律规范所确定的，权利主体可以作出一定的行为或要求他人作出一定的行为。对于法定的权利，任何人都不得干涉，当事人可以根据自己的意志，在法定范围内自由地行使权利。

② 义务。义务是指根据法律规范的规定，义务主体必须作出或不作出某种行为。对义务，除非权利人有法律的允许，否则当事人不得放弃履行，他人也不得阻止当事人履行义务。

（3）权利和义务的关系

① 权利和义务是对应的。一方面，一方当事人享有的权利必须靠另一方当事人或社会应承担的义务来保证；另一方面，一方当事人享有的权利，必须靠另一方当事

人或社会承担相应的义务。

② 许多情况下，某一具体行为既是权利又是义务。此时，这个行为就成了责任。如《中华人民共和国公司法》(简称《公司法》)要求经理执行董事会的决议，此时经理执行董事会决议的行为，即是经理的法定权利，又是经理必须承担的义务。之所以要提及这一点，就在于在一般情况下，当事人是可以放弃自己的权利的。而对于责任，由于有义务的含义，因此当事人不能放弃，否则将要承担违反职责的法律制裁。

2. 建设法律关系的定义

建设法律关系是指由建设法律规范所确认的，在建设业管理和建设协作过程中所产生的权利、义务关系。

建设法律关系是建设法律规范在国家经济建设与生活中实施的结果，只有当社会组织按照建设法律规范进行建设活动，形成具体的权利和义务关系时，才构成建设法律关系。

（二）建设法律关系的特征

(1) 不是单一的，而带有明显的综合性

建设法律规范是由建设行政法律、建设民事法律和建设技术法规构成的。这三种法律规范在调整建设业活动中是相互作用、综合运用的。

(2) 涉及面广、内容复杂的权利义务关系

这些关系中有纵向的，有横向的，也有纵横交错的。

(3) 以受国家计划制约的建设管理、建设协作过程中形成的权利和义务为内容

国家制定的建设项目计划是指令性的，是各级机构进行工程建设的基础。主管部门、各省、自治区、直辖市在国家计划的基础上制定本地区部门的计划，下达给下属单位，各建设单位及承建单位必须严格遵守国家建设计划。建设单位与承建单位签订的勘察、设计、施工、安装、采购等合同必须依据国家下达的计划。国家对一个建设项目从资金落实到勘察、设计、施工、安装等都进行严格管理。

(4) 建设行政法律关系决定、制约、影响着有计划因素的协作关系

建设业的法律调整是以行政管理法律规范为主的。建设民事法律规范调整建设业活动是由建设行政法律关系决定的，并受其制约。如建设单位与设计单位签订的勘察设计合同，在执行过程中，因国家法律认可的国家建设计划变更或解除，而建设单位的合同也要变更或解除。

二、建设法律关系的构成要素

建设法律关系则是由**建设法律关系主体**、**建设法律关系客体**和**建设法律关系内容**构成的。三者缺一不可，故又称**建设法律关系三要素**。

(一) 建设法律关系主体

1. 主体的含义

建设法律关系主体是指参加建设业活动,受建设法律规范调整,在法律上享有权利并承担义务的人。此处所说的"人"主要是指自然人。在特定情况下,可以将法人等"人和组织"类推为法律主体。

2. 主体的内容

(1) 国家机关

① 国家权力机关

国家权力机关是指全国人民代表大会及其常务委员会和地方各级人民代表大会及其常务委员会。

国家权力机关参加建设法律关系的职能是审查批准国家建设计划和国家预决算,制定和颁布建设法律,监督检查国家各项建设法律的执行。

② 行政机关

行政机关是依照国家宪法和法律设立的依法行使国家行政职权,组织管理国家行政事务的机关,它包括国务院及其所属各部、委、地方各级人民政府及其职能部门。参加建设法律关系的行政机关主要有:

A. 国家计划机关

国家计划机关主要指中央和省、自治区、直辖市(包括计划单列市)两级计划委员会,如中华人民共和国计划委员会,简称"计委"。其职权是负责编制长、中期和年度建设计划,组织计划的实施,督促各部门严格执行工程建设程序等。

B. 国家建设主管机关

国家建设主管机关主要指住房和城乡建设部,简称"住建部"。其职权是制定建设法规,对城市建设、村镇建设、工程建设、建筑业、房地产业、市政公用事业进行组织管理和监督。如:管理基本建设勘察、设计部门和施工队伍;进行城市规划;制定工程建设的各种标准、规范和定额;监督勘察、设计、施工安装的质量;规范房地产开发;规划市政建设等。

C. 国家建设监督机关

国家建设监督机关主要包括国家财政机关、中国人民银行、国家审计机关、国家统计机关等。

D. 国家建设各业务主管机关

国家建设各业务主管机关负责本部门、本行业的建设管理工作,如交通、航天等主管部门。

E. 审判机关和检察机关

作为国家机关组成部分的审判机关和检察机关不能以管理者身份成为建设法律

关系的主体,而是建设法律关系监督与保护的重要机关。

(2) 社会组织

作为建设法律关系主体的社会组织一般应为法人。

① 建设单位

建设单位作为工程的需要方,是建设投资的支配者,也是工程建设的组织者和监督者。

建设单位作为建设活动权利主体,是从设计任务书批准开始的。任何一个社会组织,当它的建设项目的设计任务书没有批准之前,建设项目尚未被正式确认,它是不能以权利主体的资格参加工程建设的。当建设项目编有独立的总体设计,单独列入建设计划,并获得国家批准时,这个社会组织方能成为建设单位,以已经取得的法人资质及自己的名义对外进行经济活动和法律行为。

② 中国建设银行

中国建设银行专门办理工程建设贷款和拨款,管理国家固定财务管理制度;审批各地区、各部门的工程建设财务计划和清算;经办工业、交通、运输、农垦、畜牧、水产、商业、旅游等企业的工程建设贷款及行政事业单位和国家指定的基本建设项目拨款;办理工程建设单位、地质勘探单位、建设安装企业、工程建设物资供销企业的收支结算;经办有关固定资产的各项存款,发放技术改造贷款;管理和监督企业的挖潜、革新、改造资金的使用等。

③ 勘察设计单位

勘察设计单位包括:建筑工程设计单位、市政工程设计单位、城市规划设计单位、城乡建设勘察单位。

④ 施工企业

A. 建筑施工企业。建筑施工企业包括:建筑企业、设备安装企业、机械施工企业。

B. 市政工程建设施工企业。

C. 建筑装饰施工企业。

⑤ 城市综合开发公司

城市综合开发公司是全民所有制的国有企业,具有独立的法人资格,是实行自主经营、独立核算、自负盈亏,对国家承担经济责任的经济实体。它的任务是经营城市的土地开发及房地产业务,办理征地拆迁,搞好市政、公用、动力、通信等基础工程和相应配套设施的建设。

(3) 公民个人

公民个人也就是自然人,是因出生而获得生命的人类个体。

作为一个法律概念,自然人即生物学意义上的人,也是基于出生而取得民事主体资格的人。其外延包括本国公民、外国公民和无国籍人。严格地讲,自然人与公民不同,公民仅指具有一国国籍的人。

（二）建设法律关系客体

1. 客体的含义

建设法律关系客体是指建设法律关系主体享有的权利和承担的义务所共同指向的事物。在通常情况下，建设主体都是为了某一客体，彼此才设立一定的权利、义务，从而产生建设法律关系。这里的权利、义务所指向的事物，便是建设法律关系的客体。

2. 客体的内容

（1）表现为财的客体

财一般指资金及各种有价证券。在建设法律关系中表现为财的客体主要是建设资金，如基本建设贷款合同的标的，即一定数量的货币。

（2）表现为物的客体

法律意义上的物是指可为人们控制并具有经济价值的生产资料和消费资料。在建设法律关系中表现为物的客体主要是建筑材料（如钢材、木材、水泥等）及以其建成的建筑物，还有建筑机械等设备。某个具体基本建设项目即是建设法律关系中的客体。

（3）表现为行为的客体

法律意义上的行为是指人有意识的活动。在建设法律关系中，行为多表现为完成一定的工作，如勘察设计、施工安装、检查验收等活动。勘察设计合同的标底，即完成一定的勘察设计任务。建筑工程承包合同的标底，即按期完成一定质量要求的施工行为。

（4）表现为非物质财富的客体

法律意义上的非物质财富是指人们脑力劳动的成果或智力方面的创作，也称为智力成果。在建设法律关系中，如设计单位提供的具有创造性的设计图纸，该设计单位依法可以享有专有权，使用单位未经允许不能无偿使用。

（三）建设法律关系的内容

1. 主要含义

建设法律关系的内容即建设权利和建设义务。建设法律关系的内容是建设主体的具体要求，决定着建设法律关系的性质，它是联结主体的纽带。

2. 内容组成

（1）建设权利

建设权利是指建设法律关系主体在法定范围内，根据国家建设管理要求和自己业务活动的需要有权进行各种建设活动。权利主体可要求其他主体作出一定的行为或抑制一定的行为，以实现自己的建设权利。因其他主体的行为而使建设权利不能实现时,权利主体有权要求国家机关加以保护并予以制裁。

(2) 建设义务

建设义务是指建设法律关系主体必须按法律规定或约定承担应负的责任。

三、建设法律关系的产生、变更和消灭

(一) 建设法律关系的产生、变更和消灭的概念

1. 建设法律关系的产生

建设法律关系的产生是指建设法律关系的主体之间形成一定的权利和义务关系。如:某建设单位与施工单位签订了建筑工程承包合同,主体双方产生了相应的权利和义务。此时,受建设法律规范调整的建设法律关系即告产生。

2. 建设法律关系的变更

建设法律关系的变更是指建设法律关系的三个要素发生变化。

(1) 主体变更

主体变更是指建设法律关系主体数目增多或减少,也可以是主体改变。在建设合同中,客体不变,相应的权利义务也不变,此时主体改变也称为合同转让。

(2) 客体变更

客体变更是指建设法律关系中权利义务所指向的事物发生变化。客体变更可以是其范围变更,也可以是其性质变更。

(3) 内容的变更

建设法律关系主体与客体的变更,必导致相应的权利和义务(即内容)的变更。

3. 建设法律关系的消灭

(1) 含义

建设法律关系的消灭是指建设法律关系主体之间的权利义务不复存在,彼此丧失了约束力。

(2) 类型

① 自然消灭

建设法律关系自然消灭是指建设法律关系所规范的权利义务得到履行,取得了各自的利益,从而使关系达到完结。

② 协议消灭

建设法律关系协议消灭是指建设法律关系主体之间协商解除某类建设法律关系规范的权利义务,致使该法律关系归于消灭。

③ 违约消灭

建设法律关系违约消灭是指建设法律关系主体一方违约,或发生不可抗力,致使

某类建设法律关系主体的权利不能实现。

(二) 建设法律关系产生、变更和消灭的原因

1. 法律事实的概念

法律事实是指能够引起建设法律关系产生变更和消灭的客观现象和事实。其特点是客观存在,能引起建设法律后果,建设法律后果由《建筑法》《民法典》等法律法规确定。

建设法律关系不会自然而然的产生,不是任何客观现象都可以作为法律事实,也不能仅凭建设法律规范规定,就可在当事人之间发生具体的建设法律关系。只有通过一定的法律事实,才能在当事人之间产生一定的法律关系,或者使原来的法律关系变更或消灭。不是任何事实都可成为建设法律事实,只有当建设法规把某种客观情况同一定的法律后果联系起来时,这种事实才被认为是建设法律事实,成为产生建设法律关系的原因,从而和建设法律后果形成因果关系。

法律事实构成,是指引起法律后果所必须具备的法律事实的系统。在许多情况下,引起法律关系产生、变更和消灭的是两个或两个以上的法律事实的综合系统,是各种各样独立的事实情况的结合,其中每一情况都可具有特殊法律事实的意义。

建设法律关系的产生、变更和消灭需要具备三个条件:建设法律规范、建设法律主体和建设法律事实。其中建设法律规范和建设法律主体是建设法律关系产生的前提条件,而建设法律事实则是建设法律关系产生的具备条件(原因),只有在一定的法律事实发生后,建设法律关系才能产生,并因一定的法律事实的发生而变更或消灭,如图 1-2 所示。

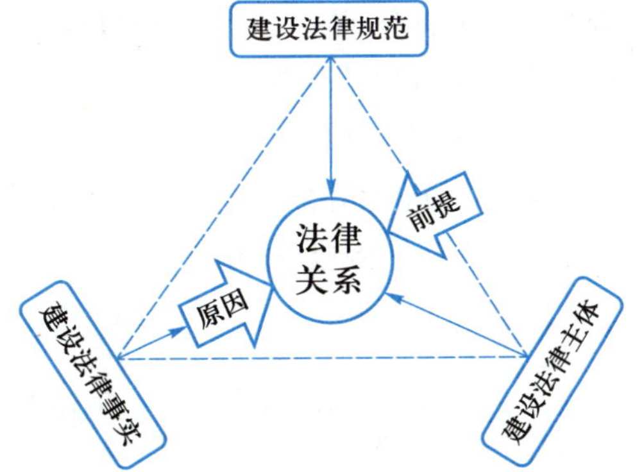

图 1-2　建设法律规范与建设法律主体、建设法律事实之间的关系

2. 建设法律事实的分类

建设法律事实按是否包含当事人的意志分为两类。

(1) 事件

① 定义

事件是指不以当事人意志为转移而产生的事实。

当建设法律规范规定把某种自然现象和建设权利义务关系联系在一起的时候,这种现象就成为法律事实的一种,即事件。这是建设法律关系的产生、变更或消灭的原因之一。

② 事件的类型

A. 自然现象引起的。如地震、台风、水灾、火灾,甚至生老病死等自然现象。

B. 社会现象引起的。如战争、暴乱、政府禁令等。这里所称政府禁令是指行政禁令，属于不可抗力范围，即以政府机构行政法规的形式确定禁止的决定或命令。

(2) 行为

① 定义

行为是指人有意识的活动，包括积极的作为或消极的不作为，都可引起建设法律关系的产生、变更或消灭。

② 行为类型

A. 适法行为。适法行为是指基于法律规定或有法律依据，受法律保护的行为。如根据设计任务书进行的初步设计行为，依法签订建设工程承包合同的行为。

B. 违法行为。违法行为是指受法律禁止的侵犯其他主体的建设权利和建设义务的行为，分为侵权行为和违约行为。如违反法律规定或因过错不履行建设工程合同，没有国家批准的建设计划而擅自动工建设等行为。

C. 行政行为。行政行为是指国家授权机关依法行使对建设业的管理权而发生法律后果的行为。如国家建设管理机关下达基本建设计划，监督执行工程项目建设程序的行为。

D. 立法行为。立法行为是指国家机关在法定权限内通过规定的程序，制定、修改、废止建设法律规范性文件的活动。如国家制定、颁布建设法律、法规、条例、标准定额等行为。

E. 司法行为。司法行为是指国家司法机关的法定职能活动。它包括各级检察机构所实施的法律监督，各级审判机构的审判、调解活动等。如人民法院对建设工程纠纷案件作出判决的行为。

3. 法律事实构成

事件和行为结合就构成相应的法律事实，即事件和事件构成(如总承包 + 分包等)，事件和行为构成(如伤亡 + 赔偿等)，行为和行为构成(如建设合同双方等)。

第三节 建设法规的表现形式及构成

一、建设法规的表现形式

(一) 宪法

宪法是国家的根本法，具有最高的法律效力，任何其他法律、法规都必须符合宪法的规定，而不得与之相抵触。宪法是建设业的立法依据，同时又明确规定国家基本建设方针、原则，直接规范与调整建设业的活动。

（二）法律

作为建设法规表现形式的法律，是指行使国家立法权的全国人民代表大会及其常务委员会制定的规范性文件。其效力仅次于宪法，在全国范围内具有普遍的约束力。

（三）行政法规

行政法规指国务院及住建部制定颁布，或住建部与其他部、委联合颁布的规范性文件，其效力低于宪法和法律，在全国范围内有效。行政法规的名称可谓“条例”“办法”“行政措施”“决定”“命令”“指示”“规章”等。

（四）地方性法规与规章

地方性法规是指地方人民代表大会及其常委会制定的规范性文件。地方规章是指地方政府制定颁布的规范性文件。地方性法规与规章的效力低于宪法、法律、行政法规，只能在本区域有效。

（五）技术法规

技术法规是指国家制定或认可的，在全国范围内有效的规程、规范、标准、定额、方法等技术文件。它是建设业工程技术人员从事经济技术作业、建设管理监测的依据，包括预算定额、设计规范、施工规范、验收规范等。

（六）国际公约、国际惯例、国际标准

我国参加或与外国签订的调整经济关系的国际公约和双边条约，以及国际惯例、国际上通用的建设技术规程，都属建设法规，应当遵守与实施。

（七）最高人民法院司法解释规范性文件

最高人民法院对于法律的系统性解释文件和对法律适用的说明，对法院审判有约束力，具有法律规范性质，在司法实践中具有重要的地位和作用。在民事领域，最高人民法院制定的司法解释文件有很多，如《最高人民法院关于人民法院在审理建设工程施工合同纠纷案件中如何认定财政审计中心出具的审核结论问题的答复》。

二、建设法规的构成

建设法规是国家法律体系的重要组成部分。我国建设法规体系构成主要由五个层次组成，即国家层次法律法规（如《建筑法》《城市房地产管理法》《招标投标法》

等),以及建设行政法规、建设部门规章、地方性建设法规、地方性建设规章。

(一) 建设行政法律

1. 定义

建设行政法律是指国家制定或认可,体现人民意志,由国家强制力保证实施并由国家建设管理机关从宏观上、全局上管理建设业的法律规范。它在建设法规中居主要地位。

2. 主要法律

(1) 计划法

计划法主要通过规定指令性计划制度、指导性计划制度,使市场经济建设有序发展。为加强建设项目的计划管理,计划法明确规定没有国家批准的固定资产建设项目投资计划不准设计,不准施工,要严格执行国家的投资计划。目前颁布的大量建设法规中都相应体现了国家计划的要求。

(2) 税法

税法主要规定税种、税率。它稳定国家与企业间的分配关系,调节社会供应总量的需求总量、积累和消费关系,促进或限制一定产业的发展。贯彻国家税法是建设法规的重要内容之一。国家颁布直接调整建设业的税收法律规范有房产税、建筑税、土地使用税、固定资产投资方向调解税等,此外现行的税收几乎都与建设业相关。这些税收法律的实施,对保证国家财政收入稳定增长,促进国家各项建设事业的发展是非常重要的。

(3) 城乡规划法

城乡规划法主要确定城市性质、规模和发展方向,合理利用城市土地、协调城市空间布局和各项建设的综合部署和具体安排,以实现一定时期内城市的经济和社会发展目标。

(4) 建筑法

建筑法通过对建筑市场主体的资质管理、经营管理、工程承包管理和建筑市场管理等规定,以建筑市场、安全、质量构成建筑法的基本内容,以建筑工程质量和安全为重点,以加强对建筑活动的监督管理为主线,设置法律条文,维护建筑市场秩序,促进建筑业健康发展。

(5) 工程设计法

工程设计法通过对工程设计单位的资质管理、设计管理、技术管理,以及制定设计文件的审批等管理的规定,促进工程设计水平的进一步提高,保证设计质量,以适应我国社会主义现代化建设的需要。

(6) 市政公用事业法

市政公用事业法通过对城市供水、供气、供热、公共交通、排水、防洪、道路、桥涵、园林绿化、市容和环境卫生等规划、建设、管理的规定，保证城市建设和管理工作的顺利进行，发挥城市的中心和多功能作用，适应城市发展和社会主义现代化建设的需要。

(7) 村镇建设法

村镇建设法通过对村庄和集镇在规划、建设、设计、施工、公用基础设施、住宅和环境管理等活动的规定，进一步加强村庄和集镇的规划、建设、管理，改善村庄和集镇环境，促进城乡经济与社会协调发展，推动社会主义村镇的建设与发展。

(8) 房地产管理法

房地产管理法通过对房屋产权产籍、房地产市场、城市房屋拆迁、土地使用等活动的规定，保障房地产所有人、经营人、使用人的合法权益，促进房地产业的健康发展，适应社会主义现代化建设和人民居住生活的需要。

(9) 风景名胜区法

风景名胜区法通过对风景名胜区资源的保护、开发、利用和管理等活动的规定，维护我国生态环境、国土风貌，促进旅游业的发展，满足人民日益增长的美好生活需要。

(10) 限制垄断、制止不正当竞争法

限制垄断、制止不正当竞争法通过对保护合法竞争，防止垄断，反对以假冒、欺骗等不正当手段进行竞争、牟取暴利的规定，维护建筑市场的秩序，增强建设业的活力，促进社会主义建设事业的发展。

(11) 行业监督管理法

行业管理就是按照行业规划、行业组织、行业协调及行业沟通形成的一种管理模式。实现行业管理的主体是行业协会及相关企业联合会，通过协会或联合会来统一规划、协调、指导和沟通同行业企业的生产经营活动，促进行业发展。行业标准是对没有国家标准而又需要在全国某个行业范围内统一的技术要求所制定的标准。行业标准不得与有关国家标准相抵触。有关行业标准之间应保持协调、统一，不得重复。

3. 建设行政法律的特征

(1) 指令性

建设行政法律调整的法律关系主体地位不平等，一方下达指令，另一方只能服从并予以执行，具有明显隶属关系。

(2) 非对等性

主体一方作为国家建设主管机构或间接管理机构只享有权利，而另一方作为接受管理的企事业单位及公民只承担义务，权利与义务不对等。

(3) 强制性

建设行政法律规范多以禁止、命令形式表现出来，没有选择、考虑和讨价还价的余地。

(4) 灵活性

建设行政法律一般政策性强,立法程序简便,表现形式多样,可根据建设业形势变化,随时制定、修改、制止。

(二) 建设民事法律

1. 定义

建设民事法律是国家制定或认可,体现人民意志,由国家强制力保证实施,调整平等主体的公民之间、法人之间、公民与法人之间的建设关系的行为准则。

《全国人民代表大会常务委员会关于修改〈中华人民共和国民事诉讼法〉的决定》已由中华人民共和国第13届全国人民代表大会常务委员会第32次会议于2021年12月24日通过,自2022年1月1日起施行。这充分说明“民事”的重要性,建设民事法律就是要保护工程建设当事人的合法权益,维护社会秩序、经济秩序,保障社会主义建设事业顺利进行。

2. 民事权利

《民法典》第十四条“自然人的民事权利能力一律平等。”第十三条“自然人从出生时起到死亡时止,具有民事权利能力,依法享有民事权利,承担民事义务。”

建设民事法律就是处理平等主体间人身关系和财产关系的法律规范的总和。违反这一概念的行为则会引起民事纠纷。人们在建设工程中,平等主体之间的社会关系复杂多样,民事法律关系种类纷繁,难免会发生各种民事纠纷,如损害赔偿纠纷、房屋产权纠纷、合同纠纷、知识产权纠纷等。民事纠纷若不能得到妥善解决,不仅会损害当事人合法的民事权益,而且可能波及第三者,甚至影响社会的安定。

(1) 合同

合同是平等主体的自然人、法人、其他组织之间设立的,在市场经济条件下规范财产流转的协议。财产流转是市场经济中广泛进行的法律行为,财产的流转主要依靠合同。《民法典》第四百六十四条第一款“合同是民事主体之间设立、变更、终止民事法律关系的协议。”

《民法典》第三编“合同”中规定了各类建设合同订立双方的权利义务、违约责任,以及解决工程设计、建设施工与安装、房地产开发、土地使用等流转过程中的债权债务问题。

(2) 物权

《民法典》第一百一十四条“民事主体依法享有物权。物权是权利人依法对特定的物享有直接支配和排他的权利,包括所有权、用益物权和担保物权。”物权的效力及于所有人,权利人以外的任何人均属于义务人。物权具有追及效力、优先效力和排他效力。

《民法典》第二编“物权”中规定了所有权制度、经营权制度、使用权制度、采矿权制度、抵押权制度，使建设业经营活动建立在可靠的物权基础上。

(3) 债权

债权是按照合同约定或者依照法律规定，在当事人之间产生的特定的权利和义务关系，也称为债权关系。在债权关系中，享有权利的人为债权人，负有义务的人为债务人。债权人享有的权利为债权，债务人承担的义务为债务。债权就是在债的关系中，一方（债权人）要求另一方（债务人）为一定行为或者不为一定行为的权利。

《民法典》第一百一十八条“民事主体依法享有债权。债权是因合同、侵权行为、无因管理、不当得利以及法律的其他规定，权利人请求特定义务人为或者不为一定行为的权利。”

(4) 知识产权

知识产权是基于创造成果和工商标记依法产生的权利的统称。最主要的三种知识产权是著作权、专利权和商标权，其中专利权与商标权也被统称为工业产权。知识产权的英文为“intellectual property”，也被翻译为智力成果权、智慧财产权或智力财产权。

《民法典》第一百二十三条“民事主体依法享有知识产权。知识产权是权利人依法就下列客体享有的专有的权利：(一) 作品；(二) 发明、实用新型、外观设计；(三) 商标；(四) 地理标志；(五) 商业秘密；(六) 集成电路布图设计；(七) 植物新品种；(八) 法律规定的其他客体。”

(5) 人身权

人身权是民事权利中最基本、最重要的一种，因为人身权是直接与权利主体的存在和发展相联系的。人身权是“财产权”的对称，又称“人身非财产权”。它是与人身不可分离而又没有直接的经济内容的权利，包括人格权和身份权。

人格权是法律所确认的与作为民事主体必要条件的身体、人格相联系的权利，它随权利主体的存在而存在，并随权利主体的消亡而消亡，如公民的姓名权、生命健康权等。

身份权指民事主体基于一定行为或相互关系所产生的民事权利，以身份利益为客体，主要包括配偶权、亲权、亲属权（监护权）、知识产权中的身份权（著作权、发明权、专利权、商标权）等。

《民法典》第一百零九条“自然人的人身自由、人格尊严受法律保护。”第一百一十条“自然人享有生命权、身体权、健康权、姓名权、肖像权、名誉权、荣誉权、隐私权、婚姻自主权等权利。法人、非法人组织享有名称权、名誉权和荣誉权。”

保护人身权的责任方式主要有：停止侵害；消除影响，恢复名誉；赔礼道歉；赔偿损失。

3. 建设民事法律的特征

(1) 平等性

受建设民事法律调整的建设法律关系主体的地位是平等的，没有隶属性。

(2) 有偿性

主体间权利与义务对等,取得利益的同时要承担相应的义务。

(3) 任意性

有些建设民事法律赋予当事人在法律规定的范围内有选择的自由。

(4) 相对稳定性

建设民事法律是建设业商业生产与交换的最一般行为准则,与政策性较强的建设行政法律相比,具有相对稳定性。

(三) 建设技术法规

1. 建设技术法规的定义

建设技术法规是国家制定或认可的,由国家强制力保证其实施的工程建设勘察、规划、建设、施工、安装、检测、验收等技术规程、规则、规范、条例、办法、定额、指标等规范性文件。

建设技术法规是建设法规常用的标准表达形式。它以建筑科学、技术和实践经验的综合成果为基础,经有关方面专家、学者、工程技术人员综合评价、科学论证而制定,由国务院及有关部、委批准颁发,作为全国建设业共同遵守的准则和依据。

建设技术法规是建设业发展的可靠的技术保证规范,是从事建设业活动的基础法律。科学技术是生产力,而且是第一生产力,在建设业活动中,设计、施工、验收的标准、质量如何,直接关系着人民生命财产的安全。建设技术法规作为直接规范工程技术活动的依据尤为重要。

2. 建设技术法规的分级

我国建设技术法规体系主要包括三个层次的内容:建设工程法律、建设工程行政法规、建设工程部门规章。建设技术法规又可分为国家、行业(部)、团体地方和企业四级。

3. 建设技术法规的内容

建设技术法规覆盖工程建设领域各类建设工程项目,分为工程项目类规范(简称"项目规范")和通用技术类规范(简称"通用规范")两种类型。项目规范以工程建设项目整体为对象,以项目的规模、布局、功能、性能和关键技术措施等五大要素为主要内容。通用规范以实现工程建设项目功能性能要求的各专业通用技术为对象,以勘察、设计、施工、维修、养护等通用技术要求为主要内容。在全文强制性工程建设规范体系中,项目规范为主干,通用规范是对各类项目共性的、通用的专业性关键技术措施的规定。

(1) 设计规范

① 建筑设计规范

住建部批准《民用建筑设计统一标准》为国家标准,编号为 GB 50352—2019,自 2019 年 10 月 1 日起实施。其中,第 4.3.1、6.7.4、6.8.6、6.8.9 条为强制性条文,必须严格执行。原国家标准《民用建筑设计通则》(GB 50352—2005)同时废止。

② 结构设计规范

《工程结构通用规范》(GB 55001—2021)为适应国际技术法规与技术标准通行规则。2016年以来,住建部陆续印发《深化工程建设标准化工作改革的意见》等文件,提出政府制定强制性标准,社会团体制定自愿采用性标准的长远目标,明确了逐步用全文强制性工程建设规范取代现行标准中分散的强制性条文的改革任务,逐步形成由法律、行政法规、部门规章中的技术性规定与全文强制性工程建设规范构成的"技术法规"体系。

2022年4月实施的《混凝土结构通用规范》(GB 55008—2021)属于强制性工程设计通用规范,全部条文必须严格执行,同时还废止了一批规范中的个别条款。

而如《建筑抗震设计规范》(GB 50011—2010)就属于项目规范,适用于抗震设防烈度为6、7、8和9度地区建筑工程的抗震设计及隔震、消能减震设计。建筑的抗震性能化设计,可采用本规范规定的基本方法。

③ 功能设计规范

建筑功能泛指防水、防火、保温、绝热、采光、隔声和装饰等性能,出台的相应规范即属于功能设计规范,例如《建筑设计防火规范》(GB 50016—2018)。

(2) 施工规范

施工规范是指施工操作程序及其技术要求标准。施工规范一般分为建筑工程施工规范和安装工程施工规范两大类,如《混凝土异形柱结构技术规程》(JGJ 149—2017)。

(3) 验收规范

验收规范是指检验、接收竣工工程项目的规程、办法与标准,例如《混凝土结构工程施工质量验收规范》(GB 50204—2015)、《建筑工程施工质量验收统一标准》(GB 50300—2013)。

(4) 建设定额

建设定额是指国家规定的消耗在单位建筑产品上劳动的数量标准,以及用货币表现的某些必要费用的额度。如《建设工程工程量清单计价规范》(GB 50500—2013),是由住建部颁发,根据《建筑法》《招标投标法》等法律及最高人民法院《关于审理建设工程施工合同纠纷案件适用法律问题的解释》,按照我国工程造价管理改革的总体目标,本着国家宏观调控、市场竞争形成价格的原则制定的。

(5) 工程建设标准

工程建设标准是指建设工程设计、施工方法和安全保护统一的技术要求及有关工程建设的技术术语、符号、代号、制图方法的一般原则,如《公共建筑节能设计标准》(GB 50189—2015)。

(6) 建材检测标准

建材检测标准是指对某种建筑材料的基准试验方法、采用仪器设备、试验条件、操作步骤及试验结果计算方法等作统一规定的标准，如《建设用碎石、卵石》(GB/T 14685—2022)。

4. 建设技术法规的特征

(1) 科学性

建设技术法规的制定来自大量的科学论证与工程实践检验，是建设业执业人员普遍遵守的科学规范。

(2) 标准性

建设技术法规所规定的内容是人们普遍接受的技术标准，包括国家标准、国际标准、专业标准和地方标准及企业标准，所采用的术语、符号、代号、方法是规范统一的。

(3) 系统性

建设技术法规形成一个完整的体系。作为一个工程项目，从项目论证到设计、施工、验收等各个环节的技术法规相互衔接、相互制约。

(4) 稳定性

建设技术法规作为法律，一方面体现国家统治阶级的意志；另一方面作为人们认识自然、改造自然的科学总结，又是人们普遍接受和认可的统一规范。因此，建设技术法规稳定性的特征十分突出。

三、建设法规与相关法律的关系

(一) 建设法规与环境保护法的关系

1. 二者的区别

(1) 两者调整对象及其属性不同

① 环境保护法的调整对象是环境社会关系，具广泛性、复杂性和综合性。

② 建设法规的调整对象是建设行政管理关系(主要)、经济关系、民事关系。总体上说，其调整对象比较单纯。

(2) 两者的调整方式有别

① 环境保护法对社会关系的调整具有间接性。一方面它通过调整与保护改善环境有关的条件，间接地对环境产生影响；另一方面它通过调整人与人之间的社会关系来实现调整人与自然关系的目的。

② 建设法规直接调整人与人之间的社会关系。

2. 二者的共同点

(1) 环境影响评价制度

它指对拟进行的开发建设活动可能引起的环境影响进行预测和评估，并据此制定出防止或减少环境污染和破坏的对策和措施的法律制度。这是环境保护法的要求，同时也是建设法规的要求。

(2) “三同时”制度

“三同时”制度是指建设项目与环境项目的同时设计、同时施工、同时投产使用的法律制度。通过对三个关键环节的把关，将环境保护贯穿于整个建设过程。“三同时”制度是由环境保护法和建设法规共同提出的一项基本要求。

(3) 许可证制度

国家要求开发利用环境和从事可能造成破坏活动的经营者向主管部门提出申请，经审查批准领取许可证后才可实施。我国建设法规对建设用地和建设施工等实施许可证制度，体现了其与环境保护法的一致要求。

3. 二者的联系

建设法规与环境保护法需要互相配合、支持。环境保护法目的和任务的实施，有赖于建设法规的调整与支持。我国的建设法规和规范性文件，对我国的城乡环境保护的基本内容作了规定，体现出建设法规对环境保护法的支持与配合。

（二）与自然资源法的关系

1. 主要区别

(1) 调整内容

自然资源法以自然资源的权属为核心。建设法规所要确定的是建设行政管理主体各方具体的行为权利和义务，一般不规定建设行为所开发利用资源的权属。

(2) 立法宗旨

自然资源法以自然资源的物质利益或经济效益为立法基础，其基本宗旨在于保证充分地利用各种自然资源的经济价值；建设法规立法既注重建设行为的经济效益，也注重其整体效益或生态效益。

(3) 调整手段

自然资源法的调整手段是综合运用行政的、民事的、刑事的、经济的调整方法；建设法规主要是运用行政的调整手段，也辅之以经济的调整方法等。

2. 二者的共同点

(1) 许可证制度

国家为管理自然资源，要求某些开发利用自然资源的项目只有在获得国家资源管理机构颁发的许可证，并遵守该许可证中规定的条件时才能进行。在建设法规中，例如《城乡规划法》也规定了建设用地规划许可证制度。这种对土地资源实施用地许可的建设法规规定，本身也是自然资源法的要求。

(2) 综合利用制度

综合利用制度是指保证和促进资源的综合利用的法律制度，是对自然资源开发利用的方式、方法和对象制定的一套法定措施。凡从事建设活动，势必要对有关资源进行开发利用,都必须执行“综合勘探、综合评价、综合开采、综合利用”的方针,建设立法就是要体现这一方针的基本要求。

(3) 开发与保护相结合制度

开发与保护相结合,是建设法规立法应当贯彻的一项基本制度。工程建设与生态环境保护,二者既相互依存又相互矛盾。一方面工程建设需要生态环境为其支撑;另一方面工程建设必然会对生态环境造成不同程度的破坏。工程建设与生态环境保护的关系应当是共生共荣、一损俱损、互动发展的。

第四节 建设法规的法律地位与作用

一、建设法规的法律地位

(一) 建设法规的法律性质

建设法规的法律性质就是指它所属的法律部门,划分法律部门的主要标志取决于该法律的调整对象和调整手段。

1. 建设法规的调整对象

建设法规调整最基本、最主要的社会关系是建设行政和管理关系,其特征完全符合行政法律关系的特征其内容是建设行政管理的内容。

2. 调整方式

其调整方式包括行政监督、检查、行政命令、行政处罚等行政手段。

因此,建设法规就其主要的法律规范的性质来说,属行政法的范围,是行政法部门的分支部门,具体可称作建设行政法律部门。

当然,把建设法规作为行政法部门的分支,称作建设行政法律部门只具有相对的意义,与其他部门法(如经济法、民法)并不是截然分开的。建设法规也调整部分经济关系和民事关系,部分建设法规也具有经济或民事法律规范的性质。因为一则它们不占有主要地位;二则对这两种关系调整的方式也包括行政手段。所以,从整体上讲建设法规是属于行政法范围的。

(二) 建设法规与其他法律部门的关系

1. 建设法规与宪法的关系

建设法规属于具体法律规范,它既以宪法的有关规定为依据,又将国家对建设活动组织管理方面的原则规定具体化,是宪法中实施法的组成部分。

2. 建设法规与民法典的关系

从总体上看,建设法规涉及《民法典》中的:“合同编”和“物权编”。在新规“建设工程合同”中,细化了建设工程质量标准,强化了建筑物等倒塌过错推定原则以及赔偿等。

3. 建设法规与刑法的关系

建设法规所调整的社会关系也包括在刑法调整范围之内,区别是调整手段不同。刑法用刑罚调整,建设法规用行政和经济手段调整。但建设法规以刑法为后盾,在许多建设法规文件中都规定违反建设法规情节和后果严重构成犯罪的,由司法机关依据刑法追究刑事责任。在刑法中也有部分条款,直接规定了对建设活动或建设行政管理活动中违法犯罪的处罚。

4. 建设法规与行政法的关系

建设法规主要部分属于行政法,是行政法的分支部门。建设法规与其他分支部门按照行政管理部门的职责划分,处于同等行政部门法的平等地位。

5. 建设法规与经济法和民法(典)的关系

建设法规部分法律规范具有经济法和民法性质。它们分别属于经济法和民法(典)。

二、建设法规的作用

(一) 规范指导建设行为

建设行为只有在建设法规许可范围内进行才能得到承认并受到法律保护。

(二) 保护合法建设行为

建设法规的作用不仅在于对建设活动主体行为加以规范和指导,还对一切合法的建设行为给予确认和保护,合法的建设行为不容侵犯。

(三) 处罚违法建设行为

在具体法律法规文件中,一般都有规定违法应当承担法律责任的条文。大多数法规专门设置一章,称为“罚则”或“法律责任”。处罚违法建设行为是一种强制性手段,通过对违法建设行为的处罚,客观上可起到保护和鼓励合法建设行为的积极作用。没有“处罚”,就没有法律规范。

思考题

1. 建设法规的定义、调整对象和基本特征是什么?

2. 简述建设行政管理活动的概念。

3. 建设法规中以行政指令为主的调整方式主要有哪些?

4. 建设法律关系的定义、特征及构成要素是什么?

5. 什么是法律事实? 其如何分类?

6. 建设法律关系是如何产生、变更和消灭的?

7. 建设法规的表现形式有哪些? 其构成包括哪几个方面?

8. 建设行政法规、建设民事法规与建设技术法规的区别与基本特征是什么?

9. 建设法规与环境保护法、自然资源法在一些基本制度上有何异同? 有何联系?

10. 通过查询文献和案例,举例说明建设法规的作用。

第二章　建设立法与实施

2-1 第二章电子教案

“立法”,也称法律制定。立法通常是指特定国家机关依照一定程序,制定或者认可反映统治阶级意志,并以国家强制力保证实施的行为规范的活动。

实际上,从法律角度本章内容涉及的是法律的运行(运行论),即法律从制定、实施到实现的过程,包括法律制定、法律执行、法律适用、法律遵守等环节。法律制定是国家对权利和义务,即社会利益和负担进行权威性分配。法律的执行、适用、遵守则是把法律规范转化为法律实践,把法定的权利、义务转化为现实的权利和义务。法律运行框架如图 2-1 所示。

2-2 扩展阅读(法律方法)

本章只涉及建设立法和法律实施,不考虑法律方法相关内容。因为法律方法是指法律工作者认识、判断、处理和解决法律问题的专门方法,或者说是指法律人寻求法律问题的正确答案的专门方法。建设领域相关专业本科生将来从事的是建设活动,懂法遵法就足够了。

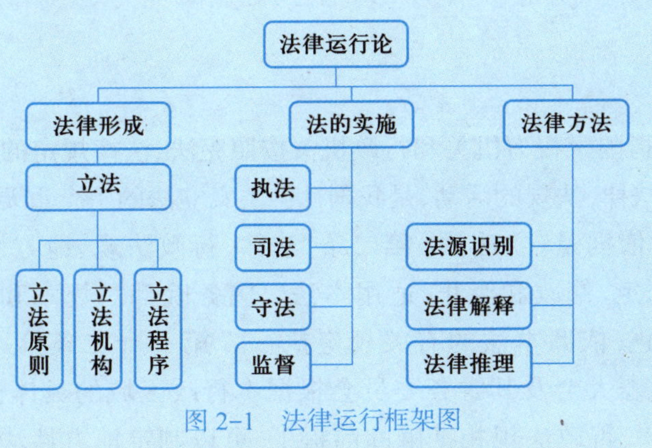

图 2-1　法律运行框架图

第一节　建设立法

一、建设立法的概念

(一) 立法

立法是指国家权力机关及其行政机关依照其权限,按照一定的程序制定、修改或废止法律的活动。它是国家的一项基本政治活动。在阶级社会里，统治阶级为了维护其统治，稳定社会秩序，调整社会关系，都无一例外地进行立法，建立各种立法制度。立法原则是指导立法主体进行立法活动的基本准则，是执政者立法意识和立法制度的重要反映。

《立法法》是一部规范所有法律行为的法，又被称为"管法的法"，于2000年颁布实施。2015年修订的《立法法》确定了立法的基本原则，即"立法应当遵循宪法的基本原则，以经济建设为中心，坚持社会主义道路、坚持人民民主专政、坚持中国共产党的领导、坚持马克思列宁主义毛泽东思想邓小平理论，坚持改革开放。"

我国现行的立法体制可概括为"一元两级多层次多分支"的立法体系。"一元"就是指我国立法都是统一在宪法之下的，由最高权力机关，即全国人民代表大会及其常务委员会规范的活动，形成一个统一的体系，这是全国唯一的立法核心。"两级"是指根据宪法规定，我国立法分为中央和地方两级立法，中央是指全国人民代表大会及其常务委员会和国务院，地方是指地方人民代表大会及其常务委员会和省、自治区、直辖市人民政府。"多层次"是指无论国务院还是地方政府都存在不同层次的行政主管部门的立法。"多分支"是指全国有诸多领域（专业）的立法，以及特别行政区立法、经济特区立法等。

（二）建设立法

建设立法是指国家权力机关和行政机关按照宪法、法律规定的权限和程序制定、修改和废止建设法律、法规的活动，是我国社会主义立法的一个重要组成部分。

建设立法的依据是《立法法》第二条"法律、行政法规、地方性法规、自治条例和单行条例的制定、修改和废止，适用本法。国务院部门规章和地方政府规章的制定、修改和废止，依照本法的有关规定执行。"第七十二条第一款"省、自治区、直辖市的人民代表大会及其常务委员会根据本行政区域的具体情况和实际需要，在不同宪法、法律、行政法规相抵触的前提下，可以制定地方性法规。"第八十条第一款"国务院各部、委员会、中国人民银行、审计署和具有行政管理职能的直属机构，可以根据法律和国务院的行政法规、决定、命令，在本部门的权限范围内，制定规章。"

二、建设立法的原则

建设立法的原则在于建设法规应当由有关机关在各自的权限范围内，依照法定程序进行。建设法规应当有利于规范和加强建设活动的管理，规范和维护建设市场程序；有利于新科技的推广和利用；有利于加强建设工程质量管理和安全管理；有利于城乡建设事业的发展；有利于保护国家利益、社会组织和公民的权益。

（一）市场经济规律原则

市场经济，是指市场对资源配置起基础性作用的经济体制。社会主义市场经济，是指与社会主义基本制度相结合的，市场在国家宏观调控下对资源配置起基础性作用的经济体制。第八届全国人民代表大会第一次会议通过的《中华人民共和国宪法修正案》规定“国家实行社会主义市场经济”。这不仅是宪法的基本原则，也是建设立法原则。

1. 要建立健全市场主体关系

建设法规要规定各种建设市场主体的法律地位，对其在活动中的权利和义务作出明确的规定。

2. 确立建设市场体系的统一性和开放性

建设法规确立了规划与设计、建设监理、工程承包、施工管理、房地产、市政公用事业、建设资金等多元化的建设大市场。

3. 建立以间接手段为主的宏观调控体系

建设法规主要是运用行政手段实现建设行为的调整。国家对其行为实施的调控是以间接管理为主的。建设法规主体在具体建设行为中有其独立性和自主性。

4. 建设法规具有相对完整性

只有把建设行为纳入法制轨道，才能有效地规范建设市场主体行为，维护建设市场秩序。

（二）法制统一原则

建设法规是国家法律体系的重要组成部分，所有法规有着密切的内在联系。每一个法规都必须符合宪法的基本精神和要求，其有关规定不应冲突与矛盾，同等地位的法规内容和条款应相互协调，高层次的法规对低层次的法规具有制约性和指导性，这就是建设法规所遵循的法制统一原则。

（三）责权利一致原则

立法对有限的社会资源进行制度性的分配，是对社会资源的第一次分配，反映了社会的利益倾向性。立法是对社会进行权威的、有效的资源分配、财富分配，通过权利义务的分配，从而实现社会控制、社会调整，实现社会动态平衡。因此，在建设立法上，责权利相一致是对建设行为主体的权利和义务或责任提出的一项基本要求，具体表现为：

① 建设行为主体享有的权利和履行的义务是统一的，任何一个主体享有建设法规规定的权利，同时必须履行法律规定的义务；

② 建设行政主管部门行使行政管理权，既是其权利，也是其责任或义务，权利和

义务彼此结合。

（四）民主立法原则

民主立法原则是指行政机关依照法律规定进行立法时，应通过各种方式听取各方面的意见，保证民众广泛地参与立法。民主立法原则要求：

① 要建立公开制度，立法草案应提前公布，以便于广泛征求广大民众对立法事项的意见，并将听取的意见作为立法的必经环节，要及时向民众公布对立法意见的处理结果。

② 要建立咨询制度，设立专门咨询机构和咨询程序，对特别重大的立法进行专门咨询，并作为必经程序。

例如：2018 年修订的《物业管理条例》在出台前就向全社会征求意见，既体现了民意，又体现了立法的民主。

（五）遵循科学技术规律，确保建设工程安全与质量的原则

建设工程安全与质量是整个建设活动的核心，是关系到生命安全、财产安全的重大问题。建设工程安全是指建设工程对人身的安全和对财产的安全。建设工程质量是指国家规定和合同约定对建设工程的适用、安全、经济、美观等一系列指标的要求。建设工程安全与质量管理必须纳入法制化轨道，建立健全建设技术法规，确保建设活动符合建设技术法规有关安全、质量等各项指标的要求，确保建设工程不能引起人身伤亡和财产损失。

建设立法应大力推动科学技术研究，提倡建设工程采用先进技术、先进设备、先进工艺、新型建筑材料和现代管理方式，努力提高建设活动的精细度和劳动生产率，鼓励节约能源、资源和环境保护，走可持续发展的建设之路。

三、建设立法的机构和权限

（一）全国人民代表大会及其常务委员会的建设立法权

1. 建设法律的立法

建设法律的立法权是全国人民代表大会及其常务委员会。法律适用于全国，其法律效力最高，其他所有法规都不得与其相抵触。

2. 建设法律的主要内容

① 党和国家提出的关于建设方面的基本方针、政策；

② 需要用法律规定的，涉及全国建设领域的根本性、长远和重大问题，如城乡规划法、建筑法、房地产管理法、土地管理法、招标投标法。

（二）国务院的建设行政法规立法权

1. 行政法规的立法

国务院有权根据宪法和法律制定行政法规，其中包括由国务院制定发布的条例、规定、办法和经国务院批准，由各部门发布的规定、办法和实施细则。法规的效力仅次于法律，在全国范围内具有普遍的约束力。

2. 行政法规的主要内容

① 根据法律规定或者全国人民代表大会及其常务委员会授权制定的行政法规，一般是制定时作为法律尚不够成熟，所以暂时先制定为行政法规，待条件成熟时再上升为法律；

② 涉及方针、政策或者重大问题，必须用行政法规加以规定；

③ 地方之间，部门之间或涉外问题，由某一部门或者地方制定规章，不便执行。

（三）国务院各部门制定建设部门规章的权限

1. 规章的制定

国务院各部、委有权根据法律、行政法规发布建设行政规章，其中综合性规章主要由住建部发布。建设规章一方面可以将法律、行政法规的规定进一步具体化，以便于更好地贯彻执行；另一方面规章作为对法律、法规的补充，为有关政府部门的行为提供依据。部门规章对全国都具有约束力，但其效力低于行政法规。

2. 制定建设部门规章的主要情况

① 根据法律和行政法规制定规章，有些法律或行政法规直接规定由国务院各部门制定实施细则或实施办法；

② 根据国务院的决定或者命令制定规章；

③ 从本部门的实际需要出发，行使本部门职权制定规章。

目前我国的建设部门规章包括工程质量管理、建设市场管理、建设活动主体资质管理、从业人员资质管理、工程建设标准化管理、房地产开发经营管理、城市建设管理等400多个规范性文件。

（四）地方国家权力机关的地方性建设法规立法权

1. 立法机构

省、自治区、直辖市人民代表大会及其常务委员会以及省、自治区人民政府所在市的人民代表大会及其常务委员会，有权根据各地行政区域的具体情况制定地方性建设法规，报全国人民代表大会常务委员会和国务院备案，但不得与宪法、法律和行政法规相抵触。上述除直辖市以外的市人民代表大会及其常务委员会制定的地方性法规，需报省、自治区人民代表大会及其常务委员会批准。地方性法规在其所管的行政区内具有法律效力。

2. 主要形式

① 根据宪法、行政法规的授权制定；

② 为保证宪法、法律和行政法规的执行和本区域内经济社会发展的需要，依法制定；

③ 根据全国人民代表大会的决定和国务院的指示制定；

④ 不具备制定法律或行政法规的条件下，为适应客观需要而先制定地方法规，待积累成熟经验后再形成法律或国务院行政法规。

（五）地方行政机关制定地方性建设规章的权限

1. 规章的制定

各省、自治区、直辖市人民政府及省、自治区人民政府所在市的人民政府，有权根据法律、行政法规制定地方规章。建设地方规章在其行政区内具有法律效力，但其法律效力低于地方法规。

2. 主要形式

① 根据宪法、法律规定的职权，为加强本行政区域内建设活动的管理而制定；

② 根据行政法规的规定，由地方人民政府制定；

③ 为制定法律、法规积累经验而制定。

四、建设立法的程序

（一）建设立法程序的概念

立法程序是指有关国家机关在制定、修改和废止规范性法律文件的活动中，所必须遵守的法定步骤和顺序，即立法过程的必经程序。

《立法法》第十四条“全国人民代表大会主席团可以向全国人民代表大会提出法律案，由全国人民代表大会会议审议。全国人民代表大会常务委员会、国务院、中央军事委员会、最高人民法院、最高人民检察院、全国人民代表大会各专门委员会，可以向全国人民代表大会提出法律案，由主席团决定列入会议议程。”

《立法法》第十五条第一款“一个代表团或者三十名以上的代表联名，可以向全国人民代表大会提出法律案，由主席团决定是否列入会议议程，或者先交有关的专门委员会审议、提出是否列入会议议程的意见，再决定是否列入会议议程。”

（二）建设法律的立法程序

建设立法程序是指由有立法权的国家机关在制定、修改、废止建设法律、法规的活动中必须遵循的法定步骤和方法。主要包括:建设法律制定程序,建设行政法规制定程序,建设部门规章制定程序,地方建设法规制定程序,地方建设规章制定程序。

1. 法律草案的提出

立法提案权指依据宪法和法律规定所享有的向有关立法机关提出立法草案的权利。立法提案权是一种特定性质的法律权利,通常由有关的国家机关行使。另外,人大代表以及重要的政府组织人员也具有一定程度的立法提案权。

① 有权向全国人大提案的机关包括:全国人民代表大会主席团、全国人民代表大会常务委员会、全国人民代表大会各专门委员会、国务院、中央军事委员会、最高人民法院、最高人民检察院、全国人民代表大会代表 30 人以上或一个代表团。

② 有权向全国人民代表大会常务委员会提案的机关包括:全国人民代表大会各专门委员会、国务院、中央军事委员会、最高人民法院、最高人民检察院、全国人民代表大会常务委员会委员 10 人以上。

2. 法律草案的审议

(1) 概念

审议法律草案是指在立法过程中,由有权机关对立法提案运用审议权,决定其是否应列入议事日程,是否需要对其加以修改的专门活动。

(2) 法律草案是否列入议事日程及程序的决定权

① 向全国人民代表大会提出的法律草案是否列入议事日程,由主席团决定。在全国人民代表大会审议期间,还要由其法律委员会根据代表提出的意见进行审议,提出报告,再由主席团决定提交大会表决。

② 向全国人民代表大会常务委员会提出的法律草案是否列入议事日程,由委员长决定。向全国人民代表大会常务委员会提出的法律草案,先由全国人民代表大会常务委员会听取法律草案的说明,并进行初步审议,再交由法律委员会同有关专门委员会审议,在下一次全国人民代表大会常务委员会会议上提出审议报告,再由全国人民代表大会常务委员会审议,作出决定。

审议向全国人民代表大会提交的立法议案的程序是:由提案人作说明;由各代表团分别讨论;法律委员会在收集代表团意见的基础上审议并提出修改意见;举行主席团会议,由法律委员会作审议报告,如遇重大意见分歧,由主席团进行讨论、辩论并通过表决形成主席团的意见,再将主席团的意见提交大会审议。向全国人民代表大会提出的议案,在交付大会表决前,提案人要求撤回的,对该议案的审议即行终止。

审议向全国人民代表大会常务委员会提交的立法议案的程序是:由提案人对议案作出说明;由常务委员会分组审议议案;交常务委员会会议审议。常务委员会会议通常举行两次，第一次作初审，然后由各位委员回去研究，第二次会议在进一步审议的基础上作出通过与否的最终决定。

3. 法律草案的通过

法律草案的通过可以采用无记名方式、举手方式或其他方式。采用哪种方式，由全国人民代表大会或其常务委员会决定。我国一般法律草案按普通程序表决，全体代表或全体委员超过半数同意为通过。宪法的修改，需要全体代表的三分之二以上多数通过。

4. 法律的公布

公布法律是立法的最后程序，是指有权机关或人员，在特定时间内，采用特定方式将法律公之于众，亦称颁布法律。

我国规定由国家主席根据全国人民代表大会的决定和全国人民代表大会常务委员会的决定，以主席令的形式公布法律。

（三）建设行政法规的立法程序

1. 行政法规案的提出

行政法规案主要是由国务院各部、委在本部门工作规范内提出编制规划（分五年规划和年度规划，具有指导性）的建议，经国务院法制局综合平衡，审查后报国务院审议。

对列入规划需要制定的行政法规，由国务院各主管部门负责起草。起草重要的行政法规，其主要内容与几个主管部门的业务有密切关系的，由国务院法制局或者主要部门负责，组成各有关部门参加的起草小组进行工作。

2. 行政法规案的审议

国务院法制局对法规草案进行初步审查。审查的范围包括：必要性和可能性；法规草案的内容是否与法律相符合；是否准确、清楚，是否存在有待协调的内容；法规起草是否符合程序要求，附送材料和手续是否完备等。

法规草案经初步审查后，由国务院法制局将审查报告与法规草案一起，提交国务院审议。

3. 行政法规案的处理

行政法规案的处理，是指国务院对行政法规案是否通过作出决定。

国务院通过行政法规案，要经过国务院常务会议，经过全体会议组成人员充分讨论，发表意见，由国务院总理作最后决定。

4. 行政法规的发布

国务院发布的行政法规，由国务院总理签署发布令。

经国务院批准由国务院各部、委和直属机构发布的行政法规，由部门首长签署发布令。

经国务院总理签署发布的行政法规，由新华社发转，在《中华人民共和国国务院公报》《人民日报》上刊载。

（四）部门建设行政规章的制定程序

1. 概念

部门建设行政规章的制定程序是指国务院各部门依法制定、修改和废止建设行政规章的步骤和方法。

2. 程序

目前我国在这方面没有统一规定，一般包括部门行政规章案的提出、审议、处理和发布四个阶段。

住建部发布部门规章，应经部常务会议通过，由部长签署住房和城乡建设部令，由法规司发稿，在《中国建设报》上刊载。

（五）地方性建设行政法规的立法程序

1. 地方性行政法规案的提出

（1）概念

地方性行政法规案的提出，是指由宪法、组织法和其他有关法律规定的，有地方性法规提案权的国家机构和人员，向地方立法机关提出地方性法规案，使其列入地方立法机关的议事日程的活动。

（2）提出

有权向有立法权的地方人民代表大会及其常务委员会提出地方性法规案的是：本级人民代表大会主席团、本级人民代表大会常务委员会、本级人民代表大会代表10人以上联名及人民代表大会常务委员会组成人员5人以上联名。提出地方性法规案，应当提交由提案机关的主要负责人签名或者提案人全体签名的书面报告，并附该项法规草案的说明和有关参考资料。

2. 地方性行政法规案的审议

（1）概念

地方性行政法规案的审议，是指地方立法机关对列入议程的地方性法规案正式进行审查讨论。

（2）具体做法

一般在地方人民代表大会举行会议前，人民代表大会常务委员会将准备提请会议审议的地方性法规草案发给人民代表大会代表，以便代表对草案充分研究。在地方人民代表大会召开时，由人民代表大会常务委员会提请大会预备会议通过后列入议程。由地方人民代表大会常务委员会审议的地方性法规案，一般由主任会议决定列入人民代表大会常务委员会会议议程草案，然后交人民代表大会常务委员会全体会议通过，方可正式进行审议。对列入地方人民代表大会或者常务委员会会议议程的地方性法规案，提出议案的机关负责人或者提案人，应当向审议机关会议说明，并提供有关的书面材料。地方人民代表大会审议法规草案，可以一次通过，也可以授权常务委员会进行修改并审议通过。

3. 地方性行政法规案的表决通过

地方性行政法规案的表决，是指由地方立法机关对地方性法规案作出决定，地方人民代表大会或常务委员会进行表决，全体代表过半数同意即通过。

通过地方性法规，要报全国人民代表大会常务委员会及国务院备案。

4. 地方性行政法规案的公布

地方人民代表大会及其常务委员会通过的地方性行政法规应当以本级人民代表大会或本级人民代表大会常务委员会名义发布公告，予以公布，并在本级人民代表大会常务委员会公报和当地主要报刊上刊载。

(六) 地方政府建设规章的制定程序

1. 地方政府规章案的提出

地方政府规章案一般由地方人民政府所属的委、办、厅、局在本部门职责范围内提出。

如果规章案中的主要内容涉及两个以上部门职责，应由主要的有关部门会签后联合提出。

属于地方全局性的规章案，可由政府法制局提出。

规章案提出单位的主要负责人签署后，应当连同规章案的说明书和有关资料一同上报。

2. 地方政府规章案的审议

对地方政府规章案的初步审查由地方人民政府法制机构负责。经初步审查合格的，法制机构应当作出审查报告，并与规章案一并交本级人民政府审议。

对规章案的审议由地方人民政府常务会议或全体会议进行。

3. 地方政府规章的处理

地方政府规章的处理是在地方人民政府常务会议或全体会议组成人员讨论的基础上，由行政首长作出最后决定。

4. 地方政府规章的发布

地方政府规章以人民政府令的形式发布，发布令由地方政府行政首长签署，由地方人民政府公报，当地主要报刊对规章予以全文刊载，并报国务院备案。

五、我国建设立法的发展历程

（一）初步发展时期（1949 年—1956 年）

1. 最早颁布的有关建筑业生产经营的规范性文件

1950 年 12 月政务院发布《关于决算制度、预算审核、投资的施工计划和货币管理的决定》。这个文件规定了建筑工程必须先设计后施工的工作程序。

2. 我国第一个基本建设行政法规

1952 年 1 月，政务院财政经济委员会颁布《基本建设工作暂行办法》，对基本建设的范围、程序等作出了全面规定。这是我国第一个基本建设行政法规。

3. 1954 年 6 月—7 月

1954 年，建筑工程部相继颁布《关于试行包工包料的指示》《建筑安装工程包工暂行办法》，并制定了一批设计、施工标准规范。

4. 1955 年

1955 年，国务院颁布《基本建设工程设计任务书审查批准暂行办法》和《基本建设工程设计和预算文件审核批准暂行办法》。同期，国家建设委员会和建筑工程部相继颁发了 11 个建设方面的法规性文件。

5. 1956 年 5 月

1956 年 5 月，国务院发布了《关于加强和发展建筑工业的决定》和《关于加强设计工作的决定》，科学地总结了“一五”期间的建设经验，明确了我国建筑业发展的方向、任务和实施步骤，适应了国家大规模建设和 156 项重点工程建设需要，推动了我国建筑业的发展，对于建立新的建筑关系，保证第一个五年计划建设项目的完成起了重大作用。

（二）曲折发展时期（1957 年—1978 年）

1. 1957 年—1959 年

1957 年—1959 年，我国建设方面的规章制度建设受到严重影响。当时有关建筑工程质量和安全作业的规章制度共 81 项，废除了 38 项，即使未废除而保留下来的也未认真执行。

2. 1961 年—1965 年

20 世纪 60 年代初，国民经济处于调整时期，建设法规得到逐步恢复和发展。1961 年—1965 年，国家计划委员会、国家建设委员会等陆续颁发了《建筑安装工程及验收标准规范修订原则》等法规性文件和一系列综合性规定，并制定了施工组织设计、现场管理等 13 个规定。

3. 1966 年—1973 年

1966 年以后，建设法规遭到了严重破坏。1973 年，国务院颁发了《关于基本建设项目竣工验收暂行规定》等文件，所有这些法规性文件对当时工程建设管理起到了一定的促进、整顿和制约作用，对于恢复建设管理，明确职责关系，提高投资效益起到了重要作用。

（三）蓬勃发展时期（1978 年—2011 年）

1978 年 12 月 18 日—22 日，十一届三中全会在北京举行，会议的中心议题是讨论把全党的工作重点转移到“社会主义现代化建设”，从而开启了一个新时代，实现了党的历史上的伟大转折。全会讨论并着重提出了健全社会主义民主和加强社会主义法制的任务，从而开启和推动了中国的法治运动。十一届三中全会提出了加强社会主义法制建设的 16 字方针：有法可依、有法必依、执法必严、违法必究。

十一届三中全会后，党的工作重点转移到以经济建设为中心。

1982 年 12 月 4 日，在第五届全国人民代表大会第五次会议上，表决通过了《中华人民共和国宪法》。在序言中明确：今后国家的根本任务是集中力量进行社会主义现代化建设。

1997 年 9 月 12 日—18 日，党的十五大在北京召开。这次大会被认为是在中国改革开放和社会主义现代化建设发展的关键时刻召开的，是在世纪之交承前启后、继往开来，保证全党继承邓小平同志遗志，坚定不移地沿着十一届三中全会以来正确路线胜利前进的大会。这次大会，在我国的法治运动中，也具有十分重要的意义。

（四）全面推进依法治国时期（2012 年至今）

2013 年 11 月，党的十八届三中全会提出，紧紧围绕提高科学执政、民主执政、依法执政水平，深化党的建设制度改革，对我国法律体系和法律制度产生重要影响。

2013 年 2 月，习近平总书记在中央政治局第四次集体学习时强调，我们党是执政党，坚持依法执政，对全面推进依法治国具有重大作用。

2014 年 10 月 20 日—23 日，十八届四中全会在北京召开。此次会议首次专题讨论了依法治国问题，并通过了《中共中央关于全面推进依法治国若干重大问题的决定》。随着改革、开放政策的贯彻实施，国家法制建设进入一个新时期，建设法制工作也纳入了国家建设行政主管部门的重要日程，我国建设法规进入了全面推进法治治国时期。

近年来，2019 年修正的《建筑法》《城乡规划法》《房地产法》，2017 修正的《建设项目环境保护管理条例》等法规，对建筑市场的规范与管理，以及推动建筑业的发展具有十分重要的意义，使我国建筑市场的法制建设逐步走向规范化和体系化，为经济建设提供了一个有章可循、有法可依的基本框架。

第二节　建设法规的实施

法律实施是指通过一定的方式使法律规范的要求和规定在社会生活中得到贯彻和实现的活动，不仅包括国家机关及其工作人员执行法律规范的活动，还包括社会团体和公民实现法律规范的活动。根据法律实施主体的不同，可以把法律实施的方式分为法律遵守和法律适用，其中法律遵守即为守法，而法律适用则包括一切司法和执法活动。

建设法规的实施是指国家机关及其公务员、社会团体、公民实现建设法律规范的活动，包括建设法规的**执法**、**司法**和**守法**三个方面。

一、建设法规的执法

（一）建设行政执法

广义的执法是与立法相对应的，而行政执法是狭义上的执法。

1. 基本概念

(1) 行政执法

行政执法是指行政主体依照行政执法程序及有关法律、法规的规定，对具体事件进行处理并直接影响相对人权利与义务的具体行政法律行为，是国家行政机关在执行宪法、法律、行政法规或履行国际条约时所采取的具体办法和步骤，是为了保证行政法规的有效执行，而对特定的人和特定的事件所做的具体行政行为。

(2) 建设行政执法

建设行政执法是指建设行政主管部门和被授权或被委托的单位，依法对各项建设活动和建设行为进行监督检查，并对违法行为执行行政处罚的行为。

2. 建设行政执法的分类

按照行政执法的行为方式，可以将行政执法行为划分为行政处理、行政监督检查、行政处罚、行政强制执行等。

① 行政处理，又称行政处理决定，或称行政决定，是指执法者依法对相对人的权利和义务做出单方面的处理。行政处理包括三类：行政许可（赋予权利和设定义务的决定）、行政命令（剥夺、取消权利和免除义务的决定）和行政奖励（奖励性决定）。

② 行政监督检查，是指行政机关为实现其管理职能，对公民、法人或其他组织执行法律、法规、规章和行政决定的情况进行监督检查。

③ 行政处罚，是指行政机关依法对违反行政管理秩序的公民、法人或者其他组织，以减损权益或者增加义务的方式予以惩戒的行为。

④ 行政强制执行，是指公民、法人或者其他组织对行政机关依法作出的行政处理决定或者行政处罚，既不申请行政复议，也不向人民法院提起行政诉讼，逾期又不履行义务，行政机关采取迫使其履行义务或者达到与履行义务相同状态的措施。行政机关有强制执行权的，在自己的职权范围内强制执行；没有强制执行权的，申请人民法院强制执行。

根据《建设行政执法责任制示范文本》，工程建设的行政执法包括建筑工程的行政许可、行政检查和行政处罚等；城乡规划的建设行政执法包括行政许可、行政处罚、行政确认和行政强制等；市政公用的建设行政执法包括行政许可、行政检查和行政处罚等。

（二）建设工程项目行政执法

1. 目的

建设工程项目行政执法是为了加强对建设工程项目的管理，规范建设市场，纠正和查处建设领域中存在的不正之风和腐败行为，促进经济和社会健康发展。

2. 范围和重点

执法范围为已竣工、在建、新开工项目及具有一定建设规模的工程，根据需要确定检查范围。执法重点是检查建设工程项目的立项、报建、招标投标、工程质量、竣工验收五个方面，以及工程建设中的严重违法违纪和不正当竞争行为。

3. 目标

① 掌握本地区、本部门建设工程项目的底数，加强对建设规模的有效控制。

② 培育和完善规范的建设市场，实现市场治乱、企业治散、质量治差、价格合理，促进建设业健康发展。

③ 严格资金管理，防止国有资产流失。

④ 健全监督机制，加强廉政建设，遏制不正之风和腐败现象的滋生蔓延。

4. 方法步骤

(1) 准备发动阶段

各地区、各部门组织力量，研究制定方案，进行动员部署。

(2) 摸底调查阶段

组织建设单位或施工企业填写“建设工程项目登记表”，全面掌握工程项目总数的投资底数，了解立项、报建、招投标、工程质量、竣工验收和执行有关规定的情况。

(3) 重点检查阶段

在各地区、各部门、各单位自查自纠并写出情况报告的基础上，组织力量进行重点检查，检查比例不低于 40%。

(4) 整改验收阶段

督促住房和城乡建设主管部门、建设单位和施工企业整改存在的问题，建立健全规章和监督制约机制，加强建设工程管理，规范建设市场行为，写出整改报告，确定具体验收标准，组织对整改情况进行检查验收，验收比例不低于 60%。

（三）建设行政执法监督检查

1. 基本概念

建设行政执法监督检查，是各级建设行政主管部门对其所属机构及其行政执法人员和其下级建设行政主管部门实施建设法律、法规、规章和其他规范性文件的行政行为进行监督检查的活动。

建设行政执法监督检查的对象主要是行政机关、执法机关及其工作人员。

2. 建设行政执法监督检查的内容

① 建设行政执法主体的合法性；

② 规范性文件的合法性；

③ 建设行政主管部门具体行为的合法性与适用性；

④ 建设法律、法规、规章的实施情况；

⑤ 处理执法中出现的重大问题，特别是社会关注的问题；

⑥ 调查研究法律、法规、规章实行中的问题，提出处理意见；

⑦ 其他需要监督检查的事项。

3. 建设行政执法监督检查的方式

（1）建设法律、法规、规章和规范性文件的备案制度

各级建设行政主管部门制定的规范性文件，包括地方立法部门和政府发布的地方性法规、规章，要及时向上一级建设行政主管部门备案。

（2）建设法律、法规和规章实施情况报告和检查制度

建设法律、法规、规章实施一年后，负责实施的住房和城乡建设行政主管部门应向上级住房城乡建设行政主管部门报告实施情况，每年就实施的专门性问题进行检查或综合检查。

（3）重大行政处罚决定备案制度

县以上住房和城乡建设行政主管部门作出的重大处罚决定或采取的强制措施，应向上一级建设行政主管部门备案。

（4）重要行政案件督查制度

县以上住房和城乡建设行政主管部门应受理公民、法人和其他组织对重要行政案件或违法行为的申诉、控告和检举，视具体情况组织调查或责成有关部门查处。

4. 建设行政执法监督检查的程序

（1）制定执法检查计划

一般每年进行一次，计划包括：拟检查的法律、法规、规章的名称，检查的目的、内容、方式、时间安排和参加单位等。

(2) 书面检查

检查内容用提纲的形式列举出来,发到各地,提出要求,各地调查后形成上报文字材料。

(3) 实地检查

检查组选择典型地方进行检查,采取听汇报、座谈会、个别走访、抽样调查、实地考察等形式掌握第一手材料。

(4) 检查总结报告

执法检查机关应写出总结报告,对检查执行的成绩和问题作出评估,对违法行为提出处理意见,并提出进一步完善和改进意见。

(5) 问题的处理

① 对执行规范与法律、法规、规章抵触或者违背的,应视情况通知改正,责令废止或提请有关权力机关处理。

② 对不具备行政执法主体资格或授权、委托不当的,责令停止行政执法或由授权、委托的机关处理。

③ 对行政执法无合法依据或执法不当的,应予以变更、撤销或责令重新作出行政处理。

④ 对不履行或拖延履行法定职责或不执行或拖延执行法律、法规、规章以及规范性文件规定的,督促其履行或限期执行。

(四) 建设行政处罚

1. 建设行政处罚的定义

建设行政处罚是指住房和城乡建设行政执法机关(以下简称"执法机关")对违反相关法律、法规、规章的公民、法人或者其他组织依法实施的行政处罚。

2. 建设行政处罚的种类

根据《住房和城乡建设行政处罚程序规定》的规定,建设行政处罚的种类包括:

① 警告、通报批评;

② 罚款、没收违法所得、没收非法财物;

③ 暂扣许可证件、降低资质等级、吊销许可证件;

④ 限制开展生产经营活动、责令停业整顿、责令停止执业、限制从业;

⑤ 法律、行政法规规定的其他行政处罚。

3. 建设行政处罚的原则

(1) 法定原则

① 实施处罚的主体必须是法定的行政主体;

② 处罚的依据是法定的;

③ 行政处罚的程序合法。

(2) 公开、公正原则

施行行政处罚必须以事实为依据,有关行政规定要公布,实施处罚要公开。

(3) 处罚与教育相结合的原则

行政处罚的目的重在纠正违法行为,教育公民、法人或者其他组织自觉守法。

(4) 保障当事人权利的原则

① 当事人对所认定的事实及适用的法律是否准确、适当,有陈述意见的权利。

② 当事人对行政机关的指控、证据有申辩的权利。

③ 公民、法人或其他组织对行政机关作出的行政处罚不服,有向上一级行政机关提出行政复议的权利。

④ 公民、法人或其他组织对行政机关作出的行政处罚不服,有向上一级行政机关提出行政诉讼的权利。

⑤ 公民、法人或其他组织因行政机关违法给予行政处罚受到损害的,有依法提出赔偿要求的权利。

4. 建设行政处罚的管辖

行政处罚由违法行为发生地的执法机关管辖。行政处罚由县级以上地方人民政府执法机关管辖。执法机关发现案件不属于本机关管辖的,应当将案件移送有管辖权的行政机关。行政处罚过程中发生的管辖权争议,应当自发生争议之日起七日内协商解决,并制作保存协商记录;协商不成的,报请共同的上一级行政机关指定管辖。上一级执法机关应当自收到报请材料之日起七日内指定案件的管辖机关。执法机关发现违法行为涉嫌犯罪的,应当依法将案件移送司法机关。

5. 建设行政处罚的决定程序

(1) 简易程序

违法事实确凿并有法定依据的,对公民处以二百元以下、对法人或者其他组织处以三千元以下罚款或者警告行政处罚的,实施简易程序,可以当场作出行政处罚决定。

当场作出行政处罚决定的,执法人员应当向当事人出示执法证件,填写预定格式、编有号码的行政处罚决定书,并当场交付当事人。当事人拒绝签收的,应当在行政处罚决定书上注明。当事人提出陈述、申辩的,执法人员应当听取当事人的意见,并复核事实、理由和证据。

当场作出的行政处罚决定书应当载明当事人的违法行为,行政处罚的种类和依据、罚款数额、时间、地点,申请行政复议、提起行政诉讼的途径和期限,以及执法机关名称,并由执法人员签名或者盖章。执法人员当场作出的行政处罚决定,应当在三日内报所属执法机关备案。

(2) 普通程序

除按规定可以当场作出的行政处罚外,执法机关对依据监督检查职权或者通过投诉、举报等途径发现的违法行为线索，实施普通程序。

普通程序主要包括：核查与立案、调查与检查、制作书面案件调查终结报告、制作行政处罚意见告知文书并听取当事人陈述和申辩、法制审核与审查、制作行政处罚决定书、送达行政处罚决定书。

执法机关对违法行为线索应当在十五日内予以核查，情况复杂确实无法按期完成的，经本机关负责人批准，可以延长十日。经核查，符合下列条件的，应当予以立案：

① 有初步证据证明存在违法行为；

② 违法行为属于本机关管辖；

③ 违法行为未超过行政处罚时效。

立案应当填写立案审批表，附上相关材料，报本机关负责人批准。立案前在核查或者监督检查过程中依法取得的证据材料，可以作为案件的证据使用。

执法机关必须全面、客观、公正地调查，收集有关证据；必要时，依照法律、法规的规定，可以进行检查。为了查明案情，需要进行检测、检验、鉴定的，执法机关应当依法委托具备相应条件的机构进行。检测、检验、鉴定结果应当告知当事人。执法机关因实施行政处罚的需要，可以向有关机关出具协助函，请求有关机关协助进行调查取证等。

案件调查终结，执法人员应当制作书面案件调查终结报告。对涉及生产安全事故的案件，执法人员应当依据经批复的事故调查报告认定有关情况。

行政处罚决定作出前，执法机关应当制作行政处罚意见告知文书，告知当事人拟作出的行政处罚内容及事实、理由、依据，以及当事人依法享有的陈述权、申辩权。拟作出的行政处罚属于听证范围的，还应当告知当事人有要求听证的权利。

执法机关必须充分听取当事人的意见，对当事人提出的事实、理由和证据进行复核，并制作书面复核意见。当事人提出的事实、理由或者证据成立的，执法机关应当予以采纳，不得因当事人陈述、申辩而给予更重的处罚。

在作出行政处罚决定前，执法人员应当将案件调查终结报告连同案件材料，提交执法机关负责法制审核工作的机构，由法制审核人员进行重大执法决定法制审核。未经法制审核或者审核未通过的，不得作出决定。执法机关负责法制审核工作的机构应当自收到审核材料之日起十日内完成审核，并提出书面意见。对执法机关负责法制审核工作的机构提出的意见，执法人员应当进行研究，作出相应处理后再次报送法制审核。

执法机关负责人应当对案件调查结果进行审查，根据不同情况作出决定。对情节复杂或者重大违法行为给予行政处罚，执法机关负责人应当集体讨论决定。

执法机关应当自立案之日起九十日内作出行政处罚决定，制作行政处罚决定书。因案情复杂或者其他原因，不能在规定期限内作出行政处罚决定的，经本机关负责人批准，可以延长三十日。案情特别复杂或者有其他特殊情况，经延期仍不能作出行政处罚决定的，应当由本机关负责人集体讨论决定是否再次延期，决定再次延期的，再次延长的期限不得超过六十日。

在案件处理过程中，有下列情形之一的，经执法机关负责人批准，应中止案件调查，并在中止调查情形消失后及时恢复调查程序：

① 行政处罚决定须以相关案件的裁判结果或者其他行政决定为依据，而相关案件尚未审结或者其他行政决定尚未作出的；

② 涉及法律适用等问题，需要报请有权机关作出解释或者确认的；

③ 因不可抗力致使案件暂时无法调查的；

④ 因当事人下落不明致使案件暂时无法调查的；

⑤ 其他应当中止调查的情形。

行政处罚案件有下列情形之一的，执法人员应当在十五日内填写结案审批表，经本机关负责人批准后，予以结案：

① 行政处罚决定执行完毕的；

② 依法终结执行的；

③ 因不能认定违法事实或者违法行为已过行政处罚时效等情形，案件终止调查的；

④ 依法作出不予行政处罚决定的；

⑤ 其他应予结案的情形。

(3) 听证程序

执法机关在作出较大数额罚款、没收较大数额违法所得、没收较大价值非法财物、降低资质等级、吊销许可证件、责令停业整顿、责令停止执业、限制从业等较重行政处罚时，应采取听证程序。

当事人要求听证的，应当自行政处罚意见告知文书送达之日起五日内以书面或者口头方式向执法机关提出。

执法机关应当在举行听证的七日前，通知当事人及有关人员听证的时间、地点。

听证由执法机关指定的非本案调查人员主持，并按以下程序进行：

① 听证主持人宣布听证纪律和流程，并告知当事人申请回避的权利；

② 调查人员提出当事人违法的事实、证据和行政处罚建议，并向当事人出示证据；

③ 当事人进行申辩，并对证据的真实性、合法性和关联性进行质证；

④ 调查人员和当事人分别进行总结陈述。

听证应当制作笔录，全面、准确记录调查人员和当事人陈述内容、出示证据和质证等情况。笔录应当由当事人或者其代理人核对无误后签字或者盖章。当事人或者其代理人拒绝签字或者盖章的，由听证主持人在笔录中注明。执法机关应当根据听证笔录，依法作出决定。

6. 建设行政处罚的执行程序

执法机关应当依照《中华人民共和国行政处罚法》(简称《行政处罚法》)、《民事诉讼法》的有关规定送达行政处罚意见告知文书和行政处罚决定书。

执法机关送达行政处罚意见告知文书或者行政处罚决定书,应当直接送交受送达人,由受送达人在送达回证上签名或者盖章,并注明签收日期。

受送达人拒绝接收行政处罚意见告知文书或者行政处罚决定书的,送达人可以邀请有关基层组织或者所在单位的代表到场见证,在送达回证上注明拒收事由和日期,由送达人、见证人签名或者盖章,把行政处罚意见告知文书或者行政处罚决定书留在受送达人的住所;也可以将行政处罚意见告知文书或者行政处罚决定书留在受送达人的住所,并采取拍照、录像等方式记录送达过程,即视为送达。

行政处罚意见告知文书或者行政处罚决定书直接送达有困难的,可以采用其他方式送达,例如委托当地执法机关代为送达、邮寄送达、公告送达和电子方式送达。

当事人不履行行政处罚决定,执法机关可以依法强制执行或者申请人民法院强制执行。当事人不服执法机关作出的行政处罚决定,可以依法申请行政复议,也可以依法直接向人民法院提起行政诉讼。行政复议和行政诉讼期间,行政处罚不停止执行,法律另有规定的除外。

二、建设法规的司法

(一) 司法

1. 司法的概念

司法,又称法的适用,通常是指国家司法机关及其司法人员依照法定职权和法定程序,具体运用法律处理案件的专门活动。

这里的司法机关是行使司法权的国家机关,在我国一般是指人民法院和人民检察院,从广义上理解也可以包括公安机关、国家安全机关、司法行政机关、军队保卫部门、监狱等负责刑事侦查的机构。

2. 司法的分类

司法包括行政司法和专门机关司法。

① 行政司法,是指由行政机关充当争议的裁决人,依照行政司法程序解决行政争议和其他特定纠纷的一种行政行为,是国家行政机关按照准司法程序审理特定的具体案件、裁决特定行政争议的活动。

② 专门机关司法,是指国家司法机关(主要指人民法院)依照诉讼程序对争议与违法行为作出的审理判决活动。

3. 司法与执法的区别

司法与执法的区别主要表现在主体、对象和内容、优先原则、程序性要求以及主动性五个方面。

① 主体不同。司法是由司法机关(法院、检察院)及其公职人员适用法律的活动;执法是由国家行政机关及其公职人员来执行法律的活动。二者具有各不相同的特定主体。

② 对象和内容不同。司法活动的对象是案件,主要内容是裁决涉及法律问题的纠纷和争议及对有关案件进行处理;执法是以国家的名义对社会进行全面管理,其内容远比司法广泛。

③ 优先原则不同。司法追求公开、公平、公正;执法强调迅速、简便、快捷,即效率至上。

④ 程序性要求不同。司法活动一般都有较为严格的程序性规定,如果违反程序,将导致司法行为的无效和不合法;执法活动虽然也有相应的程序规定,但由于执法活动本身的特点,特别是基于执法效能的要求,其程序性规定没有司法活动那样严格和细致。

⑤ 主动性不同。司法活动具有被动性,前提是案件发生,司法机关(尤其是审判机关)不能主动去实施法律,只有受理案件后才能应用法律;而执法具有较强主动性,不基于相对人的意志引发,对社会行政管理的职责要求行政机关应积极主动地去实施法律。

(二) 建设行政司法

建设行政司法是指建设行政机关依据法定的权限和程序进行行政调解、行政复议和行政仲裁,以解决相应争议的行政行为。

1. 行政调解

行政调解是行政机关处理行政纠纷的一种方法,是指国家行政机关对属于本机关职权管辖范围内的行政纠纷,以国家法律、法规及政策为依据,在行政机关的主持下,以当事人各方自愿为原则,通过说服教育的方式,促使民事纠纷或轻微刑事案件当事人通过协商互谅达成协议,以解决纠纷的一种调解制度,通常也称为政府调解。

行政调解应遵循自愿原则、合法原则、公平公正原则和注重效果原则。

根据《最高人民法院关于建立健全诉讼与非诉讼相衔接的矛盾纠纷解决机制的若干意见》的规定,我国的行政调解协议具有民事合同性质。因此,应当按照法律对合同的规定来处理行政调解的相关问题。与司法调解相比,行政调解同人民调解一样,属于诉讼外调解,所达成的协议均不具有法律上的强制执行效力,但对当事人均应具有约束力。

2. 行政复议

行政复议是指相对人不服行政执法决定，依法向指定部门（行政机关）提出重新处理的申请。

行政复议，本质上是指行政相对人认为行政主体的具体行政行为侵犯其合法权益，依法向行政复议机关提出复查该具体行政行为的申请，行政复议机关依照法定程序对被申请的具体行政行为进行合法性、适当性审查，并作出行政复议决定的一种法律制度。行政复议作为行政管理相对人行使救济权的一项重要法律制度，其目的是纠正行政主体作出的违法或者不当的具体行政行为，以保护行政管理相对人的合法权益。

《中华人民共和国行政复议法》（简称《行政复议法》）第二条"公民、法人或者其他组织认为具体行政行为侵犯其合法权益，向行政机关提出行政复议申请，行政机关受理行政复议申请、作出行政复议决定，适用本法。"

《住房城乡建设行政复议办法》第三条第一款"行政复议机关应当认真履行行政复议职责，遵循合法、公正、公开、及时、便民的原则，坚持有错必纠，保障法律、法规和规章的正确实施。"

根据行政复议法的规定，行政复议机关通过对复议案件进行审理，根据不同情况可分别作出不同决定：

① 维持决定。对具体行政行为认定事实清楚，证据确凿，适用依据正确，程序合法，内容适当的，决定维持。

② 履行决定。对被申请人不履行法定职责的，决定其在一定期限内履行。

③ 撤销、变更或者确认违法决定。

具体行政行为有下列情形之一的，决定撤销、变更或者确认该具体行政行为违法，可以责令被申请人在一定期限内重新作出具体行政行为：

① 主要事实不清、证据不足；

② 适用依据错误；

③ 违反法定程序；

④ 超越或者滥用职权；

⑤ 具体行政行为明显不当。

3. 行政仲裁

行政仲裁亦称"行政公断"，是指国家行政机关以第三者身份依法对当事人之间的争议，按照法定仲裁程序予以解决的制度。

《中华人民共和国仲裁法》（简称《仲裁法》）第二条"平等主体的公民、法人和其他组织之间发生的合同纠纷和其他财产权益纠纷，可以仲裁。"

行政仲裁是具有准司法性质的行政活动。行政机关所设的特定仲裁机关，依法对民事争议当事人双方提交仲裁的争议进行裁决，其裁决具有法律效力，争议双方受到裁决约束。行政仲裁机构只能是行政机关设立的解决民事争议的专门机构。

（三）建设行政诉讼

1. 建设行政诉讼的概念

行政诉讼是人民法院适用司法程序解决行政争议的活动。《中华人民共和国行政诉讼法》（简称《行政诉讼法》）第二条第一款“公民、法人或者其他组织认为行政机关和行政机关工作人员的行政行为侵犯其合法权益，有权依照本法向人民法院提起诉讼。”这里所称的行政行为，包括法律、法规、规章授权的组织作出的行政行为。

行政诉讼解决的是行政主体与行政相对人之间的行政争议，由行政相对人、利害关系人提起（行政主体没有起诉权和反诉权），要求存在某个行政行为为现行条件。

建设行政诉讼属于专门机关司法，是指公民、法人或其他组织在认为建设行政主管部门及其工作人员的行为侵犯自己的合法权益时，依法向人民法院请求司法保护，并由人民法院对行政行为进行审查和裁决的一种诉讼活动。

2. 行政诉讼的受案范围

行政诉讼受案范围是指法律规定的，法院受理审判一定范围内建设行政案件的权限。

《行政诉讼法》第十二条规定，人民法院受理公民、法人或者其他组织提起的下列诉讼：

① 对行政拘留、暂扣或者吊销许可证和执照、责令停产停业、没收违法所得、没收非法财物、罚款、警告等行政处罚不服的；

② 对限制人身自由或者对财产的查封、扣押、冻结等行政强制措施和行政强制执行不服的；

③ 申请行政许可，行政机关拒绝或者在法定期限内不予答复，或者对行政机关作出的有关行政许可的其他决定不服的；

④ 对行政机关作出的关于确认土地、矿藏、水流、森林、山岭、草原、荒地、滩涂、海域等自然资源的所有权或者使用权的决定不服的；

⑤ 对征收、征用决定及其补偿决定不服的；

⑥ 申请行政机关履行保护人身权、财产权等合法权益的法定职责，行政机关拒绝履行或者不予答复的；

⑦ 认为行政机关侵犯其经营自主权或者农村土地承包经营权、农村土地经营权的；

⑧ 认为行政机关滥用行政权力排除或者限制竞争的；

⑨ 认为行政机关违法集资、摊派费用或者违法要求履行其他义务的；

⑩ 认为行政机关没有依法支付抚恤金、最低生活保障待遇或者社会保险待遇的；

⑪ 认为行政机关不依法履行、未按照约定履行或者违法变更、解除政府特许经营协议、土地房屋征收补偿协议等协议的；

⑫ 认为行政机关侵犯其他人身权、财产权等合法权益的。

除以上规定外，人民法院受理法律、法规规定可以提起诉讼的其他行政案件。

《行政诉讼法》第十三条规定，人民法院不受理公民、法人或者其他组织对下列事项提起的诉讼：

① 国防、外交等国家行为；

② 行政法规、规章或者行政机关制定、发布的具有普遍约束力的决定、命令；

③ 行政机关对行政机关工作人员的奖惩、任免等决定；

④ 法律规定由行政机关最终裁决的行政行为。

3. 行政诉讼的程序

(1) 起诉与受理

对属于人民法院受案范围的行政案件，公民、法人或者其他组织可以先向行政机关申请复议，对复议决定不服的，再向人民法院提起诉讼；也可以直接向人民法院提起诉讼。

法律、法规规定应当先向行政机关申请复议，对复议决定不服再向人民法院提起诉讼的，依照法律、法规的规定。

公民、法人或者其他组织直接向人民法院提起诉讼的，应当自知道或者应当知道作出行政行为之日起六个月内提出。法律另有规定的除外。

因不动产提起诉讼的案件自行政行为作出之日起超过二十年，其他案件自行政行为作出之日起超过五年提起诉讼的，人民法院不予受理。

(2) 审理与判决

行政诉讼的审理与判决包括第一审程序(分为普通程序和简易程序)，第二审程序，以及审判监督程序。

① 第一审普通程序

人民法院应当在立案之日起五日内，将起诉状副本发送被告。被告应当在收到起诉状副本之日起十五日内向人民法院提交作出行政行为的证据和所依据的规范性文件，并提出答辩状。人民法院应当在收到答辩状之日起五日内，将答辩状副本发送原告。被告不提出答辩状的，不影响人民法院审理。行政行为证据确凿，适用法律、法规正确，符合法定程序的，或者原告申请被告履行法定职责或者给付义务理由不成立的，人民法院判决驳回原告的诉讼请求。

② 第一审简易程序

人民法院审理下列第一审行政案件，认为事实清楚、权利义务关系明确、争议不大的，可以适用简易程序：被诉行政行为是依法当场作出的；案件涉及款额二千元以下的；属于政府信息公开案件的。

当事人各方同意适用简易程序的，可以适用简易程序。发回重审、按照审判监督程序再审的案件不适用简易程序。

③ 第二审程序

第二审程序，是指上级人民法院对下级人民法院就第一审案件所作判决、裁定，在发生法律效力前，基于当事人的上诉，依据事实和法律，对案件进行审理的程序。

当事人不服人民法院第一审判决的，有权在判决书送达之日起十五日内向上一级人民法院提起上诉；当事人不服人民法院第一审裁定的，有权在裁定书送达之日起十日内向上一级人民法院提起上诉。逾期不提起上诉的，人民法院的第一审判决或者裁定发生法律效力。

④ 审判监督程序

审判监督程序又称再审程序，是指人民法院对已发生法律效力的判决、裁定，发现违反规定的，依法再次审理的程序。

当事人对已经发生法律效力的判决、裁定，认为确有错误的，可以向上一级人民法院申请再审，但判决、裁定不停止执行。

当事人的申请符合下列情形之一的，人民法院应当再审：不予立案或者驳回起诉确有错误的；有新的证据，足以推翻原判决、裁定的；原判决、裁定认定事实的主要证据不足、未经质证或系伪造的；原判决、裁定适用法律、法规确有错误的；违反法律规定的诉讼程序，可能影响公正审判的；原判决、裁定遗漏诉讼请求的；据以作出原判决、裁定的法律文书被撤销或者变更的；审判人员在审理该案件时有贪污受贿、徇私舞弊、枉法裁判行为的。

(3) 执行

建设行政诉讼的执行是指执行组织对已生效的建设行政案件的法律文书，在义务人逾期拒不履行时，依法采取强制措施，从而使生效法律文书的内容得以实现的活动。

《行政诉讼法》规定，当事人必须履行人民法院发生法律效力的判决、裁定、调解书。公民、法人或者其他组织拒绝履行判决、裁定、调解书的，行政机关或者第三人可以向第一审人民法院申请强制执行，或者由行政机关依法强制执行；行政机关拒绝履行判决、裁定、调解书的，第一审人民法院可以采取下列措施：

① 对应当归还的罚款或者应当给付的款额，通知银行从该行政机关的账户内划拨；

② 在规定期限内不履行的，从期满之日起，对该行政机关负责人按日处五十元至一百元的罚款；

③ 将行政机关拒绝履行的情况予以公告；

④ 向监察机关或者该行政机关的上一级行政机关提出司法建议。

接受司法建议的机关，根据有关规定进行处理，并将处理情况告知人民法院；拒不履行判决、裁定、调解书，社会影响恶劣的，可以对该行政机关直接负责的主管人员和其他直接责任人员予以拘留；情节严重，构成犯罪的，依法追究刑事责任。

4. 行政诉讼审理的原则和制度

(1) 决定是否停止具体行政行为的执行

《行政诉讼法》第五十六条规定，诉讼期间，不停止具体行政行为的执行。但有下列情形之一的，裁定停止执行：

① 被告认为需要停止执行的；

② 原告或者利害关系人申请停止执行，人民法院认为该行政行为的执行会造成难以弥补的损失，并且停止执行不损害国家利益、社会公共利益的；

③ 人民法院认为该行政行为的执行会给国家利益、社会公共利益造成重大损害的；

④ 法律、法规规定停止执行的。

当事人对停止执行或者不停止执行的裁定不服的，可以申请复议一次。

(2) 公开审理原则

《行政诉讼法》第五十四条规定，人民法院公开审理行政案件，但涉及国家秘密、个人隐私和法律另有规定的除外。涉及商业秘密的案件，当事人申请不公开审理的，可以不公开审理。

(3) 回避原则

《行政诉讼法》第五十五条规定，当事人认为审判人员与本案有利害关系或者有其他关系可能影响公正审判，有权申请审判人员回避；审判人员认为自己与本案有利害关系或者有其他关系，应当申请回避。

(4) 不适用调解的原则

《行政诉讼法》第六十条第一款规定，人民法院审理行政案件，不适用调解。但是，行政赔偿、补偿以及行政机关行使法律、法规规定的自由裁量权的案件可以调解。

三、建设法规的遵守

法律遵守，是指公民、社会组织和国家机关以法律作为自己行为的准则，也称守法。一切违反宪法和法律的行为，必须予以追究，任何组织或者个人都不得有超越宪法和法律的特权。建设法规遵守，是指从事建设活动应当遵守法律、法规，不得损害社会公共利益和他人的合法权益的行为。在我们国家，一切组织和个人都是守法的主体。

我国《宪法》中明确规定：一切国家机关和武装力量、各政党和各社会团体、各企业事业组织都必须遵守宪法和法律。任何公民享有宪法和法律规定的权利，同时必须履行宪法和法律规定的义务。

公职人员作为国家法律的直接实施者、执行者，要当好遵法守法的“先行者”。法律面前人人平等，遵纪守法是公职人员从政的底线和红线，也是安身立命的最基本要求、最基本职责和最基本素养。

公职人员必须坚持依法行使权力，带头遵守法律规定，既要严格执行“法无授权不可为”，又要严格落实“法定职责必须为”，按照法律规定的原则、程序、内容行使职权，坚决杜绝以言代法、以权压法、徇私枉法。坚持“公平、公正、公开”的原则，做到情为民所系、权为民所用、利为民所谋，规规矩矩办好每件事，赢得人民群众的信任和拥护。

《中国共产党党章》第三条规定党员必须履行的义务中包括：“自觉遵守党的纪律”“模范遵守国家的法律法规”，这有利于增强党员依法办事的观念。

《中华人民共和国公职人员政务处分法》（简称《政务处分法》）第二条第一款“本法适用于监察机关对违法的公职人员给予政务处分的活动。”第三条第一款“监察机关应当按照管理权限，加强对公职人员的监督，依法给予违法的公职人员政务处分。”

中国共产党的领导是中国特色社会主义最本质的特征，是中国特色社会主义制度的最大优势。公职人员是中国特色社会主义事业的中坚力量，在国家治理体系中处于特殊重要位置。制定政务处分法，将宪法确立的坚持党的领导的基本要求具体化、制度化、法律化，强化对公职人员的管理和监督，使自觉坚持和切实维护党的领导成为公职人员的法律义务，为有效发挥中国共产党的领导这一最大制度优势提供了有力的法治保障。

2-3 第二章教学案例

思考题

1. 简述建设立法的原则。
2. 简述建设立法的程序。
3. 建设立法的机构有哪些？其权限分别是什么？
4. 简述建设工程项目行政执法的范围和内容。
5. 建设行政执法的方式主要有哪些？
6. 简述建设行政执法监督检查的程序。
7. 建设行政处罚的种类和原则有哪些？
8. 建设行政处罚的决定程序有哪些？
9. 建设行政司法的概念是什么？包括哪些内容？
10. 在建设行政诉讼的起诉与判决中，审理与判决程序有哪些？

第三章　基本建设程序

为加强建筑市场管理，规范工程建设项目实施程序，维护建筑市场的正常秩序，根据国家有关法律、法规，1995 年建设部颁发《工程建设项目实施阶段程序管理暂行规定》。工程建设项目实施程序是指土木建筑工程、线路、管道及设备安装工程、建筑装修装饰工程等新建、扩建、改建活动，应遵守的有关工作步骤。

3-1 第三章电子教案

第一节　建设项目及其特殊性

一、建设项目的基本概念

建设项目是指按照一个总体设计进行施工，由若干个单项工程组成，经济上实行统一核算，行政上实行统一管理的基本建设单位。

为了工程管理工作的需要，建设项目可按单项工程、单位工程、分部工程和分项工程逐级分解。

(1) 单项工程是建设项目的组成部分

一个单项工程应有独立的设计文件，自成独立系统，建成后可以独立发挥设计文件所规定的生产能力或效益。

(2) 单位工程是单项工程的组成部分

按照单项工程各组成部分的性质及能否独立施工，可将单项工程划分为若干个单位工程。从施工的角度看，单位工程就是一个独立的交工系统，在工程建设项目总体施工部署和管理目标的指导下，形成自身的项目管理方案和目标，按其投资和质量的要求，如期建成交付生产和使用。对于建设规模较大的单位工程，还可将其能形成独立使用功能的部分划分为若干子单位工程。单位工程一般还可划分为建筑工程和安装工程两类。

由于单位工程的施工条件具有相对的独立性，因此一般要单独组织施工和竣工验收。单位工程体现了工程建设项目的主要建设内容，是新增生产能力或工程效益的基础。

(3) 分部工程是单位工程的组成部分

它是按单位工程的部位、专业性质划分的，即单位工程的进一步分解。一般工业与民用建筑工程可划分为基础工程、主体工程(或墙体工程)、地面与楼面工程、装修工程、屋面工程等五部分,其相应的建筑设备安装工程由建筑采暖工程与煤气工程、建筑电气安装工程、通风与空调工程、电梯安装工程等组成。

当分部工程较大或较复杂时,可将其按材料种类、施工特点、施工程序、专业系统及类别等划分为若干子分部工程。

(4) 分项工程是分部工程的组成部分

分项工程一般是按主要工种、材料、施工工艺、设备类别等进行划分。例如,钢筋工程、模板工程、混凝土工程、砌砖工程、木门窗制作工程等。分项工程是建筑施工生产活动的基础,也是计量工程用工用料和机械台班消耗的基本单元。同时,它又是工程质量形成的直接过程。分项工程既有其作业活动的独立性,又有相互联系、相互制约的整体性。

分部、分项工程的划分,一般应与国家颁发的概预算定额分项一致。

二、建设项目的类型

建设项目大体上可分为生产性项目和非生产性项目两大类,具体可从以下几方面进行分类。

(一) 按建设项目的建设阶段分类

建设项目按建设阶段不同,一般分为预备项目、施工项目、竣工投产项目等。

预备项目是指设计任务书(包括建设总规模和投资总规模)已经批准,需要进行必要的施工前期准备工作,以及建设前期准备工作基本完成而尚未开工建设的项目。

施工项目是指一定时期内进行建筑安装施工活动的基本建设项目或更新改造措施项目。

施工项目具有三个特征:

① 它是建设项目或其中的单项工程或单位工程的施工任务。

② 它作为一个管理整体,是以建筑施工企业为管理主体的。

③ 该任务的范围是由工程承包合同界定的。

但只有单位工程、单项工程和建设项目的施工才谈得上是项目,因为其可形成建筑施工企业的产品。分部、分项工程不是完整的产品,因此不能称作项目。

竣工投产项目是指整个建设项目已按设计规定的内容全部建成,形成设计规定的能力或效益,并经正式验收移交生产或使用部门的项目。

(二) 按建设项目的建设性质分类

建设项目按建设性质不同,可分为新建项目、扩建项目、改建项目、迁建项目和恢复项目。

新建项目是指新开始建设的项目;扩建项目是指原企事业单位为扩大生产能力或效益而兴建的附属原单位的工程项目;改建项目是指原企事业单位对原有设备或工程进行技术改造的项目;迁建项目是指原企事业单位由于改变生产布局或环境保护和安全生产及其他特殊需要,搬迁到另外的地方进行建设的项目;恢复项目是指原企事业单位按原规模恢复受灾害或战争破坏的固定资产而投资建设的项目。在恢复的同时进行扩建,应视作扩建项目。

(三) 按建设项目的规格或投资总量分类

建设项目按规格或投资总量大小,一般分为大型项目、中型项目和小型项目。例如水电站按装机容量分类:25 万 kW 以上的为大型,2.5 ～ 25 万 kW 的为中型,2.5 万 kW 以下的为小型。又如对于非生产性建设项目,总投资在 2 000 万元以上的为大型,1 000 ～ 2 000 万元的为中型,1 000 万元以下的为小型。

(四) 按建设项目的土建工程性质分类

建设项目按土建工程性质,可分为房屋建筑工程项目、土木建筑工程项目(如公路、桥梁、机场、铁道、港口码头、地下建筑、输油管道、污水处理、水利工程等)、工业建筑工程项目。

(五) 按建设项目的使用性质分类

建设项目按使用性质,一般分为公共工程项目(如公路、通讯、城市给排水、部分水利工程设施、教育科研设施、医疗保健设施、文化体育设施、政府机关建筑工程等)、生产性产业建设项目、服务性产业建设项目(如宾馆、商店等)、生活设施建设项目。

三、建设项目的特殊性

与其他生产活动相比,建设项目有它自己的特殊性。掌握这些特殊性,对于正确进行建设项目的管理是非常重要的。建设项目的特殊性主要从它的成果(建设产品)和活动过程(工程建设)这两方面来体现。

(一) 建设产品的特殊性

1. 总体性

建设产品的总体性表现在:

① 它是许多材料、半成品和产成品经加工装配而组成的综合物;

② 它是由许多个人和单位分工协作、共同劳动的总成果；

③ 它是由许多具有不同功能的建筑物有机结合成的完整体系。

例如一栋高层建筑物，它是由混凝土、钢材、多种功能材料、装饰材料及其他各种机电设备组成的；参与工程建设的单位除业主和建设单位之外，还有设计单位、施工单位、设备材料制造供应单位、咨询监理单位等。

2. 固定性

一般的工农业产品可以流动，消费使用空间不受限制。而建筑产品体型庞大，只能在固定的建造处使用，不能移动。

3. 单件性

建设产品不仅体庞大、结构复杂，而且建造时间、地点、地形地质及水文条件、材料来源、使用目标及达到目标要求的手段各不相同。因此，建设产品存在千差万别、无一完全相同的单件性。建设产品的单件性还表现在生产过程的一次性上，很少能原版复制。

（二）工程建设的特殊性

1. 生产周期长

由于建设产品体型庞大，工程量巨大，建设期间要耗用大量的劳动和资金，加之建设产品的生产环境复杂多变，受自然条件影响大，所以生产周期（即建设周期）长，通常需要几年甚至十几年。在这几年甚至十几年的建设周期中，不能提供完整产品，不能发挥完全效益，造成了大量的人力、物力和资金的长期占用。

2. 建设过程的连续性和协作性

工程建设的各阶段、各环节、各协作单位及各项工作，必须按照统一的建设计划有机地组织起来，在时间上不间断，在空间上不脱节，使建设工作有条不紊地进行。如果某个环节的工作遭到破坏和中断，就会导致某工序停工，甚至波及其他工序，造成人力、物力、财力的积压，并可能使工期拖延，不能按时投产使用。

3. 施工的流动性

这是由建设产品的固定性决定的。建设产品只能在固定地点施工，则施工人员及机具就必须随建设对象的不同而经常流动转移。一个项目建成后，建设者和施工机具就得转移到下一个项目工地。同一个项目的内部，各工种的作业地点也是经常流动的。一个工种在工程的某一部位完成作业撤退下来后，又要转移到其他工程部位作业。建筑生产的工业化和装配式施工，可以减少施工的流动程度。

4. 受自然和社会条件的制约性强

由于建设产品体型庞大和固定不动，建筑物必须与地基牢固地连为一体。但由于工程施工多为露天作业，因此工程建设受地形、地质、水文、气象等自然因素及材料、水电、交通、生活等社会条件的影响很大。

5. 在一定的约束条件下，以形成固定资产为特定目标

一个建设项目是以投资资金的价值形态投入为开始，到形成固定资产的实物形态为结束。在这个投入产出的全过程中，有一定的约束条件或明确的目标任务：一是时间的约束，每个建设项目都应有合理的建设工期目标；二是资源的约束，每个建设项目都有一定的投资总量目标；三是质量的约束，每个建设项目都有预期的使用质量标准目标。只有在满足这些限定的约束条件、实现预定目标的情况下，才可以说是一个成功的建设项目。

四、建设项目管理目标

建设项目管理有三大目标，即建设工期、工程造价和工程质量。

（一）建设工期

1. 建设工期

建设工期一般指建设项目中构成固定资产的单项工程、单位工程从正式破土动工到按设计文件全部建成并竣工验收交付使用所需的全部时间。建设工期是建设项目管理目标之一，是考核建设项目经济效益和社会效益的重要指标。在建设过程中因国家基本建设计划调整，经上级正式批准而停缓建的时间，在计算建设工期时应予以扣除。但在建设过程中的节假日，以及由于设备、材料供应不及时等原因造成的停工时间，则不应扣除。全国或一个部门、一个地区在分析建设工期时，通常采用平均建设工期（即几个相同规模工程项目由算术平均数计算的工期）。

建设工期是作为具体安排计划、签订经济合同、组织施工、检查工程进度的依据。合理的建设工期有利于尽快形成生产能力，提高工程建设效率及效益。相反，拖延工期必然导致人力、物力、财力陷入未完工程中，长期不能发挥其经济效益，造成损失。大中型项目要按合理工期一次安排建设计划，分配投资和材料，落实建设条件和相关项目的同步建设，分年实施，以保证工程开工后能连续建设，按期建成，并形成综合生产能力。建立健全工期责任制，工程按期或提前投产，应给予一定的奖励；工作失误，拖长工期应给予经济处罚。

2. 投产日期

投产日期是指经验收合格、达到竣工验收标准、正式移交生产（或使用）的时间。

3. 竣工日期

在正常情况下，建设项目的全部投产日期应当同竣工日期是一致的，但实际上有些项目的竣工日期往往晚于全部投产日期。这是因为当建设项目设计规定的生产性工程的全部生产作业线建成，经试运转、验收鉴定合格，移交生产部门时，便可算为全

部投产。而竣工则要求该项目的生产性、非生产性工程全部建成,投产项目遗留的收尾工程全部完工。

(二) 工程造价

根据住建部发布的《工程造价术语标准》(GB/T 50875—2013),工程造价是指构成项目在建设期预计或实际支出的建设费用。

综合运用管理学、经济学和工程技术等方面的知识与技能,对工程造价进行预测、计划、控制、核算、分析和评价等的工作过程被称为工程造价管理。按照法律、法规和标准等规定的程序、方法和依据,对工程造价及其构成内容进行的预测或确定被称为工程计价,工程计价依据包括与计价内容、计价方法和价格标准相关的工程计量计价标准、工程计价定额及工程造价信息等。

(三) 工程质量

建筑工程质量是指在国家现行的有关法律、法规、技术标准、设计文件和合同中,对建设工程的安全、适用、经济、环保、美观等特性的综合要求。

《建设工程质量管理条例》第三条"建设单位、勘察单位、设计单位、施工单位、工程监理单位依法对建设工程质量负责。"第六条"国家鼓励采用先进的科学技术和管理方法,提高建设工程质量。"

第二节 基本建设程序

一、基本建设程序的概念

基本建设程序是建设项目从设想、选择、评估、决策、设计、施工到竣工验收、投入使用整个建设过程中,各项工作必须遵守的先后次序法则。

《建设工程质量管理条例》第五条"从事建设工程活动,必须严格执行基本建设程序,坚持先勘察、后设计、再施工的原则。"

按照建设项目发展的内在联系和发展过程,建设程序分成若干阶段,它们各有不同的工作内容,有机地联系在一起,有着客观的先后顺序,不可违反,必须共同遵守。这是因为它科学地总结了建设工作的实践经验,反映了建设工作所固有的客观自然规律和经济规律,是建设项目科学决策和顺利进行的重要保证。

项目的建设程序并非我国独有。世界各国及世界银行,在进行项目建设时,大多都有各自的建设程序。以世界银行为例,它对项目管理一般分为六个步骤:

① 项目的选定。

② 世界银行根据其制订的贷款计划,结合各国计划部门制订的国民经济发展计划,经双方研究确定贷款项目。

③ 项目的准备。由建设单位负责组织可行性研究,准备向世界银行提供各种资料。

④ 项目的评估。由世界银行派员完成评估报告,经项目的所在国校正后,送交世界银行董事会审批。

⑤ 贷款谈判签约。

⑥ 项目总结(后评价)在项目完成后一年左右进行。

《水利工程建设程序管理暂行规定》第二条“水利工程建设程序,按《水利工程建设项目管理规定》(水利部水建〔1995〕128 号)明确的建设程序执行,水利工程建设程序一般分为:项目建议书、可行性研究报告、施工准备、初步设计、建设实施、生产准备、竣工验收、后评价等阶段。”

在我国按现行规定,一般大中型和限额以上的项目从建设前期工作到建设、投产要经历以下几个阶段的工作程序:

① 根据国民经济和社会发展长远规划,结合行业和地区发展规划的要求,提出项目建议书;

② 在勘察、试验、调查研究及详细技术经济论证的基础上编制可行性研究报告;

③ 根据项目的咨询评估情况,对建设项目进行决策;

④ 根据可行性研究报告编制设计文件;

⑤ 初步设计经批准后,做好施工前的各项准备工作;

⑥ 组织施工,并根据工程进度,做好生产准备;

⑦ 项目按批准的设计内容建完,经投料试车验收合格后,正式投产,交付生产使用;

⑧ 生产运营一段时间后(一般为两年),进行项目后评价。

二、基本建设程序的完善和发展

在我国多年的建设过程中,基本建设程序管理始终是国家基本建设管理的一项重要内容。国家对基本建设工作程序作过几次修改调整,特别是党的十八大以来,对基本建设工程程序又作了不少补充和修改,这些调整主要表现在:

① 对各个环节的工作审批权限和审批内容作过下放和上收、集中和分散的变化调整。如国家审批程序的“五道改两道”等;又如增加了项目后评价环节,对提高建设项目决策科学化水平,改进项目管理和提高投资效益等方面发挥着极其重要的作用。“五道改两道”是指需要国家审批的基本建设大中型项目审批程序,原为五道手续,即

项目建议书、可行性研究报告、设计任务书、初步设计和开工报告，根据简政放权的要求，简化为项目建议书、设计任务书（或可行性研究报告）两道手续。凡列入长期计划或建设前期工作计划的项目，应该有批准的项目建议书；凡列入五年计划的项目，应该有批准的设计任务书。

② 对各工作环节中工作内容的调整。如对工程效益考核指标，在过去只进行静态考核办法的基础上，增加了动态分析内容，充分考虑时间、利息等变化因素，增加了项目评估制度等。

③ 对各个工作环节中的工作深度要求也发生了很大变化，加强了项目的前期工作，增加了项目建议书、可行性研究等内容。

三、基本建设程序的步骤和内容

目前我国基本建设程序的主要阶段可粗分为施工准备阶段、施工阶段、竣工验收阶段三阶段，也可细分为项目决策阶段、设计阶段、建设阶段和生产或使用阶段四阶段。综合各个阶段又可分为七个环节：项目建议书、可行性研究报告、设计工作、建设准备、建设实施、竣工验收和后评价。这些阶段和环节各有其不同的工作内容，它们依照本身固有的规律，有机地联系在一起，并存在客观的先后顺序，如图 3-1 所示。

施工准备阶段包括工程建设项目报建、委托建设监理、招标投标、施工合同签订；施工阶段包括建设工程许可证领取、实施施工；竣工阶段包括竣工验收及期内保修和后评价。

工程建设项目报建表示项目前期工作结束施工准备阶段开始；取得建设工程施工许可证表示施工准备阶段结束，施工阶段开始；竣工验收表示施工阶段结束，竣工阶段开始；保修期限届满，全部工程建设项目实施阶段程序结束。

关键节点是工程建设项目报建→施工许可证→施工质量→竣工验收。

工程建设项目报建是指工程建设项目由建设单位或其代理机构在工程项目可行性研究报告或其他立项文件被批准后，须向当地建设行政主管部门或其授权机构进行报建，交验工程项目立项的批准文件，包括银行出具的资信证明及批准的建设用地等其他有关文件的行为。

项目报建内容：工程项目名称、建设地点（工程项目所在地）、投资规模、资金来源及当年投资额（指建设单位的资金文件）、工程规模（工程概况）、施工队伍及专业技术人员、工程项目开工时间、竣工时间、发包情况（填写承包单位名称）及工程筹建情况等。

这些关键节点在《建筑法》中都有明确规定。第十五条第一款“建筑工程的发包单位与承包单位应当依法订立书面合同，明确双方的权利和义务。”第九条中规定“建设单位应当自领取施工许可证之日起三个月内开工。”第五十八条第一款“建筑施工企业对工程的施工质量负责。”第六十一条第一款“交付竣工验收的建筑工程，必须符合规定的建筑工程质量标准，有完整的工程技术经济资料和经签署的工程保修书，并具备国家规定的其他竣工条件。”第六十二条“建筑工程实行质量保修制度。建筑工程的保修范围应当包括地基基础工程、主体结构工程、屋面防水工程和其他土建工程，以及电气管线、上下水管线的安装工程，供热、供冷系统工程等项目；保修的期限应当按照保证建筑物合理寿命年限内正常使用，维护使用者合法权益的原则确定。具体的保修范围和最低保修期限由国务院规定。”

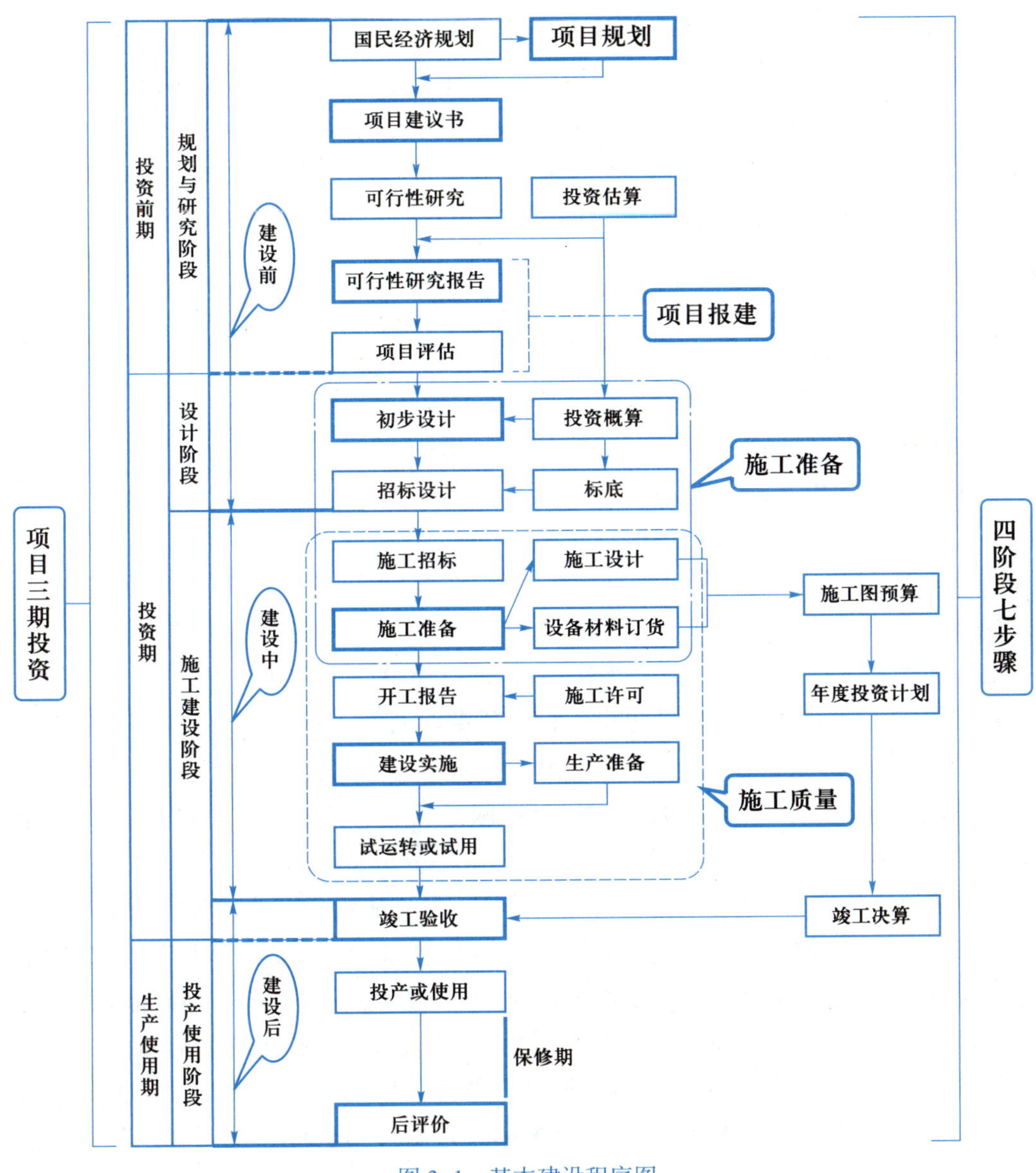

图 3-1 基本建设程序图

（一）项目建议书阶段

项目建议书的前提是项目规划，依据《城乡规划法》，在规划区内建设的工程，必须遵守相关规定，在依法先后领取相关文件后，方能进行获取土地使用权、设计、施工等相关建设活动。

项目建议书是建设某具体规划区内工程项目的建议文件，是基本建设程序最初阶段的工作，是投资决策前对拟建项目轮廓的设想，主要是从宏观上来衡量分析项目建设的必要性，看其是否符合国家长远规划的方针和要求，同时初步分析建设的可能性，看其是否具备建设条件，是否值得投资。

20 世纪 70 年代，我国规定的基本建设程序的第一步是设计任务书(利用外资引进技术项目仍采用可行性研究报告)。设计任务书一经批准，就表示项目已经成立。为了进一步加强项目前期工作，对项目的可行性进行充分论证，我国在 20 世纪 80 年代初期规定了在程序中增加项目建议书这一步骤。项目建议书经批准后，可以进行详细的可行性研究工作，但并不表明项目非上不可，项目建议书不是项目的最终决策。

项目建议书的内容视项目的不同情况而有繁有简，但一般应包括以下几方面：

① 建设项目提出的必要性和依据；

② 产品方案、拟建规格和建设地点的初步设想；

③ 资源情况、建设条件、协作关系等初步分析；

④ 投资估算和资金筹措设想；

⑤ 经济效益和社会效益估计。

各部门、地区、企事业单位根据国民经济和社会发展的长远规划、行业规划、地区规划等要求，经过调查、预测分析后，提出项目建议书。有些部门在提出项目建议书之前还增加了初步可行性研究工作，对拟进行建设的项目初步论证后，再行编制项目建议书。国家目前对项目初步可行性研究没有统一的要求，由各行业根据本行业的特点而定。项目建议书按要求编制完成后，按照建设总规模和限额的划分审批权限报批。按现行规定，凡属大中型或限额以上项目的项目建议书，首先要报送行业归口主管部门，同时抄送国家发展和改革委员会(简称“国家发改委”)。行业归口主管部门要根据国家中长期规划的要求，着重从资金来源、建设布局、资源合理利用、经济合理性、技术政策等方面进行初审。行业归口主管部门初审通过后报国家发改委，由国家发改委再从建设总规模、生产力总布局、资源优化配置及资金供应可能、外部协作条件等方面进行综合平衡，还要委托有资格的工程咨询单位评估后审批。凡行业归口主管部门初审未通过的项目，国家发改委不予审批。凡属小型和限额以下项目的项目建议书，按项目隶属关系由部门或地方发展和改革委员会审批。

（二）可行性研究报告阶段

1. 可行性研究

项目建议书一经批准，即可着手进行可行性研究。可行性研究是指在项目决策前，通过对项目有关的工程、技术、经济等各方面条件和情况进行调查、研究、分析，对各种可能的建设方案和技术方案进行比较论证，并对项目建成后的经济效益进行预测和评价的一种科学分析方法。由此考查项目技术上的先进性和适用性，经济上的盈利性和合理性，建设的可能性和可行性。可行性研究是项目前期工作最重要的内容，它从项目建设和生产经营的全过程考察分析项目的可行性，其目的是回答项目建设是否必要、是否可能和如何进行建设的问题，其结论为投资者的最终决策提供直接依据。因此，凡大中型项目及国家有要求的项目，都要进行可行性研究，其他项目有条件的也要进行可行性研究。早在20世纪80年代中期推行运用的项目财务评价和国民经济评价方法，在可行性研究中已普遍应用。承担可行性研究工作的单位应是经过资格审定的规划、设计和工程咨询单位。通过对建设项目在技术、工程和经济上的合理性进行全面分析论证和多种方案比较，提出评价意见。可行性研究未被通过的项目，不得编制向上级报送的可行性研究报告和进行下一步工作。

2. 可行性研究报告的编制

可行性研究报告是确定建设项目，编制设计文件的重要依据。所有基本建设项目都要在可行性研究通过的基础上，选择经济效益最好的方案编制可行性研究报告。由于可行性研究报告是项目最终决策和进行初步设计的重要文件，因此要求它必须具有相当的深度和准确性。

按照现行有关规定，不同行业的建设项目，其可行性研究内容可以有不同的侧重点，但一般要求具备以下基本内容：

① 项目提出的背景和依据；

② 建设规模、产品方案、市场预测和确定的依据；

③ 技术工艺、主要设备、建设标准；

④ 资源、原材料、燃料供应、动力、运输、供水等协作配合条件；

⑤ 项目建设选址及建设条件论证；

⑥ 建设规模、建设内容和设计方案，项目外部配套建设项目，协作配套工程；

⑦ 环境保护、防震等要求；

⑧ 劳动保护与卫生防疫、消防；

⑨ 节能、节水措施；

⑩ 项目建设周期及工程进度安排；

⑪ 投资估算和资金筹措方式；

⑫ 经济、社会效益；

⑬ 结论;

⑭ 附件,包括工程施工、勘察设计、招投标等内容。

3. 可行性研究报告审批

可行性研究报告审批的依据是《国务院关于投资体制改革的决定》有关规定。

对于企业不使用政府投资建设的项目实行核准制或备案制。政府仅对重大项目和限制类项目从维护社会公共利益角度进行核准。实施核准的项目仅需向政府提交项目申请报告,不再经过批准项目建议书、可行性研究报告和开工报告的程序。

其他项目无论规模大小,均改为备案制,由企业按照属地原则向地方政府投资主管部门备案。备案项目一般提交项目可行性研究报告。

对于政府投资项目实施审批制,采用直接投资和资本金注入方式的,从投资决策角度只审批项目建议书和可行性研究报告,除特殊情况外不再审批开工报告;采用投资补助、转贷和贷款贴息方式的,只审批资金申请报告。

可行性研究报告批准后即国家同意该项目进行建设,列入预备项目计划。列入预备项目计划并不等于列入年度计划,何时列入年度计划,要根据其前期工作的进展情况、国家宏观经济政策和对财力、物力等因素进行综合平衡后决定。建设单位可进行下列工作:

① 用地方面,开始办理征地、拆迁安置等手续;

② 委托具有承担本项目设计资质的设计单位进行扩大初步设计,引进项目开展对外询价和技术交流工作,并编制设计文件;

③ 报审供水、供气、供热、下水等市政配套方案及规划、土地、人防、消防、环保、交通、园林、文物、安全、劳动、卫生、保密、教育等主管部门的审查意见,取得有关协议或批件;

④ 如果是外商投资项目,还需编制合同、章程、报经贸委审批,经贸委核发了企业批准证书后,到工商局领取营业执照、办理税务、外汇、统计、财政、海关等登记手续。

(三) 设计工作阶段

设计是对拟建工程的实施在技术上和经济上所进行的全面而详尽的安排,是基本建设计划的具体化,是把先进技术和科研成果引入建设的渠道,是整个工程的决定性环节,是组织施工的依据。它直接关系着工程质量和将来的使用效果。可行性研究报告阶段后续就是将建设项目通过委托设计单位,按照批准的可行性研究报告的内容和要求进行设计,编制设计文件。根据建设项目的不同情况,设计过程一般划分为两个阶段,即初步设计和施工图设计,重大项目和技术复杂项目,可根据不同行业的特点和需要,增加技术设计阶段。

1. 初步设计

这是设计的第一阶段,它根据批准的可行性研究报告和必要而准确的设计基础资料，对设计对象进行通盘研究，阐明在指定的地点、时间和投资控制数内，拟建工程在技术上的可能性和经济上的合理性。通过对设计对象作出的基本技术规定，编制项目的总概算。根据国家文件规定，如果初步设计提出的总概算超过可行性研究报告确定的总投资估算的10%以上，或其他主要指标需要变更时，应重新报批可行性研究报告。

各类建设项目的初步设计内容不尽相同。就工业企业而言，其主要内容一般包括：

① 设计依据和设计的指导思想；

② 建设规模、产品方案，以及原材料、燃料和动力的用量及来源；

③ 工艺流程、主要设备选型和配置；

④ 主要建筑物、构筑物、公用辅助设施和生活区的建设；

⑤ 占地面积和土地使用情况；

⑥ 总体运输；

⑦ 外部协作配合条件；

⑧ 综合利用、环境保护和抗震措施；

⑨ 生产组织、劳动定员和各项技术经济指标；

⑩ 总概算。

初步设计由主要投资方组织审批。经批准后，总平面布置、主要工艺过程、主要设备、建筑面积、建筑结构、总概算等不得随意修改、变更。

2. 技术设计

技术设计是针对初步设计中的重大技术问题进一步开展工作，在进行科学研究、设备试制后，取得可靠数据和资料的基础上，具体地确定初步设计中所采用的工艺、土建结构等方面的主要技术问题，并编制修正总概算。

3. 施工图设计

施工图设计是按照初步设计或技术设计所确定的设计原则、结构方案和控制尺寸，根据建筑安装工作的需要，分期分批地制定出工程施工详图，提供给施工单位，在施工图设计中，还要编制施工图预算。

现在一般将技术设计和施工图设计合并成一个阶段进行，统称技施设计。

设计文件要按规定程序报送审批，施工图设计是设计方案的具体化，由设计单位负责，在交付施工前，须经建设单位监理工程师审查。

(四) 建设准备阶段

工程建设准备是为勘察、设计、施工创造条件所做的建设现场、建设队伍、建设设备等方面的准备工作。

1. 规划

在规划区内建设的工程，必须符合城市规划或村庄、集镇规划的要求。其工程选址和布局，必须取得城市规划行政主管部门或村、镇规划主管部门的同意、批准。依据《城乡规划法》，在城市规划区内进行工程建设的，要依法先后领取城市规划行政主管部门核发的“选址意见书”“建设用地规划许可证”“建设工程规划许可证”，方能进行获取土地使用权、设计、施工等相关建设活动。

① 选址意见书。按照国家规定需要有关部门批准或核准的建设项目，以划拨方式提供国有土地使用权的，建设单位应向城乡规划主管部门申请核发选址意见书。

② 建设用地规划许可证。在城市、镇规划区内以划拨和出让方式取得国有土地使用权的项目，建设单位应向城乡规划主管部门申请核发建设用地规划许可证。

③ 建设工程规划许可证。在城市、镇规划区内进行工程建设，建设单位或者个人应当向城乡规划主管部门或者镇人民政府申请办理。在乡、村庄规划区内进行乡镇企业、乡村公共设施和公益事业建设的，建设单位或者个人应当向乡、镇人民政府提出申请，由乡、镇人民政府报城市、县人民政府城乡规划主管部门核发。

2. 获取土地使用权

农村和城市郊区的土地（除法律规定属国家所有者外）居于农民集体所有，其余的土地都归国家所有。工程建设用地都必须通过国家对土地使用权的出让或划拨而取得。需在农民集体所有的土地上进行工程建设的，也必须先由国家征用农民土地，然后再将土地使用权出让或划拨给建设单位或个人。

通过国家出让而取得土地使用权的，应向国家支付出让金，并与市、县人民政府土地管理部门签订书面出让合同，然后按合同规定的年限与要求进行工程建设。

由国家划拨取得土地使用权的，虽不向国家支付出让金，但在城市要承担拆迁费用，在农村和郊区要承担土地原使用者的补偿费和安置补助费，其标准由各省、直辖市、自治区规定。

3. 拆迁

在城市进行工程建设，一般需要对建设用地上的原有房屋和附属物进行拆迁。在此之前，首先要做的工作是国有土地上房屋的征收。

《国有土地上房屋征收与补偿条例》规定，需征收房屋的各项建设活动，应当符合国民经济和社会发展规划、土地利用总体规划、城乡规划和专项规划；保障性安居工程建设、旧城区改建，应当纳入市、县级国民经济和社会发展年度计划。房屋征收决定主体为市、县级人民政府，由其确定房屋征收部门组织实施房屋征收与补偿工作；房屋征收部门可以委托房屋征收实施单位，承担房屋征收与补偿的具体工作。

4. 报建

建设项目被批准立项后，建设单位或其代理机构必须持工程项目立项批准文件、银行出具的资信证明、建设用地的批准文件等资料，向当地建设行政主管部门或其授权机构进行报建。凡未报建的工程项目，不得办理招标手续和发放施工许可证，设计、施工单位不得承接该项目的设计、施工任务。

5. 工程发包与承包

建设单位或其代理机构在上述准备工作完成后，须对拟建工程进行发包，择优选定工程勘察设计单位、施工单位或总承包单位。工程发包与承包有招标投标和直接发包两种方式，为鼓励公平竞争，建立公正的竞争秩序，国家提倡招标投标方式，并对许多工程强制进行招标投标，详细内容见第四章。

项目在报批新开工前，必须由审计机关对项目的有关内容进行审计证明。审计机关主要是对项目的资金来源是否正当、落实，项目开工前的各项支出是否符合国家的有关规定，资金是否存入规定的专业银行进行审计。新开工的项目还必须具备按施工顺序需要至少有三个月以上的工程施工图纸，否则不能开工建设。

（五）建设实施阶段

1. 工程勘察设计

设计是工程项目建设的重要环节，设计文件是制定建设计划、组织工程施工和控制建设投资的依据。设计与勘察是密不可分的，设计必须在进行工程勘察，取得足够的地质、水文等基础资料之后才能进行。另外，勘察工作也服务于工程建设的全过程，在工程选址、可行性研究、工程施工等各阶段，也必须进行必要的勘察。

2. 施工准备

施工准备包括施工单位在技术、物资方面的准备和建设单位取得开工许可两方面内容。

① 施工单位技术、物资方面的准备。它包括熟悉、审查图纸，编制施工组织设计，向下属单位进行计划、技术、质量、安全、经济责任的交底，下达施工任务书，准备工程施工所需的设备、材料等活动。

② 申领开工许可。建设单位应当办好该工程用地批准手续；在城市规划区的工程，已取得规划许可证，需要拆迁的，拆迁进度满足施工要求；施工企业已确定；有满足施工需要的施工图纸和技术资料；有保证工程质量和安全的具体措施；建设资金已落实并满足有关法律、法规规定的其他条件。

3. 工程施工

工程施工是施工队伍具体地配置各种施工要素，将工程设计物化为建筑产品的过程，也是投入劳动量最大，所费时间较长的工作。

工程施工管理具体包括施工调度、施工安全、文明施工、环境保护等几方面内容。

施工调度是进行施工管理，掌握施工情况，及时处理施工中存在的问题，严格控制工程的施工质量、进度和成本的重要环节。施工单位的各级管理机构均应配备专职调度人员，建立和健全各级调度机构。

施工安全是指施工活动中，对职工身体健康与安全、机械设备使用安全及物资安全等，应有保障制度和措施。

文明施工是指施工单位应推行现代管理方法,科学组织施工,保证施工活动整洁、有序、合理地进行。具体内容有:按施工总平面布置图设置各项临时设施,施工现场设置明显标牌,主要管理人员要佩带身份标志;机械操作人员要持证上岗,施工现场的用电线路、用电设施的安装使用和现场水源、道路的设置要符合规范要求等。

环境保护是指施工单位必须遵守国家有关环境保护的法律、法规,采取措施控制各种粉尘、废气、噪声等对环境的污染和危害。

4. 生产准备

生产准备是指工程施工临近结束时,为保证建设项目能及时投产使用所进行的准备活动。如招收和培训必要的生产人员,组织人员参加设备安装调试和工程验收,组建生产管理机构,制定规章制度,收集生产技术资料和样品,落实原材料、外协产品、燃料、水、电的来源及其他配合条件等。

3-2 扩展阅读(建管结合)

《水利工程建设程序管理暂行规定》第九条中规定,生产准备是建设阶段转入生产经营的必要条件。项目法人应按照建管结合和项目法人责任制的要求,适时做好有关生产准备工作,包括生产组织准备,招收和培训人员,生产技术准备,生产的物资准备和正常的生活福利设施准备等。

(六) 竣工验收阶段

竣工验收是工程建设过程的最后一环,是全面考核基本建设成果、检验设计和工程质量的重要步骤,也是基本建设转入生产或使用的标志。

1. 竣工验收的目的

竣工验收的目的:一是检验设计和工程质量,保证项目按设计要求的技术经济指标正常生产;二是有关部门和单位可以总结经验教训;三是建设单位对经验收合格的项目可以及时移交固定资产,使其由基建系统转入生产系统或投入使用。

2. 竣工验收的范围和标准

根据国家现行规定,所有建设项目按照上级批准的设计文件所规定的内容和施工图纸的要求全部建成,工业项目经负荷试运转和试生产考核能够生产合格产品,非工业项目符合设计要求,能够正常使用,都要及时组织验收。

竣工验收标准包括:《建筑工程施工质量验收统一标准》(GB 50300—2013)、《钢结构工程施工质量验收规范》(GB 50205—2020)、《混凝土结构工程施工质量验收规范》(GB 50204—2015)、《砌体结构工程施工质量验收规范》(GB 50203—2011)、《木结构工程施工质量验收规范》(GB 50206—2002)、《屋面工程质量验收规范》(GB 50207—2012)、《建筑装饰装修工程质量验收标准》(GB 50210—2018)、《民用建筑工程室内环境污染控制标准》(GB 50325—2020)。

3. 申报竣工验收的准备工作

建设单位应认真做好竣工验收的准备工作,主要有:

① 整理技术资料。各有关单位(包括设计、施工单位)应将技术资料进行系统整理,由建设单位分类立卷,交生产单位或使用单位统一保管。技术资料主要包括土建方面、安装方面及各种有关的文件、合同和试生产的情况报告等。

② 绘制竣工图纸。它与其他技术资料一样,是建设单位移交生产单位的重要资料,是生产单位必须长期保存的技术档案,也是国家的重要技术档案。竣工图必须准确、完整、符合归档要求,方能交工验收。

③ 编制竣工决算。建设单位必须及时清理所有财产、物资和未花完或应收回的资金,编制工程竣工决算,分析预(概)算执行情况,考核投资效益,报主管部门审查,竣工决算是反映建设项目实际造价和投资效益的文件,是办理交付使用新增固定资产的依据。

4. 竣工验收的条件

根据《建设工程质量管理条例》的规定,交付竣工验收的工程,必须具备下列条件:

① 完成建设工程设计和合同约定的各项内容;

② 有完整的技术档案和施工管理资料;

③ 有工程使用的主要建筑材料、建筑构配件和设备的进场试验报告;

④ 有勘察、设计、施工、工程监理等单位分别签署的质量合格文件;

⑤ 有施工单位签署的工程保证书。

5. 竣工验收的程序和组织

按国家现行规定,建设项目的验收阶段根据项目规模的大小和复杂程度可分为初步验收和竣工验收两个阶段进行。规模较大、较复杂的建设项目(工程)应先进行初验,然后进行全部项目(工程)的竣工验收。

(七) 后评价阶段

建设项目后评价是工程项目竣工投产、生产运营一段时间后,再对项目的立项决策、设计施工、竣工投产、生产运营等全过程进行系统评价的一种技术经济活动,是固定资产投资管理的一项重要内容,也是固定资产投资管理的最后一个环节。通过建设项目后评价以达到肯定成绩、总结经验、研究问题、吸取教训、提出建议、改进工作,不断提高项目决策水平和投资效果的目的。

《水利工程建设程序管理暂行规定》第十一条规定,建设项目竣工投产后,一般经过1至2年生产运营后,要进行一次系统的项目后评价,主要内容包括:**影响评价**——项目投产后对各方面的影响进行评价;**经济效益评价**——项目投资、国民经济效益、财务效益、技术进步和规模效益、可行性研究深度等进行评价;**过程评价**——对项目的立项、设计施工、建设管理、竣工投产、生产运营等全过程进行评价。

我国目前开展的建设项目后评价一般都按三个层次组织实施,即项目单位的自我评价、项目所属行业(或地区)的评价和各级发展和改革委员会(或主要投资方)的评价。

1. 项目单位自我评价工作的组织

项目单位自我评价由项目单位负责,也叫自评。所有建设项目竣工投产(使用、营运)一段时间以后,都应进行自我评价。

项目后评价是一项复杂细致的系统工程,在开展后评价工作之前,一定要做好各项准备工作,包括组织准备、思想准备和资料准备。

2. 行业(或地区)主管部门对后评价工作的组织

行业(或地区)主管部门必须配备专人主管项目后评价工作。当收到所属项目单位报来的自我后评价报告后,首先要进行审查,审查报来的资料是否齐全,自我后评价报告是否实事求是,如实反映情况。同时要根据工作需要从行业的角度选一些项目进行行业评价。如从行业布局、行业发展、同行业技术水平、经营成果等方面进行评价。在进行行业评价时,应组织一些专家、学者和熟悉情况的人员认真阅读项目单位的自我后评价报告,针对问题深入现场调查研究,写出行业部门的后评价报告,报同级和上级发展和改革委员会和主要投资方。

3. 各级发展和改革委员会(或主要投资方)对后评价工作的组织

各级发展和改革委员会(或主要投资方)是建设项目后评价工作的组织者、领导者、方法制度的制订者。当收到项目单位和行业(或地区)业务主管部门报来的后评价报告后,应根据工作需要选择一些项目列入年度计划,开展后评价复审工作,也可委托有资格的咨询公司代为组织实施。

当前,项目后评价工作尚未普遍开展,后评价任务还是自上而下通过计划来组织实施的。如国家重点建设项目后评价就是先由国家发改委选定项目,列入年度计划,下达项目单位和各有关行业(或地区)业务主管部门执行的。

列入后评价计划的国家重点建设项目在开展后评价工作中,三个层次的后评价程序不是截然分开的,而是互相渗透的。

3-3 第三章教学案例

按基本建设程序办事,要区别不同情况,具体项目具体分析。各行各业的建设项目,具体情况千差万别,都有自己的特殊性。而一般的基本建设程序,只能反映它们共同的规律性,不可能反映各行业的差异性。因此,在实践中要结合行业项目的特点和条件,有效地去贯彻执行基本建设程序。

思考题

1. 建设项目的特殊性表现在哪些方面?
2. 建设项目按照不同的分类依据是如何分类的?
3. 简述建设项目的三大管理目标。

4. 试述基本建设程序的概念。

5. 我国大中型和限额以上项目的基本建设程序一般包括哪几个阶段?

6. 项目建议书一般应包括哪些方面的内容?

7. 论述建设项目进行可行性研究的意义及可行性研究的基本内容。

8. 建设项目设计工作阶段主要包括哪些环节?

9. 基本建设程序的建设准备阶段包括哪些环节?分析各环节中建设行政管理关系的具体体现。

10. 建设项目的建设实施阶段主要包括哪些环节?

11. 建设项目的竣工验收阶段主要包括哪些环节?

12. 如何组织实施建设项目的后评价?

第四章　建筑工程市场交易法规

建筑市场是建设工程市场的简称，是进行建筑商品和相关要素交换的市场，也就是固定资产投资转化为建筑产品的交易场所（即建设工程交易中心），并能体现建筑商品交换关系的场合。本章内容主要包括建筑市场准入与许可、发包与承包管理法规及合同管理法规等。

4-1 第四章电子教案

第一节　建筑市场管理

一、建筑市场

建筑市场功能框架如图 4-1 所示。

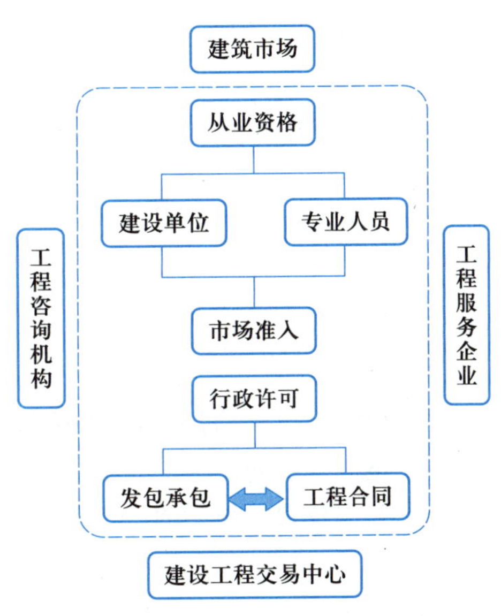

图 4-1　建筑市场功能框架

（一）建筑市场构成

建筑市场由有形建筑市场和无形建筑市场构成。其中有形建筑市场主要办理工程报建手续、承发包、工程合同及委托质量安全监督和建设监理等手续，提供政策法规及技术经济等咨询服务。无形建筑市场是在建设工程交易之外的各种交易活动及处理各种关系的场所。

① 广义的建筑市场是指建筑商品供求关系的总和，包括狭义的建筑市场、建筑商品的需求程度、建筑商品交易过程中形成的各种经济关系等。

② 狭义的建筑市场是指交易建筑商品的场所。由于建筑商品体形庞大、无法移动，不可能集中在一定的地方交易，所以一般意义上的建筑市场为无形的市场，没有固定交易场所。它主要通过招标投标、合同管理等手段，完成建筑商品交易。当然，交易场所随建筑工程的建设地点和成交方式不同而变化。

③ 按交换范围或地理场所可分为国际建筑市场（海外承包商市场）和国内建筑市

场，国内建筑市场又可分为城市、农村、部门、地区等建筑市场，或分为宏观建筑市场和微观建筑市场。

④ 按产品特性和形态可分为实物形态建筑产品市场和非实物形态建筑产品市场。

（二）建筑市场活动

建筑市场活动主要包括建筑市场的管理活动和工程承发包活动。管理活动中发生的是经济管理关系，主要通过建设许可证来实现法律法规的约束作用。工程承发包活动中发生的是经济合同关系，主要通过建筑工程招标投标法规和合同法规来约束。

从工程建设的咨询、勘察、设计、施工、监理，一直到工程竣工、保修期结束，发包方与承包商、分包商进行的各种交易，以及相关的商品混凝土供应、构配件生产、建筑机械租赁活动，都是在建筑市场中进行的。生产活动和交易活动交织在一起，使得建筑市场在许多方面不同于其他产品市场。

《建筑法》是调整与管理建筑市场的根本依据之一，该法的相关章节对建筑许可、建筑工程发包与承包、建筑工程施工、建筑工程监理等作了具体的法律规定。

《建筑市场管理条例(征求意见稿)》，从事建设工程实施活动以及建设工程的勘察、设计、施工、工程监理，应当遵守国家有关法律、法规和工程建设标准。建设工程实施活动不受地区、部门的限制。任何单位和个人不得非法干涉，不得强迫违反国家相关法律法规和工程建设标准从事工程建设。

二、建筑市场体系

（一）建筑市场体系构成

① 由业主、承包商和为工程建设服务的中介服务组织机构组成的市场主体；

② 不同形式的建筑产品组成的市场客体；

③ 与工程建设相关的市场要素；

④ 保证市场秩序、保护主体合法权益的市场规则和法律制度。

建筑市场的三大主体是建设单位(项目法人)、施工单位(承包商)和中介机构(中介)。市场客体是指一定量的可供交换的商品和服务，它包括有形的物质产品和无形的服务，以及各种商品化的资源要素，如资金、技术、信息和劳动力等。

客体凝聚着承包商的劳动，业主以投入资金的方式取得它的使用价值。在不同的生产交易阶段，建筑产品表现为不同的形态。它可以是中介机构提供的咨询报告、咨询意见或其他服务；可以是勘察设计单位提供的设计方案、设计图纸、勘察报告；可以是生产厂家提供的混凝土构件、非标准预制构件等建筑材料产品；也可以是施工企业提供的最终产品，即各种各样的建筑物和构筑物。

市场活动的基本内容是商品交换，若没有交换客体，就不存在市场，具备一定量的可供交换的商品，是市场存在的物质条件。

（二）中介机构

中介机构是指能对工程建设提供估算测量、管理咨询、建设监理等智力型服务或代理，并取得服务费用的咨询服务机构和其他为工程建设服务的专业中介组织。中介机构作为政府、市场、企业之间联系的纽带，在政府行政管理中具有不可替代的作用。

① 工程咨询服务机构是指具有一定资金，一定数量的工程技术、经济、管理人员，取得建设咨询证书和营业执照，能为工程建设提供估算测量、管理咨询、建设监理的智力型服务并获得相应费用的企业。

工程咨询服务机构虽然不是工程承发包的当事人，但其受业主委托或聘用，与业主之间有协议，对项目实施负有相当重要的责任。

② 工程服务企业是指包括勘察设计机构、工程造价（测量）咨询单位、招标代理机构、工程监理公司、工程管理公司等。这类企业主要是向业主提供工程咨询和管理服务，弥补业主对工程建设过程不熟悉的缺陷，在国际上一般称为咨询公司。

《工程咨询行业管理办法》对工程咨询单位管理，包括专业划分、服务范围、咨询工程师执业，以及行业自律和监督管理等都有明确规定。其中第二条“工程咨询是遵循独立、公正、科学的原则，综合运用多学科知识、工程实践经验、现代科学和管理方法，在经济社会发展、境内外投资建设项目决策与实践活动中，为投资者和政府部门提供阶段性或全过程咨询和管理的智力服务。”第三条“工程咨询单位是指在中国境内设立的从事工程咨询服务并具有独立法人资格的企业、事业单位。工程咨询单位及其从业人员应当遵守国家法律法规和政策要求，恪守行业规范和职业道德，积极参与和接受行业自律管理。”

《工程造价咨询企业管理办法》对企业资质等级与标准、资质许可、咨询管理、法律责任等作了具体规定。其中第三条“本办法所称工程造价咨询企业，是指接受委托，对建设项目投资、工程造价的确定与控制提供专业咨询服务的企业。”

（三）终身负责制

1. 五方责任主体负责人

《建筑工程五方责任主体项目负责人质量终身责任追究暂行办法》第二条“建筑工程五方责任主体项目负责人是指承担建筑工程项目建设的建设单位项目负责人、勘察单位项目负责人、设计单位项目负责人、施工单位项目经理、监理单位总监理工程师。”

建筑工程开工建设前，建设、勘察、设计、施工、监理单位法定代表人应当签署授权书,明确本单位项目负责人。

2. 终身责任

建筑工程五方责任主体项目负责人质量终身责任,是指参与新建、扩建、改建的建筑工程项目负责人按照国家法律法规和有关规定,在工程设计使用年限内对工程质量承担相应责任。国务院住房和城乡建设主管部门负责对全国建筑工程项目负责人质量终身责任追究工作进行指导和监督管理。县级以上地方人民政府住房和城乡建设主管部门负责对本行政区域内的建筑工程项目负责人质量终身责任追究工作实施监督管理。

工程质量终身责任实行书面承诺和竣工后永久性标牌等制度。

① 建设单位项目负责人对工程质量承担全面责任,不得违法发包、肢解发包,不得以任何理由要求勘察、设计、施工、监理单位违反法律法规和工程建设标准,降低工程质量,对因其违法违规或不当行为造成的工程质量事故或质量问题应当承担责任。

② 勘察、设计单位项目负责人应当保证勘察设计文件符合法律法规和工程建设强制性标准的要求,对因勘察、设计导致的工程质量事故或质量问题承担责任。

③ 施工单位项目经理应当按照经审查合格的施工图设计文件和施工技术标准进行施工,对因施工导致的工程质量事故或质量问题承担责任。

④ 监理单位总监理工程师应当按照法律法规、有关技术标准、设计文件和工程承包合同进行监理,对施工质量承担监理责任。

3. 质量终身责任类型

① 发生工程质量事故;

② 发生投诉、举报、群体性事件、媒体报道并造成恶劣社会影响的严重工程质量问题;

③ 由于勘察、设计或施工原因造成尚在设计使用年限内的建筑工程不能正常使用;

④ 存在其他需追究责任的违法违规行为。

三、建筑市场管理部门

所称建筑市场管理,是指各级政府住房和城乡建设行政主管部门及其他监督管理部门等有关部门,按照各自的职责,对从事各种房屋建筑、土木工程、设备安装、管线敷设等勘察设计、施工(含装饰装修)、建设监理,以及建筑构配件、非标准设备加工生产等发包和承包活动的监督、管理。

(一) 建设行政主管部门监督管理职责

各级住房和城乡建设行政主管部门负责建筑市场的监督管理,履行下列主要职责:

① 贯彻国家有关工程建设的法规和方针、政策，会同有关部门草拟或制定建筑市场管理法规；

② 总结交流建筑市场管理经验，指导建筑市场的管理工作；

③ 根据工程建设任务与设计、施工力量，建立平等竞争的市场环境；

④ 审核工程发包条件与承包方的资质等级，监督检查建筑市场管理法规和工程建设标准（规范、规程）的执行情况；

⑤ 依法查处违法行为，维护建筑市场秩序。

（二）其他部门监督管理职责

① 交通、水务、海洋、绿化、民防等行政管理部门按照职责分工，负责专业建设工程市场的监督管理。

② 发展改革、规划资源、环境保护、应急管理、市场监督、财政、公安、消防、经济信息、人力资源社会保障等行政主管部门按照各自职责，协同实施管理。

③ 建筑市场相关行业协会应当建立健全行业自律和交易活动规章制度，引导行业健康发展。

（三）相关法律法规

建筑市场管理的法律依据主要是国家、各省、直辖市、自治区住房和城乡建设主管部门出台的建筑市场管理条例，比如《上海市建筑市场管理条例》。

目前，我国现行的与建筑市场相关的部分法律法规包括：《建筑法》《招标投标法》《中华人民共和国招标投标法实施条例》（简称《招标投标法实施条例》）、《建筑工程施工许可管理办法》《注册建筑师条例》《建设工程勘察设计管理条例》《建设工程勘察质量管理办法》《行政处罚法》《住房和城乡建设部关于促进工程监理行业转型升级创新发展的意见》《建设工程施工发包与承包违法行为认定查处管理办法》《监理工程师管理规定》《建筑工人实名制管理办法》《建设工程抗震管理条例》《工程监理企业资质管理规定》《城市规划法》《对外承包工程管理条例》《建筑业企业资质管理规定和资质标准实施意见》。

第二节　建筑市场准入与许可

从事建筑活动必须取得建筑市场的准入与许可。

工程建设市场准入制度，是国家为了加强对工程建设活动的监督管理，维护公共利益和工程建设市场秩序，保证建设工程质量安全，促进建筑业健康发展而制定的一系列法律法规、政策规定的总称。工程建设市场相关企业必须符合相关规定要求，并取得相应的企业资质证书(准入许可),才能进入工程建设市场领域从事生产经营活动,如图 4-2 所示。

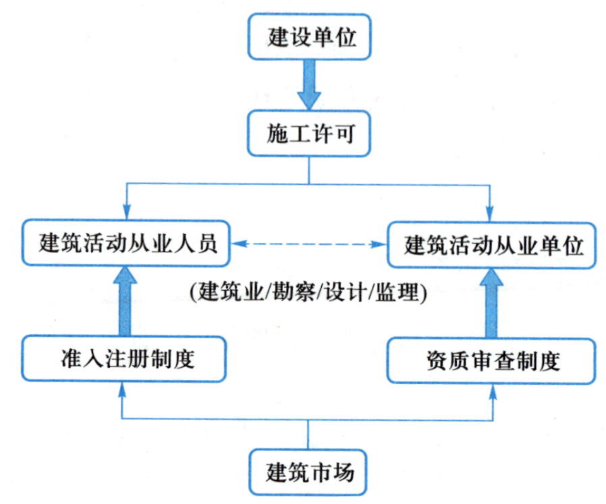

图 4-2 建筑市场许可与准入关系框图

一、建筑活动准入

广义地讲,市场准入一般指政府(或国家)为了维持市场经济秩序,根据本国经济状况制定的允许主体、货物、服务、资本等要素进入某个国家、地区或领域市场的法律规范。它是国家对市场基本、初始的干预,是政府管理市场、干预经济的制度安排。

工程建设领域企业资质管理是一项重要的市场准入制度,是政府调控建筑市场,引导行业发展的重要手段。行政许可是市场准入制度的载体,行政许可以完善市场准入制度为目的。市场准入范围与程度要经过缔约方(政府主管部门)的允许,受缔约方控制和管理,因此市场准入与许可条件会因国家经济发展水平有所改变。

行政许可作为行政机关进行行政管理的一种行政行为,它通常以证书的形式表现。用来证明某个人或组织具有某种能力或资格的证书,通常称为许可证。许可证也是准入证,即指国家行政机关通过书面证书形式赋予公民个人、法人或其他组织从事某种特定活动的权利或者确认其具备从事某种特定活动的资格。

建筑许可制度包括对建筑工程施工许可制度和从业企业、人员资质、资格审查管理制度。《建筑工程施工许可管理办法》第三条中规定,应当申请领取施工许可证的建筑工程未取得施工许可证的,一律不得开工。《建筑法》第七条中对建筑许可进行了明确规定,建筑工程开工前,建设单位应当按照国家有关规定向工程所在地县级以上人民政府建设行政主管部门申请领取施工许可证。

严格地讲,建筑施工许可涉及建设单位的市场准入及其从业人员的执业资格。而施工单位建筑施工许可,本质上是指建筑工程施工准入,涉及其资质等级及其从业人员的执业资格。换句话说，建设单位取得建筑施工许可证后才能准许其进行建设工程项目发包招标；而建筑业企业也只有具备相应资质等级才有资格从事相应的建筑工程承包投标，进行工程施工。这就是市场准入和施工许可的含义。

（一）建筑活动的建设单位

建设单位是指执行国家基本建设计划，组织、督促基本建设工作，支配、使用基本建设投资的基层单位。一般表现为：行政上有独立的组织形式，经济上实行独立核算，编有独立的总体设计和基本建设计划，是基本建设法律关系的主体。

1. 施工许可证制度

建筑工程施工许可证制度是行政许可证制度的一种。行政许可证制度涉及两方主体，一方是行政机关，另一方则是申请人。就建筑工程许可证制度而言，两方主体分别是建设行政主管部门或有关专业部门和建设单位。实行建筑工程施工许可证制度，是建设行政主管部门对建筑活动进行监督管理的重要手段。根据这一制度，新建、扩建、改建的建筑工程开工前建设单位应当向工程所在地申请领取建筑工程施工许可证，国务院有关专业部门直接管理的本专业建筑工程开工前应当向有关专业部门申请领取施工许可证，并向工程所在地县级以上人民政府建设行政主管部门备案。这里的“国务院有关专业部门”系指工业、交通等部门，这些部门专业性比较强，涉及的工程建设项目也比较多，故法律规定其本专业建筑工程施工许可证由这些专业部门来领发，并实施监督管理。

《建筑工程施工许可管理办法》第六条“建设单位申请领取施工许可证的工程名称、地点、规模，应当符合依法签订的施工承包合同。施工许可证应当放置在施工现场备查，并按规定在施工现场公开。”第七条“施工许可证不得伪造和涂改。”

2. 施工许可证的申请条件

① 已经办理有关建设用地批准手续。任何一项工程建设，都会牵涉到用地问题。我国的建设用地规划实行许可证制度。依据《城乡规划法》，对于城市、镇规划区内的建设项目，以划拨方式提供国有土地使用权的，建设单位在取得建设用地规划许可证后，方可向县级以上地方人民政府土地主管部门申请用地，经县级以上人民政府审批后，由土地主管部门划拨土地；以出让方式提供国有土地使用权的，城乡规划主管部门要先确定出让地块的规划条件，作为出让合同的组成部分，否则不得出让国有土地使用权。在乡、村庄规划区内进行乡镇企业、乡村公共设施和公益事业建设的，建设单位在取得乡村建设规划许可证后，方可办理用地审批手续。国务院自然资源主管部门统一负责全国土地的管理和监督工作。依据《中华人民共和国土地管理法》（简称《土地管理法》），经批准的建设项目需要使用国有建设用地的，建设单位应当持法律、行政法规规定的有关文件，向有批准权的县级以上人民政府自然资源主管部门提出建设用地申请，经自然资源主管部门审查，报本级人民政府批准。

② 依法应当办理建设工程规划许可证的，已经取得建筑工程规划许可证。建筑工程规划许可证，是指由城市规划行政主管部门核发的，用于确认建筑工程是否符合城市规划要求的法律凭证。依据《城乡规划法》，在城市、镇规划区内进行工程建设，建设单位应当申请办理建设工程规划许可证；在乡、村庄规划区内进行乡镇企业、乡村公共设施和公益事业建设，建设单位应当申请办理乡村建设规划许可证。

③ 施工场地已基本具备施工条件，需要征收房屋的，其进度符合施工要求。具体要求见第八章。

④ 已经确定施工的建筑业企业。按照规定应当招标的工程没有招标，应当公开招标的工程没有公开招标，或者肢解发包工程，以及将工程发包给不具备相应资质条件的企业的，所确定的施工企业无效。

⑤ 有满足施工需要的资金安排、施工图纸及技术资料。建设单位应当提供建设资金已经落实承诺书，施工图设计文件已按规定审查合格。

⑥ 有保证工程质量和安全的具体措施。施工企业编制的施工组织设计中有根据建筑工程特点制定的相应质量、安全技术措施。建立工程质量安全责任制并落实到人。专业性较强的工程项目编制了专项质量、安全施工组织设计，并按照规定办理了工程质量、安全监督手续。

3. 施工许可证的时间效力

施工许可证的时间效力，是指施工许可证在一定的时间范围内有效，超过这一期限即丧失效力。《建筑法》第九条“建设单位应当自领取施工许可证之日起三个月内开工。因故不能按期开工的，应当向发证机关申请延期；延期以两次为限，每次不超过三个月。既不开工又不申请延期或者超过延期时限的，施工许可证自行废止。”

自行废止是指施工许可证自动丧失效力，即失去了表示建设行政主管部门或者有关专业部门同意建设单位进行施工的凭证作用。

施工许可证自行废止的情形包括两种：一是在规定的时间内无正当理由不开工；二是在规定的时间内因故不能开工而没有向发证机关申请延期。因故不能开工是指由于某种特殊情况突然出现致使开工成为不可能或按期开工成为不可能。在这种情况下，建设单位可以向发证机关提出延期开工的申请，获得批准的，施工许可证的效力维持到发证机关所限定的期间内；不申请延期的，施工许可证的效力到三个月期满后即自行终止。

施工许可证的时效性规定，体现了该项制度的严肃性，是维护建筑生产秩序的重要保证。

4. 中止施工和恢复施工

中止施工是指建筑工程在已经开始施工尚未完工期间，由于某种原因而暂时停止施工。

《建筑法》第十条“在建的建筑工程因故中止施工的，建设单位应当自中止施工之日起一个月内，向发证机关报告，并按照规定做好建筑工程的维护管理工作。建筑工程恢复施工时，应当向发证机关报告；中止施工满一年的工程恢复施工前，建设单位应当报发证机关核验施工许可证。”这里的“发证机关”，是指颁发施工许可证的建设行政主管部门或者有关专业部门，它们对建设单位的建设活动行使监督管理职能。不管出于哪一方面原因，在建的建筑工程只要中止施工，建设单位就有义务在规定的期限内向发证机关报告。同时，为了避免更大的损失，保证今后顺利恢复施工，建设单位应当按照规定对建筑工程进行有效的维护管理。

《建筑法》第十一条“按照国务院有关规定批准开工报告的建筑工程，因故不能按期开工或者中止施工的，应当及时向批准机关报告情况。因故不能按期开工超过六个月的，应当重新办理开工报告的批准手续。”

恢复施工是指对施工一度中止的建筑工程继续进行施工。恢复施工标志着建设工程的施工活动恢复了正常秩序。为便于建设行政主管部门继续对建筑工程实施监督管理，建设单位应当向发证机关报告恢复施工的有关情况。

（二）建筑活动的从业人员

建筑活动的从业人员是指勘察、设计、施工、监理的专业技术人员，从事建筑活动时必须取得建筑市场准入。

《建筑法》第十四条“从事建筑活动的专业技术人员，应当依法取得相应的执业资格证书，并在执业资格证书许可的范围内从事建筑活动。”

《注册建造师管理规定》第九条“取得二级建造师资格证书的人员申请注册，由省、自治区、直辖市人民政府建设主管部门负责受理和审批，具体审批程序由省、自治区、直辖市人民政府建设主管部门依法确定。对批准注册的，核发由国务院建设主管部门统一样式的《中华人民共和国二级建造师注册证书》和执业印章，并在核发证书后 30 日内送国务院住房城乡建设主管部门备案。”

二、从业资格许可

（一）从业单位资质审查制度

国家对从事建筑活动的单位实行资质审查制度。**从事建筑活动的单位**，是指从事土木建筑工程和线路管理、设备安装工程的新建、扩建、改建活动，建筑装修装饰活动的单位，具体包括建筑业企业、建设工程勘察、设计单位、建筑工程监理单位等。

资质审查制度是建设行政主管部门为适应社会主义市场经济的要求，维护建筑市场的正常秩序，保障从事建筑活动的单位依法进行工程建设施工承包与经营活动，对从事建筑活动的单位有关业绩，人员素质、管理水平、资金数量、技术装备等资质进行事先审查的制度。只有经过资质审查合格后,有关单位才能向工商行政主管部门办理登记手续。实行资质审查制度,有利于保障国家财产和人身安全,促进技术进步,提高工程效益。

资质审查的对象具体包括如下四类单位(企业):

① 建筑业企业,指从事建筑工程施工活动盈利性经济组织;

② 建筑工程勘察、设计单位,指从事建筑工程勘察、设计活动的单位;

③ 建筑工程监理单位,指受建设单位委托对工程建设项目实施阶段进行监督和管理的单位;

④ 法律、法规规定的其他单位。

上述四类单位在申请登记以前,都必须经住房和城乡建设行政主管部门或者有关专业部门进行资质审查并达到合格标准,获得资质(勘察设计资质、建筑施工资质、监理资质、项目管理资质)。

关于从事建筑活动的各类单位(企业)资质的具体管理办法,将在后续几章中详细阐述。

(二) 从事建筑活动专业人员的准入

从事建筑活动人员的准入涉及以下注册制度:

① 注册建筑师制度;

② 注册监理工程师制度;

③ 注册结构工程师制度;

④ 注册岩土工程师制度;

⑤ 注册房地产估价师制度;

⑥ 注册建造师制度;

⑦ 法律、法规规定的其他需要注册的人员的注册管理。

(三) 从业条件

1. 从业单位

从事建筑活动的建筑施工企业、勘察单位、设计单位和监理单位,申请从业资格应当具备下列条件:

① 有符合国家规定的注册资本;

② 有与其从事的建筑活动相适应的具有法定执业资格的专业技术人员;

③ 有从事相关建筑活动所应有的技术装备;

④ 法律、法规规定的其他条件。

从事建筑活动的建筑施工企业、勘察单位、设计单位和监理单位,按照其拥有的注册资本、专业技术人员、技术装备和已完成的建筑工程业绩等资质条件,划分为不同的资质等级，经资质审查合格，取得相应等级的资质证书后，方可在其资质等级许可的范围内从事建筑活动。

2. 从业人员

从事建筑活动的专业技术人员，应当依法取得相应的执业资质证书，并在执业资质等级许可的范围内从事建筑活动。

关于从事建筑活动的各类专业人员的资质具体管理办法，将在后续几章中详细阐述。

第三节 建筑工程的发包与承包

一、概述

建筑工程的发包与承包应当遵循公开、公正、公平原则。为了加强对建设工程承发包交易活动的管理，维护建筑市场秩序，保证建设工程的质量和安全，保障承发包当事人的合法权益，我国的建设法规对建设工程的承发包活动作出了一系列明确的规定。

（一）工程发包与承包

工程发包与承包是指发包方通过合同委托承包方为其完成某一工程的全部或其中一部分工作的交易行为。建设工程的发包与承包有两种方式：招标投标和直接发包。

1. 直接发包的项目

只有涉及国家安全、国家秘密、抢险救灾或者属于利用扶贫资金实行以工代赈、需要使用农民工等特殊情况及规模太小的工程，才可不进行招投标而采用直接发包的方式。

提倡对建筑工程实行总承包，禁止将建筑工程肢解发包。建筑工程的发包单位可以将建筑工程的勘察、设计、施工、设备采购一并发包给一个工程总承包单位，也可以将建筑工程勘察、设计、施工、设备采购的一项或者多项发包给一个工程总承包单位；但是不得将应当由一个承包单位完成的建筑工程肢解成若干部分发包给几个承包单位。

《房屋建筑和市政基础设施项目工程总承包管理办法》第三条中明确，工程总承包是指承包单位按照与建设单位签订的合同，对工程设计、采购、施工或者设计、施工等阶段实行总承包，并对工程的质量、安全、工期和造价等全面负责的工程建设组织实施方式。而《建筑法》第二十四条中则将工程总承包的范围定义为，将建筑工程的勘察、设计、施工、设备采购的一项、多项或者一并发包给一个工程总承包单位。二者最大的区别是前者中的工程总承包不包括“勘察”。理由是在建设工程实务中，勘察工作过于复杂且成本过高，而地质条件的变化对于整个工程成本影响较大，如果把勘察纳入工程总承包范围内，会过分加重承包人的义务和风险，严重阻碍总承包方的积极性。

2. 招标投标的项目

实行强制招投标的项目包括：使用国际组织或者外国政府贷款、援助资金的项目，全部或部分使用国有资金投资或国家融资的项目，以及所有大型基础设施、公用事业等关系社会公共利益、公众安全的项目。

建筑工程实行公开招标的，发包单位应当依照法定程序和方式，发布招标公告，提供载有招标工程的主要技术要求、主要合同条款、评标的标准和方法，以及开标、评标、定标的程序等内容的招标文件。

承包建筑工程的单位应当持有依法取得的资质证书，并在其资质等级许可的业务范围内承揽工程。发包方必须通过招标方式才能签订承包合同。招标投标就是确定中标人或总承包单位的过程。

工程分包是指从事工程总承包的单位将所承包的建设工程的一部分依法发包给具有相应资质的承包单位的行为，也就是指总承包人或者勘察、设计、施工承包人经发包人同意，可以将自己承包的部分工作交由第三人完成。第三人就其完成的工作成果与总承包人或者勘察、设计、施工承包人向发包人承担连带责任。工程分包是合法的。

总之，建设工程的承包，就是指建设工程任务的总承包，即发包人将建设工程的勘察、设计、施工、采购等工程建设的全部任务一并发包给一个具备相应的总承包资质条件的承包人，由该承包人对工程建设的全过程向发包人负责，直至工程竣工，向发包人交付经验收合格符合发包人要求的建设工程的承发包方式。而工程的转包是指不行使承包者的管理职能，不承担技术经济责任，将承包的工程倒手转给他人承包的行为。转包是违法的。建设工程的承发包关系如图 4-3 所示。

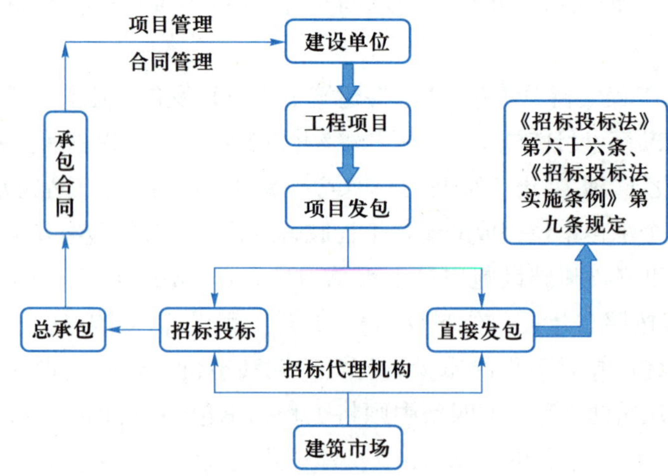

图 4-3 建设工程的承发包关系框架图

（二）工程招标与投标

建设工程招标与投标是指建设单位作为建筑工程的发包者以招标的形式使投标竞争者分别提出有利条件，而由招标人选择其中最优者（承包者），并与之订立建设工程合同的一种法律制度。它是要约与承诺的一种特殊过程，是法人之间的经济活动。

这一经济活动包含**招标发包**、**投标承包**及**政府管理**三方面内容。

（三）建筑工程招标投标有关法律规范

1984 年，国务院公布的《关于改革建筑业和基本建设管理体制若干问题的暂行规定》（已废止）中提出要大力推行招标承包制，这是第一个相关国家法规。目前，现行的法律、法规除《建筑法》外，还包括《招标投标法》《招标投标法实施条例》《工程建设项目勘察设计招标投标办法》《工程建设项目施工招标投标办法》《工程建设项目货物招标投标办法》《建设工程设计招投标管理办法》等。

2022 年 7 月 18 日，国家发改委等 13 部门联合发布《关于严格执行招标投标法规制度进一步规范招标投标主体行为的若干意见》（以下简称《意见》），自 2022 年 9 月 1 日起施行，有效期至 2027 年 8 月 31 日。

二、建筑工程招标

建设工程招标投标过程如图 4-4 所示。

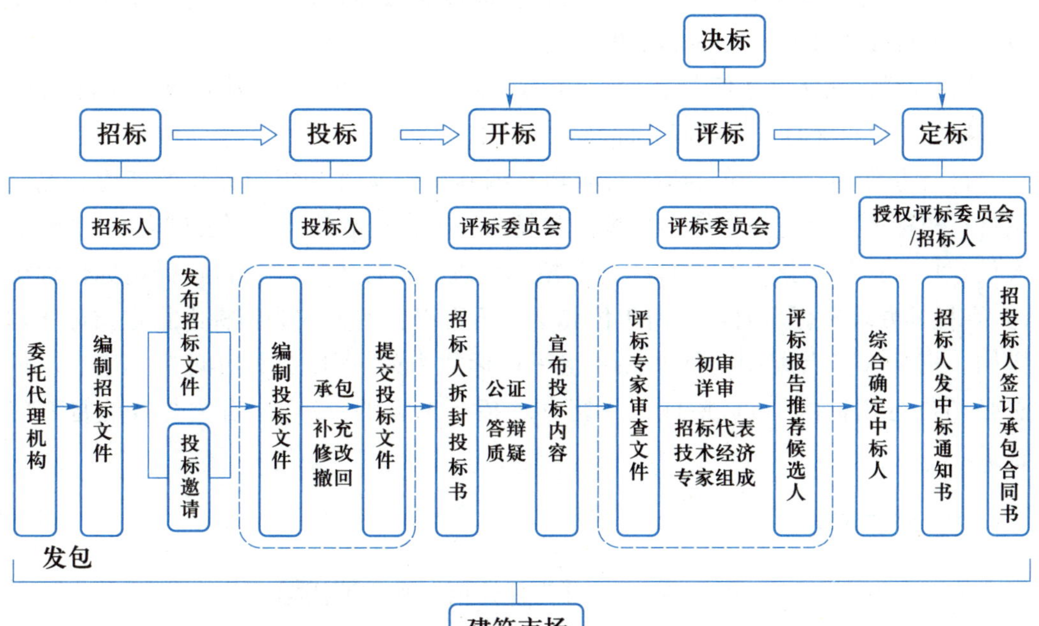

图 4-4 建设工程招标投标过程

(一) 建筑工程招标基本规定

①《意见》规定:依法经项目审批、核准部门确定的招标范围、招标方式、招标组织形式,未经批准不得随意变更;不得随意改变法定招标程序,不得采用抽签、摇号、抓阄等违规方式直接选择投标人、中标候选人或中标人;除交易平台暂不具备条件等特殊情形外,依法必须招标的项目应当实行全流程电子化交易。

②《招标投标法》中规定,在中华人民共和国境内满足强制性招标的工程建设项目,包括项目的勘察、设计、施工、监理,以及与工程建设有关的重要设备、材料等的采购,必须进行招标。

上述工程建设项目是指工程及与工程建设有关的货物、服务;工程是指建设工程,包括建筑物和构筑物的新建、改建、扩建及其装修、拆除、修缮等;与工程建设有关的货物是指构成工程不可分割的组成部分,且为实现工程基本功能所必需的设备、材料等;与工程建设有关的服务是指为完成工程所需的勘察、设计、监理等服务。

③《建筑法》第十六条第一款"建筑工程发包与承包的招投标活动,应当遵循公开、公正、平等竞争的原则,择优选择承包单位。"这是建筑工程招标投标必须遵循的原则。

④ 招标人是指依照《招标投标法》提出招标项目、进行招标的法人或者其他组织。招标人应当有进行招标项目的相应资质或资金来源已经落实,并应当在招标文件中如实载明。

建筑工程项目招标时,编制的标底价格即标底,是内部掌握的、建设单位对拟发包工程项目准备付出的全部费用的额度。

《招标投标法实施条例》第二十七条第一款"招标人可以自行决定是否编制标底。一个招标项目只能有一个标底。标底必须保密。"

自行办理招标事宜的,招标人应具有编制招标文件和组织评标的能力。也就是自行招标人应具有与招标项目规模和复杂程度相适应的技术、经济等方面的专业人员。自行招标是指自行办理招标和招标代理。招标人有权自行选择招标代理机构,委托其办理招标事宜。任何单位和个人不得以任何方式为招标人指定招标代理机构。招标人具有编制招标文件和组织评标能力的,可以自行办理招标事宜。依法必须进行招标的项目,招标人自行办理招标事宜的,应当向有关行政监督部门备案。

(二) 招标类型

依据《招标投标法》第十条,招标分为公开招标和邀请招标。

① 公开招标,是指招标人以招标公告的方式邀请不特定的法人或者其他组织投标。

② 邀请招标,是指招标人以投标邀请书的方式邀请特定的法人或者其他组织投标。

《招标投标法》第十一条“国务院发展计划部门确定的国家重点项目和省、自治区、直辖市人民政府确定的地方重点项目不适宜公开招标的,经国务院发展计划部门或省、自治区、直辖市人民政府批准,可以进行邀请招标。”

《招标投标法实施条例》第八条中规定,国有资金占控股或主导地位的依法必须进行招标的项目,应当公开招标;但有下列情形之一的,可以邀请招标:

① 技术复杂、有特殊要求或受自然环境限制,只有少量潜在投标人可供选择;

② 采用公开招标方式的费用占项目合同金额比例过大。

(三) 招标代理机构

招标人不具备自行办理招标事宜条件的,可以选择招标代理机构,委托其办理招标事宜。招标代理机构是指依法设立、从事招标代理业务并提供相关服务的社会中介组织。招标人可以自行办理招标事宜的,任何单位和个人不得强制其委托招标代理机构办理招标事宜。招标人有权自行选择招标代理机构,任何单位和个人不得以任何方式为招标人指定招标代理机构。招标代理机构在招标人委托的范围内开展招标代理业务,任何单位和个人不得非法干涉。

招标代理机构应当有一定数量的具备编制招标文件和组织评标等相应能力的专业人员。《招标投标法》《招标投标法实施条例》规定招标代理机构应当具备下列条件:

① 有从事招标代理业务的营业场所和相应资金;

② 有能够编制招标文件和组织评标的相应专业力量。

招标代理机构与行政机关和其他国家机关不得存在隶属关系或者其他利益关系。招标代理机构应当在招标人委托的范围内办理招标事宜,并遵守《招标投标法》关于招标人的规定。

《招标投标法实施条例》第六十五条规定,招标代理机构在所代理的招标项目中投标、代理投标或者向该项目投标人提供咨询的,接受委托编制标底的中介机构参加受托编制标底项目的投标或者为该项目的投标人编制投标文件、提供咨询的,依照《招标投标法》第五十条的规定追究法律责任。

(四) 招标公告与招标文件

1. 招标公告和招标邀请书

(1) 招标公告

招标人采用公开招标方式的,应当发布招标公告。依法必须进行招标的项目的招标公告,应当通过国家指定的报刊、信息网络或者其他媒介发布。

招标公告应当载明招标人的名称和地址、招标项目的性质、数量、实施地点和时间，以及获取招标文件的办法等事项。

(2) 招标邀请书

招标人采用邀请招标方式的，应当向三个以上具备承担招标项目的能力，资信良好的特定的法人或者其他组织，发出投标邀请书。投标邀请书应当载明其名称和地址、招标项目的性质、数量、实施地点和时间，以及获取招标文件的办法等事项。

招标人可以根据招标项目本身的要求，在招标公告或者投标邀请书中，要求潜在投标人提供有关资质证明文件和业绩情况，并对潜在投标人进行资格审查，国家对投标人的资格条件有规定的依照其规定进行审查。

招标人不得以不合理的条件限制或者排斥潜在投标人，不得对潜在投标人实行歧视待遇。

2. 招标文件

招标文件是招标的依据，招标人应当根据招标项目的特点和需要编制招标文件。

(1) 招标文件内容

招标文件内容应当包括：招标项目的技术要求、对投标人资格审查的标准、投标报价要求和评标标准等所有实质性要求和条件，以及拟签订合同的主要条款；国家对招标项目的技术、标准有规定的，招标人应当按照其规定在招标文件中提出相应要求；招标项目需要划分标段、确定工期的，招标人应当合理划分标段、确定工期，并在招标文件中载明。

(2) 招标文件基本要求

招标文件不得要求或者标明特定的生产供应者及含有倾向或者排斥潜在投标人的其他内容。招标人不得向他人透露已获取招标文件的潜在投标人的名称、数量，以及可能影响公平竞争的有关招标投标的其他情况。招标人对已发出的招标文件进行必要的澄清或者修改的，应当在招标文件要求提交投标文件的截止时间至少十五日前，以书面形式通知所有招标文件收受人。该澄清或者修改的内容为招标文件的组成部分。招标人应当确定投标人编制投标文件所需要的合理时间；但是，依法必须进行招标的项目，自招标文件发出之日起至投标人提交投标文件的截止之日止，最短不得少于二十日。

(3) 投标有效期

招标人应当在招标文件中载明投标人提交投标文件的截止时间和投标有效期。其中，投标有效期从提交投标文件的截止之日起算。

投标有效期是为保证招标人有足够的时间在开标后完成评标、定标、合同签订等工作，而要求投标人提交的投标文件在一定时间内保持有效的期限。

《工程建设项目货物招标投标办法》第二十八条中规定，招标文件应当规定一个适当的投标有效期，以保证招标人有足够的时间完成评标和与中标人签订合同。

在投标有效期截止前，投标人必须对自己提交的投标文件承担相应法律责任，有效期内不能随意更改和撤回投标。

设置投标有效期的作用有两方面：一方面约束投标人在投标有效期内不能随意更改和撤回投标；另一方面约束促使招标人加快评标、定标和签约过程，避免由于招标方无限期拖延时间而增加投标的风险。

三、建筑工程投标

（一）投标人

1. 资格审查

招标人可采用资格预审或资格后审两种方式对投标人进行资格审查。

（1）资格预审

资格预审是指工程项目正式投标前，招标人对愿意参加前期资格审查的潜在投标人进行资格审查，以确定其是否有能力承担并完成该工程项目。

资格预审的目的在于保证让有能力的投标人参加投标，确保投标具有竞争性；同时，资格预审淘汰条件不满足要求的投标人，使其节省投标费用。

采用资格预审办法进行资格审查，招标人需在发布招标公告、编制招标文件的同时发布资格预审公告、编制资格预审文件。招标人应当在资格预审文件中载明资格预审的条件、标准和方法。

国有资金占控股或者主导地位依法必须进行招标的项目，招标人应当组建资格审查委员会审查资格预审申请文件。

资格预审结束后，招标人应当及时向资格预审申请人发出资格预审结果通知书。未通过资格预审的申请人不具有投标资格。

（2）资格后审

资格后审，也叫细审，是指招标人在开标后对实际投标人进行的资格审查。

资格后审主要对投标人有无能力胜任、机构是否健全、有无良好的信誉、有无从事过类似工程的经历、人员是否合格、机械设备是否适用施工、周转资金是否足够等方面作实质性的审核。其目的在于将来更好地履行工程合同。

采取资格后审的，招标人应当在招标文件中载明对投标人资格要求的条件、标准和方法，开标后由评标委员会按照招标文件规定的标准和方法对投标人的资格进行审查。经资格后审不合格的投标人的投标应作废标处理。

进行资格预审的，一般不再进行资格后审，但招标文件另有规定的除外。

（3）资格审查内容

潜在投标人或者投标人需要提交以下材料，以供招标人或者评标委员会对其进行资格审查：营业执照和资质证明书；企业简历；主要施工经历与技术力量；自有资金；全员职工人数（包括技术人员、技术工人数量及平均技术等级等）；近三年承建的主要工程及其质量情况；企业信誉度；施工机械设备；现有主要施工任务（包括在建的和尚未开工的工程）一览表等。

2. 投标人

依据《招标投标法》《招标投标法实施条例》的相关规定，投标人是响应招标、参加投标竞争的法人或者其他组织。

(1) 个人投标

依法招标的科研项目允许个人参加投标的，投标的个人适用《招标投标法》有关投标人的规定。投标人应当具备承担招标项目的能力。国家有关规定对投标人资格条件或者招标文件对投标人资格条件有规定的，投标人应当具备规定的资格条件。

(2) 共同投标

共同投标也称联合体投标，即两个以上法人或者其他组织可以组成一个联合体，以一个投标人的身份共同投标。联合体各方均应当具备承担招标项目的相应能力。国家有关规定或者招标文件对投标人资格条件有规定的，联合体各方均应当具备规定的相应资格条件。由同一专业的单位组成的联合体，按照资质等级较低的单位确定资质等级。

联合体各方应当签订共同投标协议，明确约定各方拟承担的工作和责任，并将共同投标协议连同投标文件一并提交招标人。联合体中标的，联合体各方应当共同与招标人签订合同，就中标项目向招标人承担连带责任。

招标人不得强制投标人组成联合体共同投标，不得限制投标人之间的竞争。

(3) 投标人行为规定

投标人不得相互串通投标报价，不得排挤其他投标人的公平竞争，损害招标人或其他投标人的合法权益。投标人不得与招标人串通投标，损害国家利益、社会公共利益或者他人合法权益。禁止投标人以向招标人或者评标委员会成员行贿的手段谋取中标。

投标人不得以低于成本的报价竞标，也不得以他人名义投标或者以其他方式弄虚作假，骗取中标。其中，以他人名义投标包括使用通过受让或者租借等方式获取的资格、资质证书进行投标。

《意见》规定，如果发现投标文件中相关词句含义不明确、有明显文字和计算错误、对同类问题表述不一致、投标报价可能低于成本影响履约的，投标人应该作必要的澄清、说明，招标人不可以直接否决；投标少于三个的，要充分论证投标是否明显缺乏竞争、是否需要否决全部投标。密切关注“标王”“陪标专业户”“抱团”，如果投标人之间存在关联关系、人员混用或者亲属关系、不同投标人高级管理人员之间存在交叉任职等，那么就有围标串标的高风险迹象，对相关违法犯罪团伙须进行严厉打击。

（二）投标文件

1. 文件编制

投标人应当按照招标文件的要求编制投标文件。投标文件应当对招标文件提出的实质性要求和条件作出响应。

招标项目属于建设施工的，投标文件的内容应当包括拟派出的项目负责人与主要技术人员的简历、业绩和拟用于完成招标项目的机械设备等。

投标人根据招标文件载明的项目实际情况，拟在中标后将中标项目的部分非主体、非关键性工作进行分包的，应当在投标文件中载明。

2. 文件送达

投标人应当在招标文件要求提交投标文件的截止时间前，将投标文件送达投标地点。招标人收到投标文件后，应当签收保存，不得开启。在招标文件要求提交投标文件的截止时间后送达的投标文件，招标人应当拒收。招标人应当如实记载投标文件的送达时间和密封情况，并存档备查。投标人少于三个的，招标人应当依照《招标投标法》重新招标。

3. 文件的补充、修改、撤回

投标人在招标文件要求提交投标文件的截止时间前，可以补充、修改或者撤回已提交的投标文件，并书面通知招标人。补充、修改的内容为投标文件的组成部分。

投标人撤回已提交的投标文件，应当在投标截止时间前书面通知招标人。招标人已收取投标保证金的，应当自收到投标人书面撤回通知之日起五日内退还。投标截止后投标人撤销投标文件的，招标人可不退还投标保证金。

四、开标、评标和定标

（一）开标

开标应当在招标文件确定的提交投标文件截止时间的同一时间公开进行；开标地点应当为招标文件中预先确定的地点。开标由招标人主持，邀请所有投标人参加。

开标时，由投标人或者其推选的代表检查投标文件的密封情况，也可以由招标人委托的公证机构检查并公证；经确认无误后，由工作人员当众拆封，宣读投标人名称、投标价格和投标文件的其他主要内容。

招标人在招标文件要求提交投标文件的截止时间前收到的所有投标文件，开标时都应当众予以拆封、宣读。

开标过程应记录，并存档备查。

投标人对开标有异议的，应在开标现场提出，招标人应当场作出答复，并制作记录。

（二）评标

评标是指依据招标文件的规定和要求，对投标文件进行审查、评审和比较。

1. 评标委员会

评标由招标人依法组建的评标委员会负责。依法必须进行招标的项目，其评标委员会由招标人的代表和有关技术、经济等方面的专家组成，成员人数为五人以上单数，其中技术、经济等方面的专家不得少于成员总数的三分之二。

评标委员会设负责人的，评标委员会负责人由评标委员会成员推荐产生或者由招标人确定。评标委员会负责人与评标委员会的其他成员有同等表决权。

评标委员会成员应当客观、公正地履行职务，遵守职业道德，对所提出的评审意见承担个人责任。评标委员会成员不得私下接触投标人，不得收受投标人的财物或者其他好处。评标委员会成员和参与评标的有关工作人员不得透露对投标文件的评审和比较，中标候选人的推荐情况，以及与评标有关的其他情况。

2. 评标委员会专家

评标委员会专家应当从事相关领域工作满八年并具有高级职称或者同等专业水平，由招标人从国务院有关部门或者省、自治区、直辖市人民政府有关部门提供的专家名册或者招标代理机构专家库内的相关专业专家名单中确定；一般招标项目可以采取随机抽取方式，特殊招标项目可以由招标人直接确定。

与投标人有利害关系的人不得进入相关项目的评标委员会，已经进入的应当更换。评标委员会成员的名单在中标结果确定前应当保密。

3. 招标评审

评标委员会应当按照招标文件确定的评标标准和方法，对投标文件进行评审和比较，设有标底的应当参考标底。评标委员会完成评标后，应当向招标人提出书面评标报告，并推荐合格的中标候选人。

招标人应当采取必要的措施，保证评标在严格保密的情况下进行。任何单位和个人不得非法干预、影响评标的过程和结果。

招标人根据评标委员会提出的书面评标报告和推荐的中标候选人确定中标人。招标人也可以授权评标委员会直接确定中标人。

有下列情形之一的，评标委员会应当否决其投标：

① 投标文件未经投标单位盖章和单位负责人签字；

② 投标联合体没有提交共同投标协议；

③ 投标人不符合国家或者招标文件规定的资格条件；

④ 同一投标人提交两个以上不同的投标文件或者投标报价，但招标文件要求提

交备选投标的除外；

⑤ 投标报价低于成本或者高于招标文件设定的最高投标限价；

⑥ 投标文件没有对招标文件的实质性要求和条件作出响应；

⑦ 投标人有串通投标、弄虚作假、行贿等违法行为。

4. 评标报告

评标委员会完成评标后，应当向招标人提出书面评标报告，并就中标人提出意见。根据不同情况，一般有三种不同意见：

① **推荐中标候选人**。评标委员会可在评标报告中推荐不超过三个合格的中标候选人，并标明排序，由招标人确定中标人。国有资金占控股或者主导地位的依法必须进行招标的项目，招标人应当确定排名第一的中标候选人为中标人。排名第一的中标候选人放弃中标、因不可抗力不能履行合同、不按照招标文件要求提交履约保证金，或者被查实存在影响中标结果的违法行为等情形，不符合中标条件的，招标人可以按照评标委员会提出的中标候选人名单排序依次确定其他中标候选人为中标人，也可以重新招标。

② **直接确定中标人**。在得到招标人授权的情况下，评标委员会可在评标报告中直接确定中标人。

③ **否决所有投标人**。评标委员会经评审，认为所有投标都不符合招标文件要求的，可以否决所有投标。依法必须进行招标的项目的所有投标被否决的，招标人应当依照《招标投标法》重新招标。

（三）定标

定标是指确定中标人，即根据评标结果确定中标人，招标人向中标人发出中标通知书，双方按招投标文件订立书面合同的过程。

中标人的投标应当符合下列条件之一：

① 能够最大限度地满足招标文件中规定的各项综合评价标准；

② 能够满足招标文件的实质性要求，并且经评审的投标价格最低，但是投标价格低于成本的除外。

中标人确定后，招标人应当向中标人发出中标通知书，并同时将中标结果通知所有未中标的投标人。中标通知书对招标人和中标人具有法律效力。中标通知书发出后，招标人改变中标结果的，或者中标人放弃中标项目的，应当依法承担法律责任。

招标人和中标人应当自中标通知书发出之日起三十日内，按照招标文件和中标人的投标文件订立书面合同。招标人和中标人不得再行订立背离合同实质性内容的其他协议。

招标文件要求中标人提交履约保证金的，中标人应当提交。

依法必须进行招标的项目，招标人应当自确定中标人之日起十五日内，向有关行政监督部门提交招标投标情况的书面报告。这是国家对招投标活动进行的监督活动之一。

依法必须进行招标的项目，招标人应当自收到评标报告之日起三日内公示中标候选人，公示期不得少于三日。

中标人应当按照合同约定履行义务，完成中标项目。中标人不得向他人转让中标项目，也不得将中标项目肢解后分别向他人转让。中标人按照合同约定或者经招标人同意，可以将中标项目的部分非主体、非关键性工作分包给他人完成。接受分包的人应当具备相应的资格条件，并不得再次分包。中标人应当就分包项目向招标人负责，接受分包的人就分包项目承担连带责任。

《意见》规定，招标人可以自主确定中标人、签订合同等。

五、法律责任

1. 规避招标

违反规定，必须进行招标的项目而不招标的，将必须进行招标的项目化整为零或者以其他任何方式规避招标的，责令限期改正，可处罚款；对全部或者部分使用国有资金的项目，可暂停项目执行或者暂停资金拨付；对单位直接负责的主管人员和其他直接责任人员依法给予处分。

2. 招投标过程中有泄密行为

依法必须进行招标的项目的招标人向他人透露已获取招标文件的潜在投标人的名称、数量或者可能影响公平竞争的有关招标投标的其他情况的，或者泄露标底的，给予警告，可并处罚款；对单位直接负责的主管人员和其他直接责任人员依法给予处分；构成犯罪的，依法追究刑事责任；影响中标结果的，中标无效。

3. 招标人的违法行为

招标人以不合理的条件限制或者排斥潜在投标人的，对潜在投标人实行歧视待遇的，强制要求投标人组成联合体共同投标的，或者限制投标人之间竞争的，责令改正，可处罚款。

依法必须进行招标的项目，招标人违反规定，与投标人就投标价格、投标方案等实质性内容进行谈判的，给予警告；对单位直接负责的主管人员和其他直接责任人员依法给予处分；影响中标结果的，中标无效。

依法必须进行招标的项目，招标人不按照规定组建评标委员会，或者确定、更换评标委员会成员违反规定的，责令改正，可处罚款；对单位直接负责的主管人员和其他直接责任人员依法给予处分；违法确定或者更换的评标委员会成员作出的评审结论无效，依法重新进行评审。

招标人在评标委员会依法推荐的中标候选人以外确定中标人的，依法必须进行招标的项目在所有投标被评标委员会否决后自行确定中标人的，中标无效；责令改正，可处罚款；对单位直接负责的主管人员和其他直接责任人员依法给予处分。

依法必须进行招标的项目的招标人有下列情形之一的，责令改正，可处罚款；给他人造成损失的，依法承担赔偿责任；视情形可对单位直接负责的主管人员和其他直接责任人员依法给予处分。

① 依法应当公开招标而采用邀请招标；

② 招标文件、资格预审文件的发售、澄清、修改的时限，或者确定的提交资格预审申请文件、投标文件的时限不符合规定；

③ 接受未通过资格预审的单位或者个人参加投标；

④ 接受应当拒收的投标文件；

⑤ 无正当理由不发出中标通知书；

⑥ 不按照规定确定中标人；

⑦ 中标通知书发出后无正当理由改变中标结果；

⑧ 无正当理由不与中标人订立合同；

⑨ 在订立合同时向中标人提出附加条件。

4. 招标代理机构的违法行为

招标代理机构违反规定，泄露应当保密的与招标投标活动有关的情况和资料的，或者与招标人、投标人串通损害国家利益、社会公共利益或者他人合法权益的，在所代理的招标项目中投标、代理投标或者向该项目投标人提供咨询的，接受委托编制标底的中介机构参加受托编制标底项目的投标或者为该项目的投标人编制投标文件、提供咨询的，影响中标结果的，中标无效；处罚款；有违法所得的，并处没收违法所得；给他人造成损失的，依法承担赔偿责任；对单位直接负责的主管人员和其他直接责任人员处罚款；情节严重的，禁止其一段时期内代理依法必须进行招标的项目并予以公告，直至由工商行政管理机关吊销营业执照；构成犯罪的，依法追究刑事责任。

5. 投标人的违法行为

投标人相互串通投标或者与招标人串通投标的，投标人以向招标人或者评标委员会成员行贿的手段谋取中标的，投标人以他人名义投标或者以其他方式弄虚作假、骗取中标的，中标无效；处罚款；有违法所得的，并处没收违法所得；给他人造成损失的，依法承担赔偿责任；对单位直接负责的主管人员和其他直接责任人员处罚款；情节严重的，取消其一段时期内参加依法必须进行招标的项目的投标资格并予以公告，直至由工商行政管理机关吊销营业执照；构成犯罪的，依法追究刑事责任。

6. 评标委员会的违法行为

评标委员会成员收受投标人财物或其他好处的，向他人透露对投标文件的评审和比较、中标候选人的推荐，以及与评标有关的其他情况的，给予警告，没收收受的财物，可并处罚款，取消担任评标委员会成员的资格，不得再参加任何依法必须进行招标的项目的评标；构成犯罪的，依法追究刑事责任。

评标委员会成员有下列行为之一的，责令改正；情节严重的，禁止其在一定期限内参加依法必须进行招标的项目的评标；情节特别严重的，取消其担任评标委员会成员的资格。

① 应当回避而不回避；

② 擅离职守；

③ 不按照招标文件规定的评标标准和方法评标；

④ 私下接触投标人；

⑤ 向招标人征询确定中标人的意向或者接受任何单位或者个人明示或者暗示提出的倾向或者排斥特定投标人的要求；

⑥ 对依法应当否决的投标不提出否决意见；

⑦ 暗示或者诱导投标人作出澄清、说明或者接受投标人主动提出的澄清、说明；

⑧ 其他不客观、不公正履行职务的行为。

7. 中标人的违法行为

中标人无正当理由(因不可抗力不能履行合同)不与招标人订立合同，在签订合同时向招标人提出附加条件，或者不按照招标文件要求提交履约保证金的，取消其中标资格，投标保证金不予退还。对依法必须进行招标的项目的中标人，责令改正，可处罚款。

中标人无正当理由(因不可抗力不能履行合同)不按照与招标人订立的合同履行义务，情节严重的，取消其一定时期内参加依法必须进行招标的项目的投标资格并予以公告，直至由工商行政管理机关吊销营业执照。

中标人将中标项目转让给他人的，将中标项目肢解后分别转让给他人的，违反规定将中标项目的部分主体、关键性工作分包给他人的，或者分包人再次分包的，转让、分包无效；处罚款；有违法所得的，并处没收违法所得；可责令停业整顿；情节严重的，由工商行政管理机关吊销营业执照。

8. 国家机关工作人员的违法行为

对招标投标活动依法负有行政监督职责的国家机关工作人员徇私舞弊、滥用职权或者玩忽职守，构成犯罪的，依法追究刑事责任；不构成犯罪的，依法给予行政处分。

项目审批、核准部门不依法审批、核准项目招标范围、招标方式、招标组织形式的，有关行政监督部门不依法履行职责，对违法行为不依法查处，或者不按照规定处理投诉、不依法公告对招标投标当事人违法行为的行政处理决定的，对单位直接负责的主管人员和其他直接责任人员依法给予处分。

国家工作人员利用职务便利，以直接或者间接、明示或者暗示等任何方式非法干涉招标投标活动，有下列情形之一的，依法给予记过或者记大过处分；情节严重的，依法给予降级或者撤职处分;情节特别严重的,依法给予开除处分;构成犯罪的,依法追究刑事责任。

① 要求对依法必须进行招标的项目不招标,或者要求对依法应当公开招标的项目不公开招标;

② 要求评标委员会成员或者招标人以其指定的投标人作为中标候选人或者中标人,或者以其他方式非法干涉评标活动,影响中标结果;

③ 以其他方式非法干涉招标投标活动。

9. 其他违法行为

招标人与中标人不按照招标文件和中标人的投标文件订立合同,合同主要条款与招标文件、中标人的投标文件内容不一致的,或者招标人、中标人订立背离合同实质性内容的协议的,责令改正,可处罚款。

出让或者出租资格、资质证书供他人投标的,给予行政处罚;构成犯罪的,依法追究刑事责任。

第四节　建筑工程合同与造价

建筑市场交易最后终究都要体现在建设工程的发包承包和合同管理之中。因此,建设工程合同的签署是建筑市场经济活动的关键一环。

一、建筑工程合同

建筑工程合同与造价的关系如图 4-5 所示。

(一) 建筑工程合同的含义与特征

1. 建筑工程合同的含义

合同,又称契约,是民事主体之间设立、变更、中止民事法律关系的协议。在建设工程领域,是当事人之间确立一定权利、义务关系的协议。广义的合同,泛指一切能发生某种权利、义务关系的协议。建设工程合同是指建设单位(业主、发包方或投资责任方)与勘察、设计、施工、建筑安装单位等(承包方或承包商),依据国家规定的基本建设程序和有关合同法规,以完成建设工程为内容,明确双方的权利与义务关系而签订的书面协议。《民

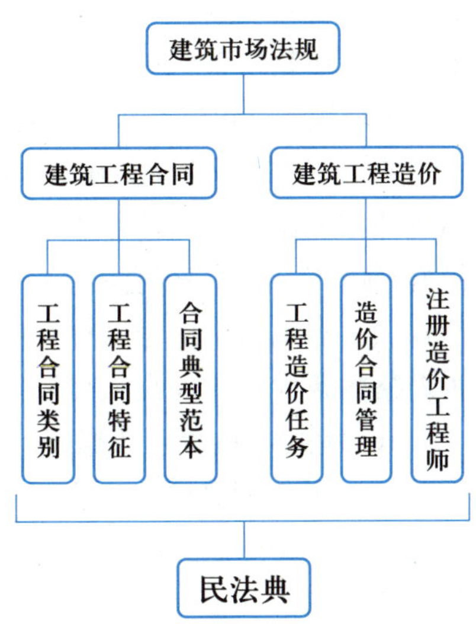

图 4-5　建筑工程合同与造价关系框图

法典》第七百八十八条第一款“建设工程合同是承包人进行工程建设,发包人支付价款的合同。”

合同是市场经济中广泛进行的一种法律行为。

《民法典》第四百六十九条“当事人订立合同,可以采用书面形式、口头形式或者其他形式。书面形式是合同书、信件、电报、电传、传真等可以有形地表现所载内容的形式。以电子数据交换、电子邮件等形式能够有形地表现所载内容,并可以随时调取查用的数据电文,视为书面形式。”

2. 建筑工程合同的特征

① 合同的主体(合同当事人)有限定性要求。建筑工程合同的主体一方是建设单位(业主),另一方是勘察、设计、施工及安装单位(承包方)。双方都应具备法人资格;发包方应依法报建项目,遵循基本建设程序;而承包方主体资格必须经过国家主管部门的审查与批准,具有相应的勘察、设计和施工等资质条件,并且在当地工商行政管理部门领取营业执照,才具备权利能力和行为能力,才有资格签订合同。凡违反国家基本建设法规,不具备相应资格资质条件的单位或企业而签订的合同都视为无效合同。

② 合同的客体(拟建的工程项目)具有特殊性。拟建的工程项目的特殊性表现为产品固定性、投资大、建设周期长、生产多样性。

③ 建筑工程合同具有计划性要求,因其直接和间接地受到国家基本建设政策和国家指令计划的影响和制约。在社会主义市场经济条件下,基本建设行业是国家宏观调控的重要物质生产部门,工程项目投资大、建设周期长,这就决定了建设工程合同必须接受国家指令计划的调整。

④ 建筑工程合同管理具有特殊性,其订立与履行必须接受国家和地方建设主管部门的监督和管理。如在招标阶段对设计单位和施工单位的资质管理,在施工过程中政府的质量监督行为,建设银行对建设资金的管理,推行工程建设监理制度,实施建筑工程规划许可证和施工许可证制度,这些都体现了政府对建设过程的监督管理。

⑤ 建筑工程合同的标底具有限定性。标底是由业主组织专门人员为准备招标的那一部分工程或(和)设备计算出的一个合理的基本价格。它不等于工程或(和)设备的概(预)算,也不等于合同价格。标底是招标单位的绝密资料,不能向任何无关人员泄露。我国国内大部分工程在招标评标时,均以标底上下的一个幅度为判断投标是否合格的条件。在建设工程招投标活动中,标底的编制是工程招标中重要的环节之一,是评标、定标的重要依据。

⑥ 建筑工程合同主体之间有严密的协作性关系。同一建设项目会涉及勘察、设计、土建施工、设备安装等单位,合同的实施具有先后顺序关系,只有他们明确双方权利和义务关系,密切协作,才能共同顺利完成合同明确的工程建设任务。

⑦ 建筑工程合同的形式具有要式性。建筑工程的合同形式大多应依照国家、地

方相关部门出台的合同示范文本。合同的要式性是指合同的订立要依法律规定的特定形式进行，即书面形式。

(二) 规范建筑工程合同的法律规范

目前，规范建筑工程合同的法律制度有下列几种层次。

1. 调整建筑工程合同的法律

调整建筑工程合同的法律主要有：规范建设工程合同最基本的法律《民法典》；调整建筑工程合同的重要法律《建筑法》；其他对建筑工程合同有指导和调整作用的法律，如《招标投标法》《保险法》《仲裁法》《民事诉讼法》等。

《民法典》第七百九十五条“施工合同的内容一般包括工程范围、建设工期、中间交工工程的开工和竣工时间、工程质量、工程造价、技术资料交付时间、材料和设备供应责任、拨款和结算、竣工验收、质量保修范围和质量保证期、相互协作等条款。”《民法典》还规定，在合同约定不明的情形下先适用强制性国家标准，之后才适用国家标准、地方标准、行业标准，并规定了适用的优先顺序，减少了标准不统一或缺失时产生的纠纷。

《民法典》对合同约定不明情形下标准的适用性作出规定，先适用强制性国家标准，之后才适用推荐性国家标准、行业标准等，并规定了不同标准适用的优先顺序，减少了标准不统一或缺失时产生的纠纷。

《民法典》第五百三十三条“合同成立后，合同的基础条件发生了当事人在订立合同时无法预见的、不属于商业风险的重大变化，继续履行合同对于当事人一方明显不公平的，受不利影响的当事人可以与对方重新协商；在合理期限内协商不成的，当事人可以请求人民法院或者仲裁机构变更或者解除合同。人民法院或者仲裁机构应当结合案件的实际情况，根据公平原则变更或者解除合同。”

2. 规范建筑工程合同的示范文本

《民法典》第四百七十条规定，合同的内容由当事人约定，一般包括下列条款：

① 当事人的姓名或者名称和住所；

② 标的；

③ 数量；

④ 质量；

⑤ 价款或者报酬；

⑥ 履行期限、地点和方式；

⑦ 违约责任；

⑧ 解决争议的方法。

为了规范建筑工程合同，指导甲、乙双方合同的签订与履行行为，《建筑工程施工合同(示范文本)》《建筑工程勘察合同(示范文本)》《建筑设计合同(示范文本)》《建筑装饰施工合同(示范文本)》《工程建设监理合同(示范文本)》等示范文本,使建设工程合同订立符合规范,有关部门还推出了大量的格式化合同,如“勘察合同样本”“设计合同样本”“施工合同样本”等,在规范建筑业合同管理中发挥着重要作用。

各类合同范本可参看相应法规的具体条款,在本教材第五～七章中都有所涉及。

3. FIDIC(菲迪克)合同条件

在国际工程承包市场上,FIDIC 合同条件是通用的国际建筑工程合同示范文本。目前,我国的施工合同示范文本也是吸收 FIDIC 土木工程合同条件而制定的,在我国引进外贸建设项目上,基本采用 FIDIC 合同条件。FIDIC 是“国际咨询工程师联合会”五个法文词首的缩写,音译为“菲迪克”。该联合会是被世界银行认可的工程咨询服务机构,总部设在瑞士洛桑。该组织在每个国家或地区只吸收一个独立的咨询工程师协会作为团体会员,至今已有六十多个国家和地区加入 FIDIC,它是国际上最有权威性的咨询工程师组织。

自 FIDIC 成立以来,一直致力于解决工程咨询行业面临的问题,特别是制定、发行各种合同范本,通称为“菲迪克彩虹”。这些文本都为各类业主、国际金融机构、律师、承包商等各界所熟知。FIDIC 于 1999 年出版了一套四本新版的施工合同条件,2017 年 FIDIC 在伦敦发布了第二版的“红皮书”“黄皮书”和“银皮书”。

① 施工合同条件(简称“红皮书”)。该合同条件被推荐用于由雇主设计的、或由其代表——工程师设计的房屋建筑或(土木)工程。在这种合同形式下,承包商一般都按照雇主提供的设计施工。但工程中的某些土木、机械、电力和建造工程也可能由承包商设计。该合同条件与 1999 年版的施工合同条件相对应,区别在于其适用的工程范围扩大,不仅可以用于土木工程,也可以用于房屋建筑工程。

② 生产设备和设计—建造合同条件(简称“黄皮书”)。该合同条件被推荐用于电力和(或)机械设备的提供,以及房屋建筑或土木工程的设计和实施。在这种合同条件形式下,一般都是由承包商按照雇主的要求设计和提供设备和(或)其他工程(包括由土木、机械、电力和(或)建造工程的任何组合形式)。该合同条件与 1999 年版的“黄皮书”相对应,与新“红皮书”的区别在于在新“黄皮书”的条件下,承包商的基本义务是完成生产设备的设计、制造和安装。

③ 设计采购施工(EPC)/ 交钥匙项目合同条件(简称“银皮书”)。该合同条件适用于在交钥匙的基础上进行的工厂或其他类型的开发项目的实施。承包商完全负责项目的设备和施工,雇主基本不参与工作。在交钥匙项目中,一般情况下由承包商实施所有的设计、采购和建造工作,即在“交钥匙”时,提供一个配套完整、可以运行的设施。该合同条件与 1999 年版的设计—建造和交钥匙(工程)合同条件(简称“桔皮书”)有一定的相关性,但“银皮书”并不能取代“桔皮书”。

④ 合同的简短格式。该合同条件被推荐用于价值相对较低的房屋建筑或土木工程。根据工程的类型和具体条件的不同,此格式也适用于价值较高的工程,特别是较

简单的或重复性的或工期短的工程。在这种合同形式下，一般都是由承包商按照雇主或其代表——工程师提供的设计实施工程，但对于部分或完全由承包商设计的土木、机械、电力和（或）建造工程的合同也同样适用。

（三）建筑工程合同类别

1. 建筑工程勘察、设计合同

建筑工程勘察、设计合同，简称勘察、设计合同，是指建设人与勘察人、设计人为完成一定的勘察、设计任务，明确双方权利、义务的协议。建设单位或有关单位称发包人，勘察、设计单位称承包人。根据勘察、设计合同，承包人完成发包人委托的勘察、设计项目，发包人接受符合约定要求的勘察、设计成果，并给付报酬。

《民法典》第七百九十四条“勘察、设计合同的内容一般包括提交有关基础资料和概预算等文件的期限、质量要求、费用以及其他协作条件等条款。”

发包方必须是具有国家批准建设项目，落实投资计划的企事业单位、社会组织；承包方应当是具有国家批准的勘察、设计许可证，经有关部门核准资质等级的勘察、设计单位。勘察、设计合同必须符合国家规定的工程项目建设程序。合同的订立应以国家批准的设计任务书或其他有关文件为基础。勘察、设计合同具有建筑工程合同的一切法律特征。

2. 建筑工程施工合同

建筑工程施工合同又称施工合同，是业主方（发包方）与施工单位（承包方）为拟建工程项目的施工过程，明确双方的权利与义务关系而签订的一种书面协议。它具有建设工程合同的一切法律特征，包括建筑施工合同和安装工程合同。《民法典》第七百九十五条“施工合同的内容一般包括工程范围、建设工期、中间交工工程的开工和竣工时间、工程质量、工程造价、技术资料交付时间、材料和设备供应责任、拨款和结算、竣工验收、质量保修范围和质量保证期、相互协作等条款。”《建设工程施工合同（示范文本）》（GF—2017—0201）由住建部、工商总局于2017年联合发布使用，原《建设工程施工合同（示范文本）》（GF—2013—0201）同时废止。

3. 工程建设监理委托合同

工程建设监理委托合同简称监理合同，是指业主方（承担直接投资责任方）和监理方（监理单位）为了工程建设监理过程，明确双方的权利与义务关系而签订的一种书面协议。

《民法典》第七百九十六条“建设工程实行监理的，发包人应当与监理人采用书面形式订立委托监理合同。发包人与监理人的权利和义务以及法律责任，应当依照本编委托合同以及其他有关法律、行政法规的规定。”

监理合同和其他建设工程合同比较，其合同的标的物具有特殊性。勘察设计合同、工程施工合同的标的物是产生新的物质成果或信息成果，而监理合同的标的物是高智能的技术服务，即监理工程师通过自己的知识和经验、技能，受业主的委托在工程建设中实施监督与管理职责，从而得到服务酬金。

4. 工程建设其他相关合同

(1) 建设物资采购合同

建设物资采购合同是一种买卖合同。它是以工程项目所需的物资材料为标的，明确双方或多方权利义务关系的书面协议。物资采购合同的主要条款有下列几个方面：

① 双方当事人的地址、名称、代表姓名；

② 合同的标的（材料的名称、品种、型号、规格、出厂日期等）；

③ 技术标准与质量要求；

④ 材料的数量与计量；

⑤ 材料的包装、运输；

⑥ 材料的交付方式与交货期限；

⑦ 材料的价格与结算；

⑧ 违约责任；

⑨ 争议解决方式等。

(2) 劳务合同

劳务合同即雇佣合同。它是雇佣方（业主、承包商或分包商）和劳务提供方之间为建设工程项目，就雇佣劳动者参与施工活动所签订的协议。其主要条款如下：

① 工程概况，主要包括：工程名称、结构形式、具体承建工程的任务；

② 计划用劳务人数，提供劳务人数，劳务工人进入施工现场、退出施工现场的时间；

③ 雇佣方（项目经理部）的义务；

④ 劳务提供方（劳务承包队）的义务；

⑤ 劳务费计取和结算方式；

⑥ 奖励与罚款；

⑦ 合同未尽事宜的解决方式；

⑧ 合同纠纷的解决方式等。

(3) 设备租赁合同

设备租赁合同是财产租赁合同的一种，是指当事人一方将特定的设备交给另一方使用，另一方支付租金并于使用完毕后返还原物的协议。其中，出租财产的一方为出租人，租赁财产的一方为承租人。其主要条款有：

① 租赁设备的名称、规格、型号；

② 租赁设备的数量和质量；

③ 租赁设备的用途；

④ 租赁期限；

⑤ 租金和租金交纳期限;

⑥ 如设备在异地,应约定设备的运输、拆卸、安装等事项及相关费用;

⑦ 如需出租方提供技术咨询、服务,应约定具体的时间和费用;

⑧ 租赁期间设备维修、保养的责任,一般由出租方负责,也可另行约定;

⑨ 违约责任;

⑩ 争议的解决方式,一般应先协商,协商不成,再申请仲裁或提起诉讼。

(4) 贷款合同

贷款合同即借款合同,是指出借人(贷款方)将一定数额的货币交付给借用人(借款方),借用人在约定的期限内将等数额的货币返还给出借人,并向出借人支付利息的协议。其主要条款有:

① 贷款的种类及用途;

② 贷款金额与利率;

③ 贷款期限;

④ 还款的资金来源及还款方式;

⑤ 保证条款(担保条款);

⑥ 违约责任;

⑦ 合同纠纷产生后解决方式等。

(四) 建筑工程合同纠纷

纠纷是一个汉语词语,一般指争执不下的事情或者是双方不易解决的问题。从法律层面界定纠纷多是经济纠纷,是指平等主体之间发生的,以经济合同的权利、义务为内容的社会纠纷。建设活动中,只要当事人因勘察、设计和施工发生纠纷的,就可以认定为建设工程合同纠纷。《最高人民法院关于审理建设工程施工合同纠纷案件适用法律问题解释》(以下简称《解释》),为依法保护当事人合法权益,维护建筑市场秩序,促进建筑市场健康发展,正确审理建设工程施工合同纠纷案件,提供了强有力的法律依据。

常见纠纷案件解决关键:

① 建设工程施工合同纠纷诉讼主体确定;

② 建设工程施工合同法律效力认定;

③ 工程价款优先受偿权的保护。

具体条款可参看《解释》相关规定。

二、工程造价

工程造价是建设工程合同极为重要的条款,它与合同中权利与义务相适应。

（一）工程造价概念

工程造价就是指工程的建设价格，是为完成一个工程的建设，预期或实际所需的全部费用总和。其核心内容是投资估算、设计概算、修正概算、施工图预算、工程结算、竣工决算等。工程计价的三要素：量、价、费。“量”一般指工程量；“价”代表计价体系，定额不同单价也不同；“费”是指直接费、措施费、规费、利润和税金等。

从业主（投资者）的角度来定义，工程造价是指工程的建设成本，即为建设一项工程预期支付或实际支付的全部固定资产投资费用。这些费用主要包括设备及工器具购置费、建筑工程及安装工程费、工程建设其他费用、预备费、建设期利息、固定资产投资方向调节税（此项费用目前暂停征收）。

从固定资产意义上讲，工程造价就是建设项目固定资产投资。

从承发包角度来定义，工程造价是指工程价格，即为建成一项工程，预计或实际在土地、设备、技术劳务及承包等市场上，通过招投标等交易方式所形成的建筑安装工程的价格和建设工程总价格。

（二）主要任务

工程造价的主要任务是根据图纸、定额及清单规范，计算出工程中所包含的各种费用。

1. 图纸

它是建筑施工的主要依据，也是工程造价的根据。其类别有建筑总平面图、建筑立面图、建筑平面图、建筑剖面图、建筑工程施工图、细部构造图，甚至钢筋图等。

如：建筑平面图表示建筑的平面形式、大小尺寸、房间布置、建筑入口、门厅及楼梯布置的情况，表明墙、柱的位置、厚度和所用材料，以及门窗的类型、位置等情况。主要图纸有首层平面图、二层或标准层平面图、顶层平面图、屋顶平面图等。

2. 定额

定额是在规定工作条件下，完成合格的单位建筑安装产品，所需用的劳动力、材料、机具、设备，以及有关费用的数量标准。按其组成内容，还可分为劳动定额（工时定额或产量定量）、材料消耗定额、施工设备使用定额、费用定额等。

① 工时定额是指在合理的劳动组织下，采用符合于当前水平的施工方法及机械设备，生产质量合格的单位产品所需要的正常工时消耗。

② 产量定额是工时定额的倒数，即在单位时间内生产质量合格的产品数量。

③ 材料消耗定额及施工设备使用定额，是指在与工时定额相同的条件下，生产质量合格的单位产品所需正常消耗的材料数量，及使用的施工设备台班（或台时）数量。

④ 费用定额分为直接费定额与间接费定额。直接费定额指直接用于施工的人工、材料和机械消耗等所花费的费用，是计算工程单价的依据。间接费定额又称管理

费定额，是企业或建设单位为组织和管理施工而花费的费用。间接费定额一般以直接费定额或基本工资额为基础计算。

3. 清单计价规范

清单计价规范是工程价款调整、支付和结算主要规范。

《建筑工程工程量清单计价规范》(GB 50500—2013)对工程量清单计价如何编制工程量清单和招标控制价、投标报价、合同价款约定，以及工程计量与价款支付、工程价款调整、索赔、竣工结算、工程计价争议处理等内容，都有明确规定。

《建筑工程施工发包与承包计价管理办法》第二条中规定，工程发承包计价包括编制工程量清单、最高投标报价、招标标底、投标报价，进行工程结算，以及签订和调整合同价款等活动。第三条中明确，建筑工程施工发包与承包价在政府宏观调整下，由市场竞争形成。

(三) 造价合同管理

工程造价是建筑工程项目中必不可少的一项工作。而在工程造价中，又以造价合同为核心，如何管理造价合同，如何通过造价合同的管理来对合同主体的双方当事人进行合理的约束，必然涉及造价合同管理制度。工程合同属于经济合同的范畴，受经济和刑法法则的约束，合同管理主要是指项目管理人员根据合同进行工程项目的监督和管理，是法学、经济学理论和管理科学在组织实施合同中的具体运用。加强合同管理对于提高合同水平、减少合同纠纷，进而加强和改善建设单位和承建单位的经营管理，提高经济效益，都具有十分重要的意义。

1. 合同管理的主要内容

合同管理涉及洽谈、草拟、签订、生效直至合同失效为止的全过程。其内容主要包括：合同签订管理、合同履行管理、合同变更管理及合同档案管理。

2. 合同管理的特征

(1) 系统性

合同管理贯穿于订立直至终止的全过程，因此是一个系统管理过程，主要涉及合同归口管理，资信调查、签订、审批、会签、审查、登记、备案，法人授权委托办法，合同示范文本管理，合同专用章管理，合同履行与纠纷处理，合同定期统计与考核检查，合同管理人员培训，合同管理奖惩与挂钩考核等。

(2) 动态性

合同管理又是一个动态过程，是督促双方认真履行合同的一项措施，也就是要注重履行全过程的变化，及时对合同进行修改、变更、补充或者中止和终止。

(3) 过程控制

因为建设工程是一个渐进实施的过程，所以从工程造价控制角度看，合同管理包括相关造价和实施阶段的所有方面。在合同订立管理中，包括承包方式、确定合同价款方式等原则和方式。在保证工期、质量前提下，建筑单位要有效降低建筑工程造价，防止出现经济纠纷现象。在合同履行管理中，包括工程计量管理、工程结算管理等。在合同即将结束时，管理人员对资料进行整理，这在合同管理中是非常重要的环节，监督合同的履行情况与合同管理质量有关，决定是否能够实现合同档案的规范化、程序化。

按照合同规定，违约方就要承担责任。如果一方违约，就要以经济补偿的方式来补偿受害方。违约责任和违约条件是工程竣工结算的保证。

（四）注册造价工程师执业制度

注册造价工程师依据《注册造价工程师管理办法》进行注册。

1. 注册造价工程师

注册造价工程师是指通过土木建筑或者安装工程专业造价工程师职业资格考试，取得造价工程师职业资格证书，或者通过资格认定、资格互认，并按照该办法注册后，从事工程造价活动的专业人员。

注册造价工程师分为一级注册造价工程师和二级注册造价工程师。

2. 注册条件

① 取得职业资格；

② 受聘于一个工程造价咨询企业或者工程建设领域的建设、勘察设计、施工、招标代理、工程监理、工程造价管理等单位；

③ 无《注册造价工程师管理办法》第十三条不予注册的情形。

第十三条共十项，具体可查阅《注册造价工程师管理办法》有关规定。

3. 注册造价工程师的执业

凡是从事工程建设活动的建设、设计、施工、工程造价咨询、工程造价管理等单位和部门，必须在计价、评估、审查（核）、控制及管理等岗位配套具有造价工程师执业资格的专业技术人员。造价工程师应当通过全国造价工程师执业资格统一考试或者资格认定、资格互认，取得中华人民共和国造价工程师执业资格，并按照《注册造价工程师管理办法》注册，取得中华人民共和国造价工程师注册执业证书和执业印章。

4-2 第四章教学案例

思考题

1. 建筑市场体系包括哪些内容？
2. 建筑工程施工许可证的申请条件包括哪些？
3. 简述施工许可证的时间效力、终止施工与恢复施工的概念。
4. 建筑工程招标投标必须遵循的基本原则是什么？

5. 哪些种类的工程建设项目必须进行招标?
6. 招标的种类有哪些? 各适用什么条件?
7. 简述开标、评标和中标的基本程序。
8. 简述注册工程师的概念,分析我国实行注册工程师制度的意义。
9. 简述勘察设计合同应该包括的主要条款。
10. 工程造价的主要任务是什么? 何谓发承包计价? 工程计价三要素是什么?
11. 造价工程师的注册条件有哪些?
12. 简述施工图设计文件的审查内容。

第五章　工程勘察设计法规

勘察设计是工程建设前期准备阶段的重要环节，勘察设计的好坏不仅影响建设工程的投资效益和质量安全，其技术水平和指导思想对城市建设的发展也会产生重大影响。

5-1 第五章电子教案

第一节　工程勘察设计法规概述

一、工程勘察设计法规的概念

（一）工程勘察设计

1. 建设工程勘察

建设工程勘察是指根据建设工程的要求，查明、分析、评价建设场地的地质地理环境特征和岩土工程条件，编制建设工程勘察文件的活动。工程勘察通过对地形、地质及水文等要素的测绘、勘探、测试及综合评定，提供可行性评价与建设所需的基础资料。它是工程建设的首要环节。搞好工程勘察，特别是前期勘察，可以对建设场地作出详细论证，保证工程的合理进行，促使工程取得最佳的经济、社会与环境效益。

2. 建设工程设计

建设工程设计是指根据建设工程的要求，对建设工程所需的技术、经济、资源、环境等条件进行综合分析、论证，编制建设工程设计文件的活动。

简言之，建设工程设计是指为工程项目的建设提供有技术依据的设计文件和图纸的整个活动过程。它是建设项目全过程的重要环节，是建设项目进行整体规划、体现具体实施意图的重要过程，是确定与控制工程造价的重点阶段。工程设计是否经济合理，对工程建设项目造价的确定与控制具有十分重要的意义。

（二）工程勘察设计法规

工程勘察设计法规指调整工程勘察设计活动中所产生的各种社会关系的法律规范的总称。

勘察设计法律规范是国家一项重要的技术法规，是进行勘察设计的重要依据，是开展工程建设技术管理的重要组成部分，对保障和提高工程质量，加快建设速度，节约原材料，合理使用建设资金，提高勘察设计效益等都具有重要作用。

勘察设计法规关系如图 5-1 所示。

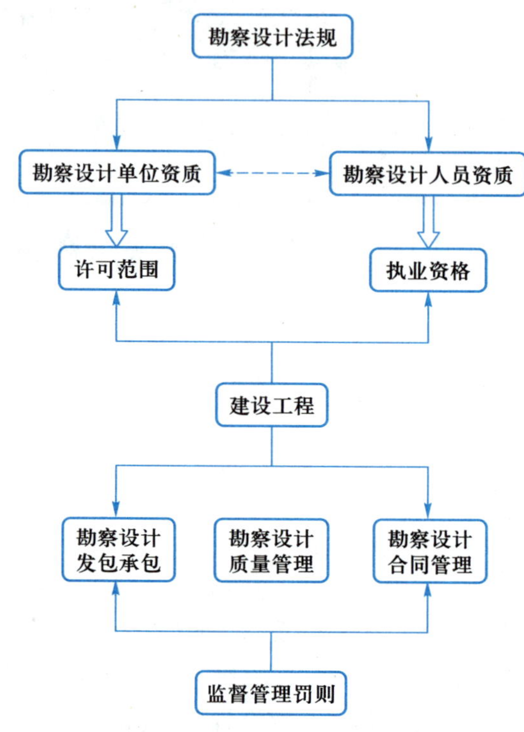

图 5-1 勘察设计法规关系框架图

二、工程勘察设计法规的调整对象

1. 行政管理关系

勘察设计主管部门对从事勘察设计活动实施许可证制度。

2. 审批关系

勘察设计主管部门与建设单位（业主）和勘察设计单位之间，因编制、审批、执行勘察设计文件、资料而产生审批关系。

3. 经济合同关系

因工程建设的实施，建设单位（业主）与勘察设计单位之间产生经济合同关系。

4. 内部管理关系

依据各种技术规定、制度和操作规程，在勘察设计单位内部产生计划管理、技术管理、质量管理及各种形式的经济责任制等内部管理关系。

三、工程勘察设计立法历程与现状

(一) 立法历程

1. 奠基时期(1949 年—1965 年)

我国工程勘察设计事业自 1949 年开始奠基。新中国成立以后百废待兴,工程勘察设计法规处于产生和初步发展时期。

2. 曲折发展时期(1965 年—1978 年)

该时期,勘察设计法规建设被中断,在工程勘察设计中实行“边设计、边施工”的模式,使工程勘察设计质量受到严重影响。

3. 稳步发展时期(1978 年—1999 年)

改革开放以后,我国经济建设规模扩大,工程勘察设计任务繁重,加强工程勘察设计管理的重要性日益凸显。制定和施行工程勘察设计法规,是社会主义市场经济的需要,国务院和建设行政主管部门把工程勘察设计法规建设列入重要日程,先后颁发了《设计文件的编制审批办法》《基本建设设计工作管理办法》《基本建设勘察工作管理办法》《工程勘察和设计单位资格管理办法》等勘察设计法规。

4. 成熟发展期(2000 年至今)

2000 年至今,国务院和建设行政主管部门颁发了一系列勘察设计法规,涉及市场管理和质量管理、资质标准和资质管理、注册工程师管理、设计文件编制等。

在规范方面,2021 年住建部发布了《工程勘察通用规范》(GB 55017—2021)。

此外,为适应建筑行业和建筑市场的发展,这一时期法规的更新相对频繁。例如:2000 年公布《建设工程勘察设计管理条例》,分别于 2015 年、2017 年作了两次修正;2002 年发布《建设工程勘察质量管理办法》,分别于 2007 年、2021 年作了两次修正;2007 年公布《建设工程勘察设计资质管理规定》,分别于 2015 年、2016 年、2018 年作了三次修正;2022 年,住建部发布了《工程设计资质标准》和《工程勘察资质标准》的征求意见稿;等等。

(二) 立法现状

建设工程勘察设计法律体系包括以《建筑工程勘察设计管理条例》为核心的一系列相关法规、规章和规范性文件,主要有:《工程勘察资质标准实施办法》《建设工程勘察设计管理条例》《建设工程勘察质量管理办法》《建筑工程设计文件编制深度规定》《工程建设项目勘察设计招标投标办法》《建筑工程设计招标投标管理办法》《勘察设计注册工程师制度总体框架及实施规划》《勘察设计注册工程师管理规定》《关于取得内地勘察设计注册工程师、注册监理工程师资格的香港、澳门专业人士注册执业有关事项的通知》《工程设计资质标准》《工程勘察资质标准》《海洋工程勘察资质分级标准》《建设工程勘察设计资质管理规定》《工程勘察通用规范》(GB 55017—2021)。

第二节 工程勘察设计资格管理

一、工程勘察设计单位资质管理

勘察设计资质分为工程勘察资质和工程设计资质两种。

《建设工程勘察设计资质管理规定》明确指出，从事建设工程勘察、工程设计活动的企业，应当按照其拥有的资产、专业技术人员、技术装备和勘察设计业绩等条件申请资质，经审查合格，取得建设工程勘察、设计资质证书后，方可在资质等级许可的范围内从事建设工程勘察、设计活动。

（一）工程勘察资质分类和分级

1. 工程勘察资质范围、分类及承担业务范围

① 工程勘察资质范围包括建设工程项目的岩土工程、水文地质勘察和工程测量等专业。

② 工程勘察资质类别分为工程勘察综合资质、工程勘察专业资质、工程勘察劳务资质。

工程勘察综合资质是指包括全部工程勘察专业资质的工程勘察资质，只设甲级。

工程勘察专业资质包括岩土工程、水文地质勘察和工程测量三个专业资质。其中，岩土工程专业资质包括岩土工程勘察、岩土工程设计、岩土工程物探测试检测监测等岩土工程(分项)专业资质。专业资质设甲、乙级，根据工程性质和技术特点，部分专业可以设丙级。

5-2 扩展阅读（工程勘察资质）

工程勘察劳务资质包括工程钻探和凿井，不分等级。

③ 承担业务范围：取得工程勘察综合资质的企业，可以承担各专业(海洋工程勘察除外)、各等级工程勘察业务；取得工程勘察专业的企业，可以承接相应等级相应专业资质的工程勘察业务；取得工程勘察劳务资质的企业，可以承接岩土工程治理、工程钻探、凿井等工程勘察劳务业务。

2. 工程勘察资质分级标准

工程勘察资质分级标准依照《建设工程勘察设计资质管理规定》规定。

(1) 综合资质

① 资历和信誉

A. 符合企业法人条件，具有 10 年及以上工程勘察资历。

B. 实缴注册资本不少于 1 000 万元人民币。

C. 社会信誉良好,近 3 年未发生过一般及以上质量安全责任事故。

D. 近 5 年内独立完成过的工程勘察项目应满足以下要求:岩土工程勘察、设计、物探测试检测监测甲级项目各不少于 5 项,水文地质勘察或工程测量甲级项目不少于 5 个。

② 技术条件

A. 专业配备齐全、合理。主要专业技术人员数量不少于"工程勘察行业主要专业技术人员配备表"规定的人数。其中注册人员应作为专业技术负责人主持过所申请工程勘察类型乙级以上项目不少于 2 项。

B. 主导专业非注册人员中,每个主导专业至少有 1 人作为专业技术负责人主持过相应类型的工程勘察甲级项目不少于 2 项,其他非注册人员应作为专业技术负责人主持过相应类型的工程勘察乙级以上项目不少于 3 项,其中甲级项目不少于 1 项。

C. 企业主要技术负责人或总工程师应当具有大学本科以上学历、10 年以上工程勘察经历,作为项目负责人主持过本专业工程勘察甲级项目不少于 2 项,具备注册土木工程师(岩土)执业资格或本专业高级专业技术职称。

③ 技术装备及管理水平

A. 有完善的技术装备,满足"工程勘察主要技术装备配备表"规定的要求。

B. 有满足工作需要的固定工作场所及室内试验场所,主要固定场所建筑面积不少于 3 000m^2。

C. 有完善的技术、经营、设备物资、人事、财务和档案管理制度,通过 ISO9001 质量管理体系认证。

(2) 专业资质

① 资历和信誉

A. 符合企业法人条件,甲级资质同时要求具有 5 年及以上工程勘察资历。

B. 实缴注册资本:甲级资质不少于 300 万元人民币,乙级资质不少于 150 万元人民币,丙级资质不少于 80 万元人民币。

C. 社会信誉良好甲级资质同时要求近 3 年未发生过一般及以上质量安全责任事故。

D. 甲级资质对近 5 年内独立完成过的勘察项目要求:

a. 对于岩土工程专业资质。岩土工程勘察甲级项目不少于 3 项或乙级项目不少于 5 项,岩土工程设计甲级项目不少于 2 项或乙级项目不少于 4 项,岩土工程物探测试检测监测甲级项目不少于 2 项或乙级项目不少于 4 项,且质量合格。

b. 对于岩土工程(分项)专业资质、水文地质勘察专业资质、工程测量专业资质。完成过所申请工程勘察专业类型甲级项目不少于 3 项或乙级项目不少于 5 项,且质量合格。

② 技术条件

A. 专业配备齐全、合理。

B. 企业主要技术负责人或总工程师应当具有大学本科以上学历、10 年以上工程勘察经历,具备注册土木工程师(岩土)执业资格或本专业高级专业技术职称。

C. 工作业绩要求(作为项目负责人):甲级资质应主持过本专业工程勘察甲级项目不少于 2 项,乙级资质应主持过本专业工程勘察乙级项目不少于 2 项或甲级项目不少于 1 项,丙级资质应主持过本专业工程勘察类型的项目不少于 2 项。

D. 主要专业技术人员数量不少于“工程勘察行业主要专业技术人员配备表”规定的人数。

a. 甲级资质注册人员应作为专业技术负责人主持过所申请工程勘察类型乙级以上项目不少于 2 项;主导专业非注册人员作为专业技术负责人主持过所申请工程勘察类型乙级以上项目不少于 2 项,其中,每个主导专业至少有 1 名专业技术人员作为专业技术负责人主持过所申请工程勘察类型甲级项目不少于 2 项。

b. 乙级资质注册人员应作为专业技术负责人主持过所申请工程勘察类型乙级以上项目不少于 2 项;主导专业非注册人员作为专业技术负责人主持过所申请工程勘察类型乙级以上项目不少于 2 项,其中,每个主导专业至少有 1 名专业技术人员作为专业技术负责人主持过所申请工程勘察类型甲级项目不少于 2 项。

c. 丙级资质主导专业非注册人员作为专业技术负责人主持过所申请工程勘察类型的项目不少于 2 项。

③ 技术装备及管理水平

A. 技术装备满足“工程勘察主要技术装备配备表”规定的要求,其中甲级资质应有完善的技术装备,乙级和丙级资质应有与工程勘察项目相应的能满足要求的技术装备。

B. 有满足工作需要的固定工作场所,甲级资质同时要求有满足工作需要的室内试验场所。

C. 有完善的质量、安全管理体系和技术、经营、设备物资、人事、财务、档案等管理制度。

(3) 劳务资质

① 资历和信誉

其要求与专业类乙级和丙级资质基本相同,但实缴注册资本要求不少于 50 万元人民币。

② 技术条件

A. 企业主要技术负责人具有 5 年以上从事工程管理工作经历,并具有初级以上专业技术职称或高级工以上职业资格。

B. 技术工人要求:

a. 工程钻探资质应具有经考核或培训合格的钻工、描述员、测量员、安全员等技术工人，工种齐全且不少于12人；

b. 凿井资质应具有经考核或培训合格的钻工、电焊工、电工、安全员等技术工人，工种齐全且不少于13人。

③ 技术装备及管理水平

其要求与专业类乙级和丙级资质基本相同。

（二）工程设计资质分类和分级

1. 工程设计资质范围、分类及承担业务范围

（1）工程设计资质类别

① 工程设计综合资质：是指涵盖21个行业的设计资质。

② 工程设计行业资质：是指涵盖某个行业资质标准中的全部设计类型的设计资质。

③ 工程设计专业资质：是指某个行业资质标准中的某一个专业的设计资质。

④ 工程设计专项资质：是指为适应和满足行业发展的需求，对已形成产业的专项技术独立进行设计及设计、施工一体化而设立的资质。

（2）工程设计资质的级别划分

① 综合资质：只设甲级。

② 行业资质、专业资质、专项资质：设甲级、乙级。根据工程性质和技术特点，个别行业、专业、专项资质可以设丙级，建筑工程专业资质可以设丁级。

（3）工程设计资质范围

其范围包括：本行业建设工程项目的主体工程和配套工程，以及与主体工程、配套工程相关的工艺、土木、建筑、环境保护、水土保持、消防、安全、卫生、节能、防雷、抗震、照明工程等。

工程设计资质涵盖的21个行业包括：煤炭、化工石化医药、石油天然气（海洋石油）、电力、冶金、军工、机械、**商物粮**、核工业、电子通信广电、轻纺、建材、铁道、公路、水运、民航、市政、农林、水利、海洋、建筑。

5-3 扩展阅读（商物粮）

建筑工程设计范围包括：建设用地规划许可证范围内的建筑物构筑物设计、室外工程设计、民用建筑修建的地下工程设计及住宅小区、工厂厂前区、工厂生活区、小区规划设计及单体设计等，以及所包含的相关专业的设计内容。

（4）承担业务范围

① 取得工程设计资质的单位：可以承担资质证书许可范围内的工程设计业务，承担与资质证书许可范围相应的建设工程总承包、工程项目管理和相关的技术、咨询与管理服务业务；承担业务的地区不受限制。

② 取得工程设计综合资质的企业：可以承接各行业、各等级的建设工程设计业务。

③ 取得工程设计行业资质的企业：可以承接相应行业相应等级的工程设计业务

及本行业范围内同级别的相应专业、专项(设计施工一体化资质除外)工程设计业务。

④ 取得工程设计专业资质的企业:可以承接本专业相应等级的专业工程设计业务及同级别的相应专项工程设计业务(设计施工一体化资质除外)。

⑤ 取得工程设计专项资质的企业:可以承接本专项相应等级的专项工程设计业务。

2. 工程设计资质分级标准

(1) 综合资质

① 资历和信誉

A. 具有独立企业法人资格。

B. 注册资本:不少于 6 000 万元人民币。

C. 营业收入:近 3 年年平均勘察设计营业收入不少于 10 000 万元人民币,且近 5 年内 2 次勘察设计营业收入在全国勘察设计企业排名列前 50 名以内,或近 5 年内 2 次企业营业税金及附加在全国勘察设计企业排名列前 50 名以内。

D. 资质条件及工程业绩,要求满足下列条件之一:

a. 具有 2 个工程设计行业甲级资质,且近 10 年内独立承担大型建设项目工程设计每行业不少于 3 项,并已建成投产。

b. 同时具有某 1 个工程设计行业甲级资质和其他 3 个不同行业甲级工程设计的专业资质,且近 10 年内独立承担大型建设项目工程设计不少于 4 项。其中,工程设计行业甲级相应业绩不少于 1 项,工程设计专业甲级相应业绩各不少于 1 项,并已建成投产。

② 技术条件

A. 技术力量雄厚,专业配备合理。

B. 企业具有初级以上专业技术职称且从事勘察设计的人员不少于 500 人,其中具备注册执业资格或高级专业技术职称的不少于 200 人,且注册专业不少于 5 个,5 个专业的注册人员总数不低于 40 人。

C. 企业从事工程项目管理且具备建造师或监理工程师注册执业资格的人员不少于 10 人。

D. 企业主要技术负责人或总工程师:应当具有大学本科以上学历、15 年以上设计经历,主持过大型项目工程设计不少于 2 项,具备注册执业资格或高级专业技术职称。

E. 拥有与工程设计有关的专利、专有技术、工艺包(软件包)不少于 3 项。

F. 近 10 年获得全国优秀工程设计奖、全国优秀工程勘察奖、国家级科技进步奖不少于 5 项或省部级(行业)优秀工程设计一等奖(金奖)、省部级(行业)科技进步一等奖不少于 5 项。

G. 近 10 年主编 2 项或参编 5 项以上国家、行业工程建设标准、规范。

③ 技术装备及管理水平

A. 有完善的技术装备及固定工作场所,且主要固定工作场所建筑面积不少于 10 000m^2。

B. 有完善的企业技术、质量、安全和档案管理，通过 ISO9000 标准质量体系认证。

C. 具有与承担建设项目工程总承包或工程项目管理相适应的组织机构或管理体系。

(2) 行业资质

① 资历和信誉

A. 具有独立企业法人资格。

B. 社会信誉良好，具有满足相应等级要求的注册资本。

C. 行业甲级资质对工程业绩的要求如下：企业完成过的工程设计项目应满足所申请行业主要专业技术人员配备表中对工程设计类型业绩考核的要求，且要求考核业绩的每个设计类型的大型项目工程设计不少于 1 项或中型项目工程设计不少于 2 项，并已建成投产。

② 技术条件

A. 专业配备齐全、合理，主要专业技术人员数量满足相应等级的要求。其中，主导专业的非注册人员应当作为专业技术负责人。

a. 甲级资质：主持过所申请行业中型以上项目不少于 3 项，其中大型项目不少于 1 项。

b. 乙级资质：主持过所申请行业中型项目不少于 2 项，或大型项目不少于 1 项。

c. 丙级资质：主持过所申请行业项目工程设计不少于 2 项。

B. 企业主要技术负责人或总工程师应当具有大学本科以上学历、10 年以上设计经历，并且满足如下要求。

a. 甲级资质：主持过所申请行业大型项目工程设计不少于 2 项，具备注册执业资格或高级专业技术职称。

b. 乙级资质：主持过所申请行业大型项目工程设计不少于 1 项，或中型项目工程设计不少于 3 项，具备注册执业资格或高级专业技术职称。

c. 丙级资质：主持过所申请行业项目工程设计不少于 2 项，具有中级以上专业技术职称。

③ 技术装备及管理水平

A. 有必要的技术装备及固定的工作场所。

B. 且应满足以下要求。

a. 甲级资质：企业管理组织结构、标准体系、质量体系、档案管理体系健全。

b. 乙级资质、丙级资质：有完善或较完善的质量体系和技术、经营、人事、财务、档案管理制度。

c. 具有施工总承包特级资质的企业，可以取得相应行业的设计甲级资质。

(3) 专业资质

① 资历和信誉

A. 具有独立企业法人资格。

B. 社会信誉良好,具有满足相应等级要求的注册资本。

C. 专业甲级资质对工程业绩的要求如下:企业完成过所申请行业相应专业设计类型大型项目工程设计不少于 1 项,或中型项目工程设计不少于 2 项,并已建成投产。

② 技术条件(甲级、乙级、丙级)

A. 专业配备齐全、合理,主要专业技术人员数量满足相应等级的要求。其中,主导专业的非注册人员应当作为专业技术负责人。

a. 甲级资质:主持过所申请行业相应专业设计类型的中型以上项目工程设计不少于 3 项,其中大型项目不少于 1 项。

b. 乙级资质:主持过所申请行业相应专业设计类型的中型项目工程设计不少于 2 项,或大型项目工程设计不少于 1 项。

c. 丙级资质:主持过所申请行业相应专业设计类型的项目工程设计不少于 2 项。

B. 企业主要技术负责人或总工程师应当具有大学本科以上学历(丙级资质要求大专以上学历)、10 年以上设计经历,并且满足如下要求。

a. 甲级资质:主持过所申请行业相应专业设计类型的大型项目工程设计不少于 2 项,具备注册执业资格或高级专业技术职称。

b. 乙级资质:主持过所申请行业相应专业设计类型的中型项目工程设计不少于 3 项,或大型项目工程设计不少于 1 项,具备注册执业资格或高级专业技术职称。

c. 丙级资质:主持过所申请行业相应专业设计类型的工程设计不少于 2 项,具有中级及以上专业技术职称。

C. 丁级专业资质的技术条件(限建筑工程设计)包括:企业专业技术人员总数不少于 5 人。其中,二级以上注册建筑师或注册结构工程师不少于 1 人;具有建筑工程类专业学历、2 年以上设计经历的专业技术人员不少于 2 人;具有 3 年以上设计经历,参与过至少 2 项工程设计的专业技术人员不少于 2 人。

③ 技术装备及管理水平

A. 有必要的技术装备及固定的工作场所。

B. 且应满足以下要求。

a. 甲级资质:企业管理组织结构、标准体系、质量体系、档案体系健全。

b. 乙级资质、丙级资质:有较完善的质量体系和技术、经营、人事、财务、档案等管理制度。

c. 丁级资质:有较完善的技术、财务、档案等管理制度。

(4) 专项资质

① 资历和信誉

A. 具有独立企业法人资格。

B. 社会信誉良好,注册资本符合相应工程设计专项资质标准的规定。

② 技术条件（甲级、乙级、丙级）

专业配备齐全、合理，企业的主要技术负责人或总工程师、主要专业技术人员配备符合相应工程设计专项资质标准的规定。

③ 技术装备及管理水平

A. 有必要的技术装备及固定的工作场所。

B. 企业管理的组织结构、标准体系、质量体系、档案管理体系运行有效。

（三）工程勘察设计资格审批（申请和批准）

5-4 扩展阅读（工程设计资质）

建设工程勘察、设计资质的申请由建设行政主管部门定期受理。

1. 工程勘察设计资质申请

（1）申请工程勘察甲级资质、工程设计甲级资质，以及涉及铁路、交通、水利、信息产业、民航等方面的工程设计乙级资质

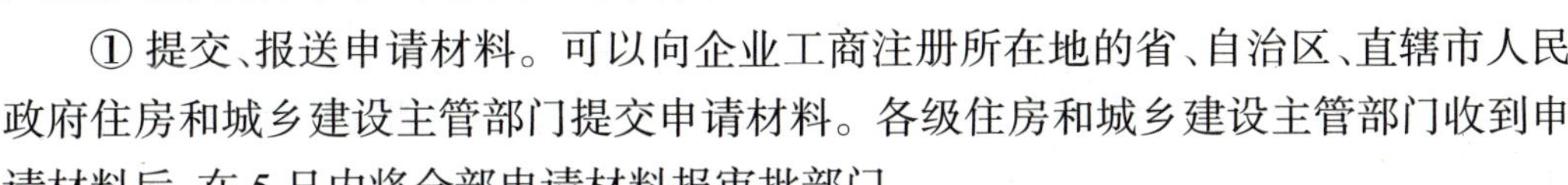

① 提交、报送申请材料。可以向企业工商注册所在地的省、自治区、直辖市人民政府住房和城乡建设主管部门提交申请材料。各级住房和城乡建设主管部门收到申请材料后，在 5 日内将全部申请材料报审批部门。

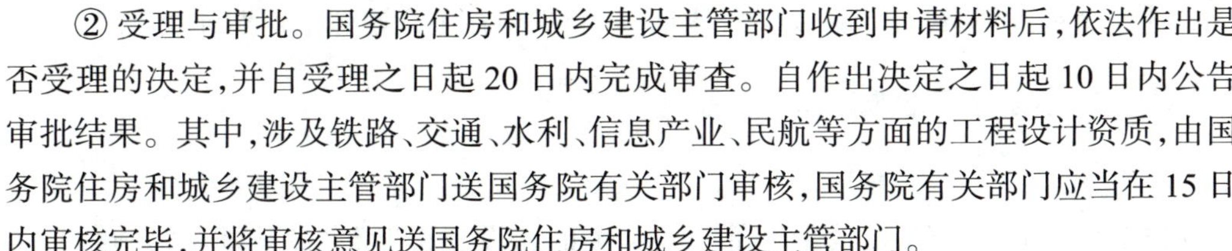

② 受理与审批。国务院住房和城乡建设主管部门收到申请材料后，依法作出是否受理的决定，并自受理之日起 20 日内完成审查。自作出决定之日起 10 日内公告审批结果。其中，涉及铁路、交通、水利、信息产业、民航等方面的工程设计资质，由国务院住房和城乡建设主管部门送国务院有关部门审核，国务院有关部门应当在 15 日内审核完毕，并将审核意见送国务院住房和城乡建设主管部门。

（2）工程勘察乙级及以下资质、劳务资质、工程设计乙级（涉及铁路、交通、水利、信息产业、民航等方面的工程设计乙级资质除外）及以下资质

① 资质许可。资质许可由省、自治区、直辖市人民政府住房和城乡建设主管部门实施。具体实施程序由省、自治区、直辖市人民政府住房和城乡建设主管部门依法确定。

② 备案。省、自治区、直辖市人民政府住房和城乡建设主管部门应当自作出决定之日起 30 日内，将准予资质许可的决定报国务院住房和城乡建设主管部门备案。

企业申请工程勘察、工程设计资质，应在资质许可机关的官方网站或审批平台上提出申请，提交资金、专业技术人员、技术装备和已完成的业绩等电子材料。

③ 延续申请。企业需要延续资质证书有效期的，应当在资质证书有效期届满 60 日前，向原资质许可机关提出资质延续申请。对在资质有效期内遵守有关法律、法规、规章、技术标准，信用档案中无不良行为记录，且专业技术人员满足资质标准要求的企业，经资质许可机关同意，有效期延续 5 年。

④ 资质变更。企业在资质证书有效期内名称、地址、注册资金、法定代表人等发生变更的，应当在工商部门办理变更手续后 30 日内办理资质证书变更手续。

取得工程勘察甲级资质、工程设计甲级资质，以及涉及铁路、交通、水利、信息产业、民航等方面的工程设计乙级资质的企业，在资质证书有效期内发生企业名称变更的，由国务院住房和城乡建设主管部门办理变更手续。

其他资质证书变更手续，由企业工商注册所在地的省、自治区、直辖市人民政府住房和城乡建设主管部门负责办理，并将变更结果报国务院住房和城乡建设主管部门备案。

涉及铁路、交通、水利、信息产业、民航等方面的工程设计资质的变更，国务院住房和城乡建设主管部门应当将企业资质变更情况告知国务院有关部门。

2. 建设工程勘察、设计资质证书

建设工程勘察、设计资质证书分为正本和副本，正本一份、副本六份，由国务院住房和城乡建设行政主管部门统一印制，正、副本具有同等法律效力，有效期 5 年。

建设工程勘察、设计企业在领取新的资质证书的同时，应当将原资质证书交回发证机关。

建设工程勘察、设计企业破产、倒闭、撤销、歇业的，应当将资质证书交回发证机关。

建设工程勘察、设计企业遗失资质证书的，应当在公众媒体上声明作废。

（四）勘察设计资格的管理和监督

1. 管理归口

国务院住房和城乡建设主管部门对全国的建设工程勘察、设计资质实施统一的监督管理。

国务院铁路、交通、水利、信息产业、民航等有关部门配合国务院住房和城乡建设主管部门对相应的行业资质进行监督管理。

县级以上地方人民政府住房和城乡建设主管部门负责对本行政区域内的建设工程勘察、设计资质实施监督管理。县级以上人民政府交通、水利、信息产业等有关部门配合同级住房和城乡建设主管部门对相应的行业资质进行监督管理。

上级住房和城乡建设主管部门应当加强对下级住房和城乡建设主管部门资质管理工作的监督检查，及时纠正资质管理中的违法行为。

2. 监督检查

住房和城乡建设主管部门、有关部门履行监督检查职责时，有权采取下列措施：

① 要求被检查单位提供工程勘察、设计资质证书、注册执业人员的注册执业证书，有关工程勘察、设计业务的文档，有关质量管理、安全生产管理、档案管理、财务管理等企业内部管理制度的文件；

② 进入被检查单位进行检查，查阅相关资料；

③ 纠正违反有关法律、法规和本规定及有关规范和标准的行为。

各部门依法对企业从事行政许可事项的活动进行监督检查时，应将检查情况和处理结果予以记录，由监督检查人员签字后归档。

各部门在实施监督检查时，应有2名以上监督检查人员参加，并出示执法证件，不得妨碍企业正常生产经营活动，不得索取或接受企业的财务，不得谋取其他利益。监督监察机关应当将监督检查的处理结果向社会公布。

二、工程勘察设计人员资格管理

《勘察设计注册工程师管理规定》明确了我国境内建设工程勘察设计注册工程师的注册、执业、继续教育和监督管理办法。

2020年6月1日起，对香港、澳门专业技术人员，勘察设计注册工程师注册和执业的管理办法，执行住建部《关于取得内地勘察设计注册工程师、注册监理工程师资格的香港、澳门专业人士注册执业有关事项的通知》。

根据《勘察设计注册工程师制度总体框架及实施规划》，我国勘察设计行业执业注册资格分为三大类：**注册工程师、注册建筑师、注册景观设计师**。

勘察设计注册工程师分为17个专业：土木、结构、公用设备、电气、机械、化工、电子工程、航天航空、农业、冶金、矿业／矿物、核工业、石油／天然气、造船、军工、海洋、环保。

执业注册名称采用专业分类命名，如：中华人民共和国注册结构工程师、中华人民共和国注册土木工程师。

（一）注册工程师的概念

勘察设计注册工程师简称注册工程师，是指经考试取得中华人民共和国注册工程师资格证书（以下简称“资格证书”），并按照规定注册，取得中华人民共和国注册工程师注册执业证书（以下简称“注册证书”）和执业印章，从事建设工程勘察、设计及有关业务活动的专业技术人员。

未取得注册证书及执业印章的人员，不得以注册工程师的名义从事建设工程勘察、设计及有关业务活动。

注册结构工程师分一级和二级，其他专业注册工程师不分级别。

（二）注册

注册工程师实行注册执业管理制度。取得资格证书的人员，必须经过注册方能以注册工程师的名义执业。取得注册工程师执业资格的前提是必须先取得资格证书。

取得资格证书的人员申请注册，由省、自治区、直辖市人民政府建设主管部门初审，国务院建设主管部门审批，其中涉及有关部门的专业注册工程师的注册，由国务院建设主管部门和有关部门审批。

① 提交、报送申请材料。取得资格证书并受聘于一个建设工程勘察、设计、施工、监理、招标代理、造价咨询等单位的人员，应当通过聘用单位提出注册申请，并可以向单位工商注册所在地的省、自治区、直辖市人民政府住房和城乡建设主管部门提交申请材料。各级住房和城乡建设主管部门收到申请材料后，应当在 5 日内将全部申请材料报审批部门。

② 受理与审批。国务院住房和城乡建设主管部门在收到申请材料后，应当依法作出是否受理的决定，并按规定时限审批完毕、作出书面决定、公告审批结果。由国务院住房和城乡建设主管部门和有关部门共同审批的，国务院有关部门应按规定时限审核完毕，并将审核意见报国务院住房和城乡建设主管部门。

符合条件的，由审批部门核发由国务院住房和城乡建设主管部门统一制作，国务院住房和城乡建设主管部门用印或者国务院住房和城乡建设主管部门和有关部门共同用印的注册证书，并核定执业印章编号。

注册证书和执业印章是注册工程师的执业凭证，由注册工程师本人保管、使用。注册证书和执业印章的有效期为 3 年。

③ 有下列情形之一的，不予注册：不具有完全民事行为能力的；因从事勘察设计或者相关业务受到刑事处罚，自刑事处罚执行完毕之日起至申请注册之日止不满 2 年的；法律、法规规定不予注册的其他情形。

④ 注册工程师有下列情形之一的，其注册证书和执业印章失效：聘用单位破产的；聘用单位被吊销营业执照的；聘用单位相应资质证书被吊销的；已与聘用单位解除聘用劳动关系的；注册有效期满且未延续注册的；死亡或者丧失行为能力的；注册失效的其他情形。

被注销注册者或者不予注册者，在重新具备初始注册条件，并符合本专业继续教育要求后，方可重新申请注册。

⑤ 初始注册需要提交下列材料：申请人的注册申请表；申情人的资格证书复印件；申情人与聘用单位签订的聘用劳动合同复印件；逾期初始注册的，应提供达到继续教育要求的证明材料。

（三）执业

取得资格证书的人员，应受聘于一个具有建设工程勘察、设计、施工、监理、招标代理、造价咨询等一项或多项资质的单位，经注册后方可从事相应的执业活动。但从事建设工程勘察、设计执业活动的，应受聘并注册于一个具有建设工程勘察、设计资质的单位。

注册工程师的执业范围包括：工程勘察或者本专业工程设计；本专业工程技术咨询；本专业工程招标、采购咨询；本专业工程的项目管理；对工程勘察或者本专业工程设计项目的施工进行指导和监督；国务院有关部门规定的其他业务。

建设工程勘察、设计活动中形成的勘察、设计文件由相应专业注册工程师按照规定签字盖章后方可生效。各专业注册工程师签字盖章的勘察、设计文件种类及办法由国务院住房和城乡建设主管部门会同有关部门规定。

修改经注册工程师签字盖章的勘察、设计文件，应当由该注册工程师进行；因特殊情况，该注册工程师不能进行修改的，应由同专业其他注册工程师修改，并签字、加盖执业印章，对修改部分承担责任。

注册工程师从事执业活动，由所在单位接受委托并统一收费。

因建设工程勘察、设计事故及相关业务造成的经济损失，聘用单位应承担赔偿责任；聘用单位承担赔偿责任后，可依法向负有过错的注册工程师追偿。

（四）继续教育

注册工程师在每一注册期内应达到国务院住房和城乡建设主管部门规定的本专业继续教育要求。继续教育作为注册工程师逾期初始注册、延续注册和重新申请注册的条件。

继续教育按照注册工程师专业类别设置，分为必修课和选修课，每注册期各为 60 学时。

（五）权利和义务

注册工程师享有下列权利：使用注册工程师称谓；在规定范围内从事执业活动；依据本人能力从事相应的执业活动；保管和使用本人的注册证书和执业印章；对本人执业活动进行解释和辩护；接受继续教育；获得相应的劳动报酬；对侵犯本人权利的行为进行申诉。

注册工程师应当履行下列义务：遵守法律、法规和有关管理规定；执行工程建设标准规范；保证执业活动成果的质量，并承担相应责任；接受继续教育，努力提高执业水准；在本人执业活动所形成的勘察、设计文件上签字、加盖执业印章；保守在执业中知悉的国家秘密和他人的商业、技术秘密；不得涂改、出租、出借或者以其他形式非法转让注册证书或者执业印章；不得同时在两个或两个以上单位受聘或者执业；在本专业规定的执业范围和聘用单位业务范围内从事执业活动；协助注册管理机构完成相关工作。

（六）法律责任

隐瞒有关情况或者提供虚假材料申请注册的，审批部门不予受理，并给予警告，一年之内不得再次申请注册。

以欺骗、贿赂等不正当手段取得注册证书的，由负责审批的部门撤销其注册，3 年内不得再次申请注册，并由县级以上人民政府住房和城乡建设主管部门或者有关部门处以罚款。其中没有违法所得的，处以 1 万元以下的罚款；有违法所得的，处以违法所得 3 倍以下且不超过 3 万元的罚款；构成犯罪的，依法追究刑事责任。

注册工程师在执业活动中有下列行为之一的，由县级以上人民政府建设主管部门或者有关部门予以警告，责令其改正。其中没有违法所得的，处以 1 万元以下的罚款；有违法所得的，处以违法所得 3 倍以下且不超过 3 万元的罚款；造成损失的，应当承担赔偿责任；构成犯罪的，依法追究刑事责任。

① 以个人名义承接业务的；

② 涂改、出租、出借或者以其他形式非法转让注册证书或者执业印章的；

③ 泄露执业中应当保守的秘密并造成严重后果的；

④ 超出本专业规定范围或者聘用单位业务范围从事执业活动的；

⑤ 弄虚作假提供执业活动成果的；

⑥ 其他违反法律、法规、规章的行为。

有下列情形之一的，负责审批的部门或者其上级主管部门，可以撤销其注册：

① 建设主管部门或者有关部门的工作人员滥用职权、玩忽职守颁发注册证书和执业印章的；

② 超越法定职权颁发注册证书和执业印章的；

③ 违反法定程序颁发注册证书和执业印章的；

④ 对不符合法定条件的申请人颁发注册证书和执业印章的；

⑤ 依法可以撤销注册的其他情形。

第三节 工程勘察设计市场管理

为加强建设工程勘察设计市场管理，规范建设工程勘察设计市场行为，保证建设工程勘察设计质量，维护市场各方当事人的合法权益，1999 年建设部颁布了《建设工程勘察设计市场管理规定》。2000 年国务院颁布了《建设工程勘察设计管理条例》，并于 2015 年、2017 年进行两次修订。该条例对从事勘察设计活动的单位的资质资格，以及勘察设计业务的委托与承接、勘察设计文件的编制与实施等加以规范，是目前我国对建设工程勘察设计市场进行管理的重要法规。

一、工程勘察设计发包与承包管理

（一）工程勘察设计发包与承包

① 建设工程勘察、设计发包依法实行招标发包和直接发包。

② 建设工程勘察、设计方案评标，应当以投标人的业绩、信誉和勘察、设计人员的能力及勘察、设计方案的优劣为依据，进行综合评定。

③ 建设工程勘察、设计的招标人应当在评标委员会推荐的候选方案中确定中标方案。但是，招标人认为推荐的候选方案不能最大限度满足招标文件规定要求的，应当依法重新招标。

④ 经有关主管部门批准，可以直接发包的有：采用特定的专利或专有技术的；建筑艺术造型有特殊要求的；国务院规定的其他建设工程的勘察设计。

（二）勘察设计发包与承包一般要求

① 发包方不得将建设工程勘察、设计业务发包给不具有相应勘察、设计资质等级的建设勘察、设计单位。

② 发包方可以将整个建设工程的勘察、设计发包给一个勘察、设计单位；也可以分别发包给几个勘察、设计单位。

③ 承包方必须在建设工程勘察、设计资质证书规定的资质等级和业务范围内承揽建设工程的勘察、设计业务。

④ 建设工程勘察、设计的发包方和承包方应当执行国家规定的建设工程勘察、设计程序。

⑤ 建设工程勘察、设计的发包方和承包方应当执行国家有关建设工程勘察费、设计费的管理规定。

⑥ 建设工程勘察、设计单位不得将所承揽的建设工程勘察、设计转包。

二、工程勘察设计合同管理

建设工程勘察、设计的发包方与承包方应当签订建设工程勘察、设计合同。

建设工程勘察设计合同是发包方（甲方）与承包方（乙方）为完成一定的勘察设计任务，明确相互权利义务关系的协议书。

勘察设计合同的发包方应当是法人或者自然人，承包方必须具有法人资格。

甲方是建设单位或项目管理部门，乙方是持有住房和城乡建设主管部门颁发的工程勘察设计资质证书、工程勘察设计收费资格证书和工商行政管理部门核发的企业法人营业执照的工程勘察设计单位。

1996 年，建设部、国家工商行政管理局联合颁布了《建设工程勘察设计合同管理办法》和《建设工程勘察合同（示范文本）》《建设工程设计合同（示范文本）》；2000 年，建设部对该办法和文本进行了修订。建设工程勘察、设计单位应当按照该办法，接受有关部门对勘察设计合同的管理与监督。

为了加强对工程勘察设计合同的管理，明确双方的技术经济责任，保护合同当事人的合法权益,签订勘察设计合同应当符合《民法典》第四百六十九条和第四百七十条的有关规定。

(一) 合同要求

1. 合同形式

签订勘察设计合同,应当采用书面形式,参照示范文本条款,明确约定双方的权利义务。对示范文本条款以外的其他事项,当事人认为需要约定的,也应采用书面形式。对可能发生的问题,要约定解决办法和处理原则。双方协商同意的合同修改文件、补充协议均为合同的组成部分。

2. 合同内容

《民法典》第七百九十四条“勘察、设计合同的内容一般包括提交有关基础资料和概预算等文件的期限、质量要求、费用以及其他协作条件等条款。”

根据《建设工程勘察合同(示范文本)》《建设工程设计合同(示范文本)》,勘察、设计合同的主要条款包括:

① 工程概况;

② 发包人向承包人提供的有关资料文件;

③ 承包人应向发包人交付的报告、成果、文件;

④ 开工及提交成果资料的时间、工期;

⑤ 收费标准及支付方式;

⑥ 发包人、承包人责任;

⑦ 违约责任;

⑧ 其他约定事项。

设计合同还包括:合同内容变更及工程费的调整;材料设备供应;报告、成果、文件检查验收。

3. 合同价款确定

签订勘察设计合同的双方,应当依据国家和地方有关规定,确定合同价款。

4. 分包的规定

乙方经甲方同意,可以将自己承包的部分工作分包给具有相应资质条件的第三方。第三方就其完成的工作成果与乙方向甲方承担连带责任。禁止乙方将其承包的工作全部转包给第三方或者肢解以后以分包的名义转包给第三方。禁止第三方将其承包的工作再分包。严禁出卖图章、图签等行为。

(二) 合同的监督管理

1. 监督管理部门职能

建设行政主管部门和工商行政管理部门,应当加强对建设工程勘察设计合同的监督管理。

其主要职能为：贯彻国家和地方有关法律、法规和规章；制定和推荐使用建设工程勘察设计合同示范文本；审查和鉴证建设工程勘察设计合同，监督合同履行，调解合同争议，依法查处违法行为；指导勘察设计单位的合同管理工作，培训勘察设计单位的合同管理人员，总结交流经验，表彰先进的合同管理单位。

2. 合同的备案与鉴证

签订勘察设计合同的双方，应当将合同文本送所在地省级建设行政主管部门或其授权机构备案，也可以到工商行政管理部门办理合同鉴证。

（三）法律责任

合同依法成立，即具有法律效力，任何一方不得擅自变更或解除。单方擅自终止合同的，应当依法承担违约责任。

在签订、履行合同过程中，有违反法律、法规，扰乱建设市场秩序行为的，建设行政主管部门和工商行政管理部门要依照各自职责，依法给予行政处罚；构成犯罪的，提请司法机关追究其刑事责任。

当事人对行政处罚决定不服的，可以依法提起行政复议或行政诉讼，对复议决定不服的，可向人民法院起诉。逾期不申请复议或向人民法院起诉，又不执行处罚决定的，由作出处罚的部门申请人民法院强制执行。

第四节　工程勘察设计质量管理

所谓工程勘察设计质量是指工程设计质量和工程勘察质量。首先工程设计应满足业主所需的功能和使用价值，符合业主投资的意图，反之业主所需的功能和使用价值，又必然要受到经济、资源、技术、环境等因素的制约，从而使项目的质量目标与水平受到限制。其次设计都必须遵守有关城乡规划、环保、防灾、安全等一系列的技术标准、规范、规程，这是保证设计质量的基础。而勘察工作不仅要满足设计的需要，更要以科学求实的精神保证所提交勘察报告的准确性、及时性，为设计的安全、合理性提供必要的条件。

《建设工程勘察质量管理办法》第四条“国务院住房和城乡建设主管部门对全国的建设工程勘察质量实施统一监督管理。国务院铁路、交通、水利等有关部门按照国务院规定的职责分工，负责对全国有关专业建设工程勘察质量的监督管理。县级以上地方人民政府住房和城乡建设主管部门对本行政区域内建设工程勘察质量实施监督管理。县级以上地方人民政府有关部门在各自的职责范围内，负责对本行政区域内有关专业建设工程勘察质量的监督管理。”

一、工程勘察设计的质量责任和管理

(一) 工程勘察设计的质量责任和义务

1. 建设单位

① 建设单位应当为勘察工作提供必要的现场工作条件,保证合理的勘察工期,提供真实、可靠的原始资料。

② 建设单位应当加强履行管理,及时足额支付勘察费用,不得迫使工程勘察企业以低于成本的价格承揽任务。

③ 建设单位应当依法将工程勘察文件送施工图审查机构审查。建设单位应当验收勘察报告,组织勘察技术交底和验槽。

④ 建设单位项目负责人应当按照有关规定履约代表建设单位进行勘察质量管理的职责。

2. 工程勘察企业

① 工程勘察企业应当按照有关建设工程质量的法律、法规、工程建设强制性标准和勘察合同进行勘察工作,并对勘察质量负责。勘察文件应当符合国家规定的勘察深度要求,必须真实、准确。工程勘察企业应当健全勘察质量管理体系和质量责任制度。

② 工程勘察企业必须依法取得工程勘察资质证书,并在资质等级许可的范围内承揽勘察业务。工程勘察企业不得超越其资质等级许可的业务范围或者以其他勘察企业的名义承揽勘察业务;不得允许其他企业或者个人以本企业的名义承担勘察业务;不得转包或者违法分包所承揽的勘察业务。

③ 工程勘察企业应当向设计、施工和监理等单位进行勘察技术交底,参与施工验槽,及时解决工程设计和施工中与勘察工作有关的问题,按规定参加工程竣工验收。

④ 工程勘察企业应当参与建设工程质量事故的分析,并对因勘察原因造成的质量事故,提出相应的技术处理方案。工程勘察企业应当确保仪器设备的完好。钻探、取样的机具设备、原位测试、室内试验及测量仪器等应当符合有关规范、规程的要求。

⑤ 工程勘察工作的原始记录应当在勘察过程中及时整理、核对,确保取样、记录的真实和准确,禁止原始记录弄虚作假。

⑥ 工程勘察企业应当建立工程勘察档案管理制度。归档资料应当经项目负责人签字确认,保存期限应当不少于工程的设计使用年限。电子档案与传统载体档案具有同等效力。

⑦ 工程勘察企业法定代表人对本企业勘察质量全面负责;项目负责人对项目的勘察文件负主要质量责任;项目审核人、审定人对其审核、审定项目的勘察文件负审核、审定的质量责任。工程勘察企业的法定代表人、项目负责人、审核人、审定人等相

关人员，应当在勘察文件上签字或者盖章，并对勘察质量负责。工程勘察项目负责人、审核人、审定人及有关技术人员应当具有相应的技术职称或者注册资格。司钻员、描述员、土工试验员等人员应当按照有关规定接受安全生产、职业道德、理论知识和操作技能等方面的专业培训。

⑧ 工程勘察企业法定代表人应当建立健全并落实本单位质量管理制度，授权具备相应资格的人员担任项目负责人。工程勘察企业项目负责人应当签署质量终身责任承诺书，执行勘察纲要和工程建设强制性标准，落实本单位勘察质量管理制度，制定项目质量保证措施，组织开展工程勘察各项工作。

⑨ 工程勘察企业应当拒绝用户提出的违反国家有关规定的不合理要求，并有权提出保证工程勘察质量所必需的现场工作条件和合理工期。

（二）工程勘察设计的监督管理与罚则

1. 监督管理

县级以上人民政府住房和城乡建设主管部门或者其他有关部门应当通过“双随机、一公开”方式开展工程勘察质量监管，检查及处理结果应及时向社会公开。

5-5 扩展阅读（双随机、一公开）

工程勘察质量监督部门可以通过政府购买技术服务的方式，聘请具有专业技术能力的单位和人员对工程勘察质量进行检查，所需费用向本级财政申请予以保障。

工程勘察质量监督部门应当运用互联网等信息化手段开展质量监督，提升监管的精细化、智能化水平。

工程勘察发生重大质量、安全事故时，有关单位应当按照规定向工程勘察质量监督部门报告。任何单位和个人有权向工程勘察质量监督部门检举、投诉工程勘察质量、安全问题。

2. 罚则

(1) 建设单位

违反《建设工程勘察质量管理办法》规定，建设单位有下列行为之一的，由工程勘察质量监督部门责令改正，处 1 万元以上 3 万元以下的罚款：

① 未提供必要的现场工作条件；

② 未提供与工程勘察有关的原始资料或者提供的原始资料不真实、不可靠；

③ 未组织勘察技术交底；

④ 未组织验槽。

(2) 工程勘察企业

违反《建设工程勘察质量管理办法》规定，工程勘察企业未按照工程建设强制性标准进行勘察、弄虚作假、提供虚假成果资料的，由工程勘察质量监督部门责令改正，处 10 万元以上 30 万元以下的罚款；造成工程质量事故的，责令停业整顿，降低资质等级；情节严重的，吊销资质证书；造成损失的，依法承担赔偿责任。

违反《建设工程勘察质量管理办法》规定，工程勘察企业有下列行为之一的，由工程勘察质量监督部门责令改正，处 1 万元以上 3 万元以下的罚款：

① 使用的勘察仪器、设备不满足相关规定；

② 司钻员、描述员、土工试验员等关键岗位作业人员未接受专业培训；

③ 未按规定参加建设单位组织的勘察技术交底或者验槽；

④ 原始记录弄虚作假；

⑤ 未将钻探、取样、原位测试、室内试验等主要过程的影像资料留存备查；

⑥ 未按规定及时将工程勘察文件和勘探、试验、测试原始记录及成果、质量安全管理记录归档保存。

违反《建设工程勘察质量管理办法》规定，工程勘察企业法定代表人有下列行为之一的，由工程勘察质量监督部门责令改正，处 1 万元以上 3 万元以下的罚款：

① 未建立或者落实本单位勘察质量管理制度；

② 授权不具备相应资格的项目负责人开展勘察工作；

③ 未按规定在工程勘察文件上签字或者盖章。

违反《建设工程勘察质量管理办法》规定，工程勘察企业项目负责人有下列行为之一的，由工程勘察质量监督部门责令改正，处 1 万元以上 3 万元以下的罚款：

① 未执行勘察纲要和工程建设强制性标准；

② 未落实本单位勘察质量管理制度，未制定项目质量保证措施；

③ 未按规定在工程勘察文件上签字；

④ 未对原始记录进行验收并签字；

⑤ 未对归档资料签字确认。

(3) 质量监督部门

依照《建设工程勘察质量管理办法》规定，给予建设单位、勘察企业罚款处罚的，由工程勘察质量监督部门对其企业的法定代表人和其他直接责任人员处以企业罚款数额的 5% 以上 10% 以下的罚款。

国家机关人员在建设工程勘察质量监督管理工作中玩忽职守、滥用职权、徇私舞弊的，依法给予行政处分；构成犯罪的，依法追究刑事责任。

二、勘察设计工作原则

（一）设计工作原则

① 要遵守国家的法律、法规，贯彻执行国家经济建设的方针、政策和基本建设程序，特别应贯彻执行提高经济效益和促进技术进步的方针。

② 要从全局出发，正确处理工业与农业、工业内部、沿海与内地、城市与乡村、

远期与近期、平时与战时、技改与新建、生产与生活、安全质量与经济效益等方面的关系。

③ 要根据国家有关规定和工程的不同性质、不同要求，从我国实际情况出发，合理确定设计标准。

④ 对生产工艺、主要设备和主体工程要做到先进、适用、可靠。

⑤ 对非生产性的建设，应坚持适用、经济，在可能的条件下注意美观的原则。

⑥ 根据国家需要、技术可能和经济合理的原则，充分考虑资源的综合利用。

⑦ 在工业建设项目设计中，要选用耗能少的生产工工艺和设备；在民用建设项目中，也要采取节约能源的措施。

⑧ 要提倡区域性供热，重视余热利用。

⑨ 在进行各类工程设计时，应积极改进工艺，采用行之有效的技术措施，防止粉尘、毒物、废水、废气、废渣、噪声、放射性物质及其他有害因素对环境的污染，并进行综合治理和利用，使设计符合国家规定的标准。

⑩ 建设项目应根据专业化和协作的原则进行建设，其辅助生产设施以及生活福利设施等，都应尽可能同邻近有关单位密切协作。

⑪ 一切工程建设都必须因地制宜，提高土地利用率。

⑫ 建设项目的厂址选择，应尽量利用荒地、劣地，不占或少占耕地。

⑬ 总平面图的布置要紧凑合理。

⑭ 在建设项目的设计中，要合理选择工艺流程、设备、线路，合理组织人流、物流，合理确定生产和非生产定员。

⑮ 引进国外先进技术必须符合我国国情，着眼于提高国内技术水平和制造能力。

⑯ 凡引进技术、进口关键设备能满足需要的，就不应引进成套项目；凡能自行设计或合作设计的，就不应委托或单独依靠国外设计。

（二）勘察工作的原则

① 勘察工作必须遵守国家的法律、法规，贯彻国家有关经济建设的方针、政策和基本建设程序，要贯彻执行提高经济效益和促进技术进步的方针。

② 勘察成果要反映客观地形、地质情况，确保原始资料的准确性，结合工程具体特点和要求提出明确的评价、结论和建议。

③ 勘察工作既要防止技术保守或片面追求产值，任意加大工作量，又要防止不适当地减少工作量而影响勘察成果的质量，给工程建设造成事故或浪费。

④ 要积极采用新理论、新技术、新方法、新手段。

⑤ 应结合工程和勘察地区的具体情况，因地制宜地采用先进可靠的勘察手段和评价方法，努力提高勘察水平。

⑥ 勘察工作不仅要评价当前环境和地质条件对工程建设的适应性，而且要预测

工程建设对地质和环境条件的影响，要从环境出发，做好环境地质评价工作。

⑦ 勘察工作前期应全面搜集、综合分析、充分使用已有的勘察资料。

⑧ 要加强对勘察人员安全生产教育，严格遵守安全规程，防止人身、机具和工程事故。

三、建设工程勘察设计文件编制与实施要求

（一）编制依据

编制建设工程勘察、设计文件，应当以下列规定为依据：

① 项目批准文件；

② 城乡规划；

③ 工程建设强制性标准；

④ 国家规定的建设工程勘察、设计深度要求。

铁路、交通、水利等专业建设工程，还应当以专业规划的要求为依据。

（二）基本要求

① 编制建设工程勘察文件，应当真实、准确，满足建设工程规划、选址、设计、岩土治理和施工的需要。

② 编制方案设计文件，应当满足编制初步设计文件和控制概算的需要。其中编制初步设计文件，应当满足编制施工招标文件、主要设备材料订货和编制施工图设计文件的需要；编制施工图设计文件，应当满足设备材料采购、非标准设备制作和施工的需要，并注明建设工程合理使用年限。建设工程合理使用年限就是在设计文件中标明的设计使用年限，是设计规定的结构或结构件不需大修即可按其预定目的使用的年限。

③ 设计文件中选用的材料、配件、设备，应当注明其规格、型号、性能等技术指标，其质量要求必须符合国家规定的标准。除有特殊要求的建筑材料、专有设备工艺生产线等以外，设计单位不得指定生产厂、供应商。

④ 建设工程勘察、设计文件中规定采用的新技术、新材料，可能影响建设工程质量和安全，又没有国家技术标准的，应当由国家认可的检测机构进行试验、论证，出具检测报告，并经国务院有关部门或者省、自治区、直辖市人民政府有关部门组织的建设工程技术专家委员会审定后，方可使用。

（三）勘察、设计文件的实施

① 建设工程勘察、设计单位应当在建设工程施工前，向施工单位和监理单位说明

建设工程勘察、设计意图，解释建设工程勘察、设计文件。建设工程勘察、设计单位应当及时解决施工中出现的勘察、设计问题。

② 建设单位、施工单位、监理单位不得修改建设工程勘察、设计文件；确需修改建设工程勘察、设计文件的，应当由原建设工程勘察、设计单位修改。经原建设工程勘察、设计单位书面同意，建设单位也可以委托其他具有相应资质的建设工程勘察、设计单位修改。修改单位对其修改的勘察、设计文件承担相应责任。施工单位、监理单位发现建设工程勘察、设计文件不符合工程建设强制性标准、合同约定的质量要求的，应当报告建设单位，建设单位有权要求建筑工程勘察、设计单位对建设工程勘察、设计文件进行补充、修改。建设工程勘察、设计文件内容需要作重大修改的，建设单位应当报经原审批机关批准后，方可修改。

四、建设工程各阶段设计文件的编制

（一）建设工程设计原则

工程设计是工程建设的主导环节，对工程建设的质量、投资效益起着决定性作用。为保证工程设计的质量和水平，相关法规规定，工程设计必须遵循以下主要原则：

① 贯彻经济、社会发展规划、城乡规划和产业政策；

② 综合利用资源，满足环保要求；

③ 遵守工程建设技术标准；

④ 采用新技术、新工艺、新材料、新设备；

⑤ 重视技术和经济效益的结合；

⑥ 公共建筑和住宅要注意美观、适用和协调。

（二）建设工程各阶段设计文件编制要求

建设工程设计一般应分为方案设计、初步设计和施工图设计三个阶段。

对于技术要求相对简单的民用建筑工程，当有关主管部门在初步设计阶段没有审查要求，且合同中没有做初步设计的约定时，可在方案设计审批后直接进入施工图设计。

1. 各阶段设计文件编制深度的原则

① 方案设计文件应满足编制初步设计文件的需要；对于投标方案，设计文件深度应满足标书要求，若标书无明确要求，设计文件深度可参照《建筑工程设计文件编制深度规定》的有关规定。

② 初步设计文件应满足编制施工图设计文件的需要。

③ 施工图设计文件应满足设备材料采购、非标准设备制作和施工的需要。对于将施工图设计分别发包给几个设计单位或实施设计分包的情况，设计文件相互关联处的深度应当满足各承包或分包单位设计的需要。

2. 各阶段设计内容

(1) 方案设计文件的主要内容

方案设计文件包括：

① 设计说明书；

② 总平面图及建筑的平面、立面、剖面设计图纸；

③ 设计委托或设计合同中规定的透视图、鸟瞰图、模型等。

(2) 初步设计文件的主要内容

设计说明书包括：设计总说明、总平面设计说明书、建筑设计说明书、结构设计说明书、建筑电气设计说明书、给水排水设计说明书、采暖通风与空气调节设计说明书、热能动力设计说明书等内容。

设计总说明主要包括：工程设计的主要依据；工程建设的规模和设计范围；设计指导思想和设计特点；总指标（总用地面积、总建筑面积等指标）；其他相关技术经济指标。

在设计审批时需解决或确定的主要问题包括：有关城市规划、红线、拆迁和水、电、蒸汽、燃料等能源供应的协作问题；总建筑面积、总概算（投资）存在的问题；设计选用标准方面的问题；主要设计基础资料和施工条件落实情况等影响设计进度的因素；明确需要进行专项研究的内容。

设计图纸、计算书和设备表包括：总平面设计、建筑设计、结构设计、建筑电气设计、给水排水设计、采暖通风与空气调节设计、热能动力设计的设计图纸、计算书和设备表等。

(3) 施工图设计文件的主要内容

施工图设计文件的主要内容包括：合同要求的设计图纸、设计说明书、图纸目录和必要的设备、材料表，以及合同要求的工程预算书（包括单位工程预算书、综合预算书、总预算书和工程量清单）。

（三）工程概算书

概算是初步设计文件的重要组成部分。经批准的概算是基本建设项目投资的最高额，是编制建设项目计划，签订建设项目总包合同，实行建设项目包干、控制预算、考核设计经济合理性和建设成本的依据。以批准的初步设计进行施工招标的工程，其标底应在批准的总概算范围内。

设计概算文件根据工程所在地的建设条件（包括自然条件、施工条件等影响造价的各种因素），按有关的依据性资料进行编制。

概算文件的编制形式有三级概算编制和二级概算编制两种形式。三级编制形式的设计概算文件的主要内容包括：单位工程概算书、单项工程综合概算书、建设项目总概算书。

1. 概算的编制依据

依据《建筑工程设计文件编制深度规定》，概算的编制依据主要有：

① 设计说明书及设计图纸；

② 批准的可行性研究报告；

③ 国家和地方政府有关工程建设和造价管理的法律、法规和方针政策；

④ 当地政府和主管部门颁布的概算定额、指标（或预算定额、综合预算定额）、单位估价表、类似工程造价指标、工程费用定额和相关费用规定的文件等；

⑤ 当地现行的建设工程价格信息；

⑥ 建设单位提供的有关概算的其他资料；

⑦ 工程建设其他费用计费依据；

⑧ 有关文件、合同、协议等；

⑨ 建设场地的自然条件和施工条件。

2. 单位工程概算书

单位工程概算书是计算一个独立建筑物或构筑物（即单项工程）中每个专业工程所需工程费用的文件，分为建筑工程概算书、设备及安装工程概算书两类。单位工程概算文件应包括：建筑（安装）工程直接费计算表、建筑（安装）工程人工、材料、机械台班价差表、建筑（安装）工程费用构成表。

3. 单项工程综合概算书

单项工程概算书是计算一个单项工程（独立建筑物或构筑物）所需建设费用的综合性文件。综合概算书由单项工程内各个专业的单位工程概算书汇总编制而成。综合概算文件应包括：编制说明、综合概算表、有关专业的单位工程概算书。

4. 总概算书

总概算书由建设项目内各个单项工程的综合概算书和其他费用概算表汇总编制而成。总概算文件应包括：编制说明、总概算表、各单项工程综合概算书、工程建设其他费用概算表、主要建筑安装材料汇总表。

总概算表的项目按费用划分为以下六个部分：工程费用（建筑安装工程和设备购置费用）、其他费用、预备费用、固定资产投资方向调节税、建设期贷款利息、辅底流动资金（生产或经营性建设项目才列入）。

五、施工图设计文件的审查

施工图审查是指施工图审查机构（以下简称“审查机构”），按照《房屋建筑和市政基础设施工程施工图设计文件审查管理办法》(以下简称《办法》)等有关法律、法规,对施工图涉及公共利益、公众安全和工程建设强制性标准的内容进行的审查。施工图审查应当坚持先勘察、后设计的原则。施工图未经审查合格的,不得使用。从事房屋建筑工程、市政基础设施工程施工、监理等活动,以及实施对房屋建筑和市政基础设施工程质量安全监督管理,应当以审查合格的施工图为依据。

省、自治区、直辖市人民政府住房和城乡建设主管部门应当会同有关主管部门按照《办法》规定的审查机构条件,结合本行政区域内的建设规模,确定相应数量的审查机构,逐步推行以政府购买服务方式开展施工图设计文件审查。具体办法由国务院住房和城乡建设主管部门另行规定。审查机构是专门从事施工图审查业务,不以营利为目的的独立法人。省、自治区、直辖市人民政府住房和城乡建设主管部门应当将审查机构名录报国务院住房和城乡建设主管部门备案,并向社会公布。

施工图审查是各级住房和城乡主管部门对建筑工程勘察设计质量监督管理的重要环节,是基本建设必不可少的程序,工程建设有关各方必须认真贯彻执行。

(一) 施工图审查机构

施工图审查机构是指专门从事施工图审查业务,不以营利为目的的独立法人。

审查机构按承接业务范围分为两类:一类审查机构、二类审查机构。

1. 一类审查机构

一类审查机构承接房屋建筑、市政基础设施工程的施工图审查,业务范围不受限制。

一类审查机构应当具备下列条件:

① 有健全的技术管理和质量保证体系。

② 审查人员应当有良好的职业道德;有 15 年以上所需专业勘察、设计工作经历;主持过不少于 5 项大型房屋建筑工程、市政基础设施工程相应专业的设计或者甲级工程勘察项目相应专业的勘察;已实行执业注册制度的专业,审查人员应当具有一级注册建筑师、一级注册结构工程师或者勘察设计注册工程师资格,并在本审查机构注册;未实行执业注册制度的专业,审查人员应当具有高级工程师职称;近 5 年内未因违反工程建设法律法规和强制性标准受到行政处罚。

③ 在本审查机构专职工作的审查人员数量应满足如下要求:从事房屋建筑工程施工图审查的,结构专业审查人员不少于 7 人,建筑专业审查人员不少于 3 人,电气、暖通、给排水、勘察等专业审查人员各不少于 2 人;从事市政基础设施工程施工图审查的,所需专业的审查人员不少于 7 人;其他必须配套的专业审查人员各不少于 2 人;专门从事勘察文件审查的,勘察专业审查人员不少于 7 人;承担超限高层建筑工程施工图审查的,还应当具有主持过超限高层建筑工程或者 100 米以上建筑工程结构专业设计的审查人员不少于 3 人。

④ 60 岁以上审查人员不超过该专业审查人员规定人数的 1/2。

2. 二类审查机构

二类审查机构可以承接中型及以下房屋建筑、市政基础设施工程的施工图审查。

二类审查机构应当具备下列条件：

① 有健全的技术管理和质量保证体系。

② 审查人员应当有良好的职业道德；有 10 年以上所需专业勘察、设计工作经历；主持过不少于 5 项中型以上房屋建筑工程、市政基础设施工程相应专业的设计或者乙级以上工程勘察项目相应专业的勘察；已实行执业注册制度的专业，审查人员应当具有一级注册建筑师、一级注册结构工程师或者勘察设计注册工程师资格，并在本审查机构注册；未实行执业注册制度的专业，审查人员应当具有高级工程师职称；近 5 年内未因违反工程建设法律法规和强制性标准受到行政处罚。

③ 在本审查机构专职工作的审查人员数量应满足如下要求：从事房屋建筑工程施工图审查的，结构专业审查人员不少于 3 人，建筑、电气、暖通、给排水、勘察等专业审查人员各不少于 2 人；从事市政基础设施工程施工图审查的，所需专业的审查人员不少于 4 人，其他必须配套的专业审查人员各不少于 2 人；专门从事勘察文件审查的，勘察专业审查人员不少于 4 人。

④ 60 岁以上审查人员不超过该专业审查人员规定人数的 1/2。

（二）施工图审查内容

审查机构应当对施工图审查下列内容：

① 是否符合工程建设强制性标准；

② 地基基础和主体结构的安全性；

③ 消防安全性；

④ 人防工程（不含人防指挥工程）防护安全性；

⑤ 是否符合民用建筑节能强制性标准，对执行绿色建筑标准的项目，还应当审查是否符合绿色建筑标准；

⑥ 勘察设计企业和注册执业人员及相关人员是否按规定在施工图上加盖相应的图章和签字；

⑦ 法律、法规、规章规定必须审查的其他内容。

（三）施工图审查程序

建设单位应当向审查机构提供下列资料并对所提供资料的真实性负责：

① 作为勘察、设计依据的政府有关部门的批准文件及附件；

② 全套施工图；

③ 其他应当提交的材料。

审查机构对施工图进行审查后，应当根据下列情况分别作出处理：

① 审查合格的，审查机构应当向建设单位出具审查合格书，并在全套施工图上加盖审查专用章。审查合格书应当有各专业的审查人员签字，经法定代表人签发，并加盖审查机构公章。审查机构应当在出具审查合格书后5个工作日内，将审查情况报工程所在地县级以上地方人民政府住房和城乡建设主管部门备案。

5-6 第五章教学案例

② 审查不合格的，审查机构应当将施工图退建设单位并出具审查意见告知书，说明不合格原因。同时，应当将审查意见告知书及审查中发现的建设单位、勘察设计企业和注册执业人员违反法律、法规和工程建设强制性标准的问题，报工程所在地县级以上地方人民政府住房和城乡建设主管部门。施工图退建设单位后，建设单位应当要求原勘察设计企业进行修改，并将修改后的施工图送原审查机构复审。

思考题

1. 工程勘察设计法规的调整对象是什么？
2. 简述我国工程勘察资质的范围和分类。
3. 简述我国工程勘察资质的分级标准。
4. 简述我国工程设计资质的范围和分类。
5. 简述我国工程设计资质的分级标准。
6. 我国工程勘察设计资格的申请和批准程序主要有哪些？
7. 简述工程勘察设计工作的原则。
8. 简述注册工程师的概念；分析我国实行注册工程师制度的意义。
9. 简述勘察设计合同应该包括的主要条款。
10. 简述施工图设计文件的审查内容。

第六章　建筑施工法规

施工是指将工程按计划方案进行建造。建筑施工法规是指适用于工程建造过程中的法律规范。本章主要介绍有关建筑施工现场管理方面的法律法规。建筑施工法规主要内容如图 6-1 所示。

6-1 第六章电子教案

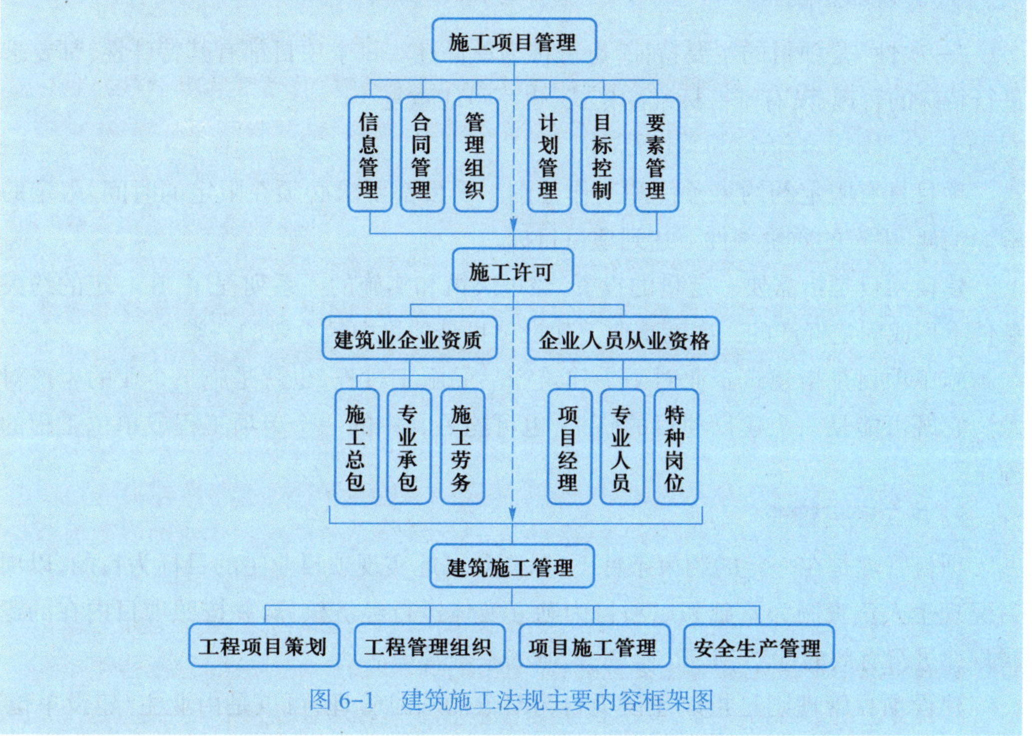

图 6-1　建筑施工法规主要内容框架图

第一节　建筑施工概述

一、基本概念

（一）建筑施工项目管理

1. 施工项目

为完成依法设立的新建、改建、扩建等各类工程而设立的，有起止日期的，达到规定要求的，一组由相互关联的受控活动组成的特定过程，包括策划、勘察、设计、采购、施工、试运行、竣工验收和考核评价等，简称“项目”。

其特征如下：

(1) 具有特定的目标

项目的目标可分为成果性目标和约束性目标。成果性目标是指项目的功能性要求，如企业的生产能力及其技术、经济指标。约束性目标是指限定的条件，生产期限、成本、质量均为限制条件。

(2) 具有一次性

“一次性”是项目的主要特征，也可称为单件性。每个项目都有其特殊性，都要求进行特殊的管理，没有唯一标准的模式，也不可能重复。

(3) 具有限定的条件和工作范围

项目具有限定的约束条件和工作范围。项目都要求必须在限定的时间、限定的资源消耗、限定的质量条件下达到项目目标。

建设项目是指需要一定量的投资，经过决策和实施的一系列程序，在一定的约束条件下形成固定资产的一次性事业。建设项目是项目中最重要的一类。

施工项目是指建筑企业对一个建筑产品的施工过程，也就是施工企业的生产对象。它既可能是一个建设项目的施工，也可能是其中的一个单项工程或单位工程的施工。

2. 施工项目管理

项目管理是在一定的约束条件下，以高效率地实现项目业主的目标为目的，以项目经理个人负责制为基础和以项目为独立实体进行经济核算，并按照项目内在的逻辑规律进行有效的计划、组织、协调、控制的系统管理活动。

建设项目管理则是指以建设项目为对象的项目管理，可以是由业主(建设单位)或业主委托咨询(监理)单位进行的项目管理，也可以是承包商(施工单位)对建设项目的实施阶段进行的项目管理。

由承包商对建设项目的实施阶段进行的项目管理，称为施工项目管理。

施工项目管理的对象，是施工项目寿命周期各个阶段的工作。施工项目寿命周期可分为五个阶段：

① 投标、签约阶段，也称立项阶段。

② 施工准备阶段，进行施工准备，具备开工和施工条件。

③ 施工阶段，即开工到竣工的整个实施过程。

④ 验收、交工阶段，达到验收合格，移交给建设单位(业主)。

⑤ 保修阶段，这是施工项目管理的最后阶段，即在合同规定期限内进行用后服务、保修。

(二) 施工项目管理的主要内容

① 建立施工项目管理组织。建立高效率的项目管理体制和相应的组织机构,以保证项目实施的顺利进行。

② 施工项目的计划管理。对施工项目进行总体规划,对施工项目实施的各项活动进行固定的安排,系统地确定项目、任务、进度和所需人力、物力、财力、内外关系,进行有计划、有步骤、高效率地规划、组织、指挥、控制,以达到在合理工期内低支出、高质量地完成任务。

③ 施工项目的目标控制。施工项目的控制目标包括:进度目标、质量目标、成本目标、安全目标、施工现场目标等。

④ 施工项目的生产要素管理。生产要素主要包括:劳动力、材料、设备、资金和技术。必须对其进行优化和动态管理。

⑤ 合同管理。

⑥ 施工项目信息管理。

二、建筑施工法规

(一) 建筑施工法规的概念

建筑施工法规是指调整建筑施工活动中发生的各种社会关系的法律规范的总称。广义的建筑施工法规不仅包括国家制定颁布的所有有关建筑施工方面的法律规范,还应包括其他法规中涉及建筑施工的规定。

(二) 建筑施工法规的调整对象

建筑施工法规的调整对象是建筑施工活动中发生的各种社会关系。

(1) 建筑施工经济管理关系

建筑施工经济管理关系包括宏观建筑施工经济管理和微观建筑施工经济管理,即国家对建筑施工业的计划、组织、调控、监督的关系和建筑施工组织内部的管理关系。

(2) 与建筑施工经济管理关系密切联系的建筑施工经济协作关系

建筑施工经济协作关系包括宏观建筑施工协作关系和微观建筑施工经济协作关系,即建设单位、勘察设计单位、建筑安装(施工)单位、监理单位、建筑材料供应单位等之间的相互协作关系和建筑施工单位内部各生产组织之间的协作关系。

现行建筑施工法规主要有:《建筑工程施工许可管理办法》《建筑业企业资质管理规定》《建筑业企业资质标准》《施工总承包企业特级资质标准》《房屋建筑和市

政基础设施项目工程总承包管理办法》《建设工程企业资质管理制度改革方案》《建筑业企业资质管理规定和资质标准实施意见》《建筑施工企业项目经理资质管理办法》《注册建造师管理规定》《特种作业人员安全技术培训考核管理规定》《中华人民共和国安全生产法》(简称《安全生产法》)、《安全生产许可证条例》《建设工程安全生产管理条例》《生产安全事故报告和调查处理条例》等。

第二节 建筑施工许可

建筑工程施工许可,本质上有两种含义,其一是指建设单位市场准入,其二是指建筑业企业工程施工准入,涉及建设单位准予开展建设活动,以及施工企业资质等级及其从业人员的执业资格,主要依据是《建筑工程施工许可管理办法》。

一、建筑工程施工许可

(一) 施工许可证的概念

建筑工程施工许可证,是指建筑工程开始施工前建设单位向建设行政主管部门申请的可以进行建设施工的证明。这一概念本质上是指建设单位取得建筑市场准入。

该内容在本教材第四章中已有提及,本节只讲施工许可证申领条件、申办程序及有关规定。

《建筑法》第七条“建筑工程开工前,建设单位应当按照国家有关规定向工程所在地县级以上人民政府建设行政主管部门申请领取施工许可证;但是,国务院建设行政主管部门确定的限额以下的小型工程除外。按照国务院规定的权限和程序批准开工报告的建筑工程,不再领取施工许可证。”

《建筑工程施工许可管理办法》第二条中规定,“在中华人民共和国境内从事各类房屋建筑及其附属设施的建造、装修装饰和与其配套的线路、管道、设备的安装,以及城镇市政基础设施工程的施工,建设单位在开工前应当依照本办法的规定,向工程所在地的县级以上地方人民政府住房城乡建设主管部门(以下简称发证机关)申请领取施工许可证。工程投资额在 30 万元以下或者建筑面积在 300 平方米以下的建筑工程,可以不申请办理施工许可证。省、自治区、直辖市人民政府住房城乡建设主管部门可以根据当地的实际情况,对限额进行调整,并报国务院住房城乡建设主管部门备案。”

任何单位和个人不得将应该申请领取施工许可证的工程项目分解为若干限额以

下的工程项目，规避申请领取施工许可证。

（二）申领施工许可证应具备的条件

根据《建筑法》《建筑工程施工许可管理办法》的规定，申领施工许可证须具备以下六个条件，并提交相应证明文件：

① 依法应当办理用地批准手续的，已经办理该建筑工程用地手续。关于办理建筑工程用地的批准手续，《土地管理法》作了具体规定。

② 依法应当办理建设工程规划许可证的，已经取得建设工程规划许可证。规划许可证由城市规划部门依据《城乡规划法》颁发。

③ 场地已经基本具备施工条件，需要征收房屋的，其进度符合施工要求。

④ 已经确定建筑施工企业。按照规定应当招标的工程没有招标，应当公开招标的工程没有公开招标，或者肢解发包工程，以及将工程发包给不具备相应资质条件的企业的，所确定的施工企业无效。

⑤ 有满足施工需要的资金安排、施工图纸及技术资料。建设单位应当提供建设资金已经落实承诺书，施工图纸设计文件已经审查合格。

⑥ 有保证工程质量和安全的具体措施。编制的施工组织设计中有根据建筑工程特点制定的相应质量、安全指数措施。建立工程质量安全责任制并落实到人。专业性较强的工程项目编制了专项质量、安全施工组织设计，并按照规定办理了工程质量安全监督手续。

（三）申请办理施工许可证的程序

① 建设单位向发证机关领取“建筑工程施工许可证申请表”。

② 建设单位持加盖单位及法定代表人印鉴的“建筑工程施工许可证申请表”，并附规定的证明文件，向发征机关提出申请。

③ 发证机关在收到建设单位报送的“建筑工程施工许可证申请表”和所附证明文件后，对于符合条件的，应当自收到申请之日起七日内颁发施工许可证；对于证明文件不齐全或者失效的，应当当场或者五日内一次告知建设单位需要补正的全部内容，审批时间可以自证明文件补正齐全后作相应顺延；对于不符合条件的，应当自收到申请之日起七日内书面通知建设单位，并说明理由。

（四）其他有关规定

建设单位应当自领取施工许可证之日起三个月内开工。因故不能按期开工的，应当在期满前向发证机关申请延期，并说明理由；延期以两次为限，每次不超过三个月。既不开工又不申请延期或者超过延期次数时限的，施工许可证自行废止。

在建的建筑工程因故中止施工的，建设单位应当自中止施工之日起一个月内，向发证机关报告,并按照规定做好建筑工程的维护管理工作。建筑工程恢复施工前,应当向发证机关报告,报告内容包括中止施工的时间、原因、在施部位、维修管理措施等,并按照规定做好建筑工程的维护管理工作;建筑工程恢复施工时,应当向发证机关报告;中止施工满一年的工程恢复施工前,建设单位应当报发证机关校验施工许可证。

二、建筑业企业资质管理

从事建筑活动的建筑业企业和相应的专业技术人员必须具备从业资格,方能从事建筑施工活动,取得从业资格即获得施工准入许可。

建筑业企业(施工单位)是指从事土木工程、建筑工程、线路管道设备安装工程的新建、扩建、改建等施工活动的企业。

建筑业企业资质分为三个序列:施工总承包、专业承包、施工劳务。

6-2 扩展阅读(建筑业企业资质)

施工总承包序列资质、专业承包序列资质按照工程性质和技术特点分别划分为若干个资质类别,各资质类别按照规定的条件划分为若干个资质等级。

依据《建筑业企业资质标准》,施工总承包序列设有 12 个类别,一般分为四个等级(特级、一级、二级、三级);专业承包序列设有 36 个类别,一般分为 3 个等级(一级、二级、三级);施工劳务序列不分类别和等级。

(一) 施工总承包序列

本节只讲授施工总承包序列资质等级标准,关于专业承包序列资质标准和施工劳务序列资质标准,可查看《建筑业企业资质标准》有关规定。

1. 资质分类

施工总承包序列设有 12 个类别,分别是建筑工程施工总承包、公路工程施工总承包、铁路工程施工总承包、港口与航道工程施工总承包、水利水电工程施工总承包、电力工程施工总承包、矿山工程施工总承包、冶金工程施工总承包、石油化工工程施工总承包、市政公用工程施工总承包、通信工程施工总承包、机电工程施工总承包。

2. 基本条件

具有法人资格的企业申请建筑业企业资质应具备下列基本条件:

① 具有满足《建筑业企业资质标准》要求的资产;

② 具有满足《建筑业企业资质标准》要求的注册建造师及其他注册人员、工程技术人员、施工现场管理人员和技术工人;

③ 具有满足《建筑业企业资质标准》要求的工程业绩;

④ 具有必要的技术装备。

3. 业务范围

施工总承包工程应由取得施工总承包资质的企业承担。取得施工总承包资质的企业可以对所承接的施工总承包工程内各专业工程全部自行施工，也可以将专业工程依法进行分包。对设有资质的专业工程进行分包时，应分包给具有相应承包资质的企业。施工总承包企业劳务作业分包时，应分包给具有施工劳务资质的企业。

设有专业承包资质的专业工程单独发包时，应由取得相应专业承包资质的企业承担。取得专业承包资质的企业可以承接具有施工总承包资质的企业依法分包的专业工程或建设单位依法发包的专业工程。取得专业承包资质的企业应对所承接的专业工程全部自行组织施工，劳务作业可以分包，但应分包给具有施工劳务资质的企业。

取得施工劳务资质的企业可以承接具有施工总承包资质或专业承包资质的企业分包的劳务作业。

取得施工总承包资质的企业，可以从事资质证书许可范围内的相应工程总承包、工程项目管理等业务。

（二）施工总承包企业资质标准

建筑工程施工总承包企业资质分为特级、一级、二级、三级。

(1) 一级资质承包工程范围

一级资质可承担单项合同额 3 000 万元以上的下列建筑工程的施工：高度 200m 以下的工业、民用建筑工程；高度 240m 以下的构筑物工程。

(2) 二级资质承包工程范围

二级资质可承担下列建筑工程的施工：高度 100m 以下的工业、民用建筑工程；高度 120m 以下的构筑物工程；建筑面积 15 万 m^2 以下的建筑工程；单跨跨度 39m 以下的建筑工程。

(3) 三级资质承包工程范围

三级资质可承担下列建筑工程的施工：高度 50m 以下的工业、民用建筑工程；高度 70m 以下的构筑物工程；建筑面积 8 万 m^2 以下的建筑工程；单跨跨度 27m 以下的建筑工程。

(4) 特级资质承包工程范围（依据《施工总承包企业特级资质标准》）

① 取得房屋建筑、公路、铁路市政公用、港口与航道、水利水电高等专业任意 1 项施工总承包特级资质和 2 项施工总承包一级资质，即可承接上述各专业工程的施工总承包、工程总承包和项目管理业务，以及开展相应设计主导专业人员齐备的施工图设计业务。

② 取得房屋建筑、矿山、冶金、石油化工、电力等专业中任意 1 项施工总承包特级资质和其中 2 项施工总承包一级资质，即可承接上述各专业工程的施工总承包、工程

总承包和项目管理业务，以及开展相应设计主导专业人员齐备的施工图设计业务。

③ 特级资质企业，限承担施工单项合同额 3 000 万元以上的房屋建筑工程。

1. 一级资质标准

① 企业净资产 1 亿元以上。

② 企业主要人员。建筑工程、机电工程专业一级注册建造师合计不少于 12 人，其中建筑工程专业一级建造师不少于 9 人。技术负责人具有 10 年以上从事工程施工技术管理工作经历，且具有结构专业高级职称。建筑工程相关专业中级以上职称人员不少于 30 人，且结构、给排水、暖通、电气等专业齐全。持有岗位证书的施工现场管理人员不少于 50 人，且施工员、质量员、安全员、机械员、造价员、劳务员等人员齐全。经考核或培训合格的中级工以上技术工人不少于 150 人。

③ 企业工程业绩。近五年承担下列 4 类中 2 类工程的施工总承包或主体工程承包，工程质量合格。

A. 地上 25 层以上民用建筑工程 1 项或地上 18 ～ 24 层的民用建筑工程 2 项；

B. 高度 100m 以上的构筑物工程 1 项或高度 80 ～ 100m（不含）的构筑物工程 2 项；

C. 建筑面积 12 万 m^2 以上的建筑工程 1 项或建筑面积 10 万 m^2 以上的建筑工程 2 项；

D. 钢筋混凝土结构单跨 30m 以上或钢结构单跨 36m 以上的建筑工程 1 项，或钢筋混凝土结构单跨 27 ～ 30m（不含）或钢结构单跨 30 ～ 36m（不含）的建筑工程 2 项。

2. 二级资质标准

① 企业净资产 4 000 万元以上。

② 企业主要人员。建筑工程、机电工程专业一级注册建造师合计不少于 12 人，其中建筑工程专业一级建造师不少于 9 人。技术负责人具有 8 年以上从事工程施工技术管理工作经历，且具有结构专业高级职称或建筑工程相关专业中级以上职称人员不少于 15 人，且结构、给排水、暖通、电气等专业齐全。持有岗位证书的施工现场管理人员不少于 30 人，且施工员、质量员、安全员、机械员、造价员、劳务员等人员齐全。经考核或培训合格的中级工以上技术工人不少于 75 人。

③ 企业工程业绩。近五年承担下列 4 类中 2 类工程的施工总承包或主体工程承包，工程质量合格。

A. 地上 12 层以上民用建筑工程 1 项或地上 8 ～ 11 层的民用建筑工程 2 项；

B. 高度 50m 以上的构筑物工程 1 项或高度 35 ～ 50m（不含）的构筑物工程 2 项；

C. 建筑面积 6 万 m^2 以上的建筑工程 1 项或建筑面积 5 万 m^2 以上的建筑工程 2 项；

D. 钢筋混凝土结构单跨 21m 以上或钢结构单跨 24m 以上的建筑工程 1 项，或钢筋混凝土结构单跨 18 ～ 21m（不含）的建筑工程 2 项。

3. 三级资质标准

① 企业净资产 800 万元以上。

② 企业主要人员。建筑工程、机电工程专业一级注册建造师合计不少于 5 人，其中建筑工程专业一级建造师不少于 4 人。技术负责人具有 5 年以上从事工程施工技术管理工作经历，且具有结构专业中级以上职称或建筑工程专业注册建造师执业资格。建筑工程相关专业中级以上职称人员不少于 6 人，且结构、给排水、电气等专业齐全。持有岗位证书的施工现场管理人员不少于 15 人，且施工员、质量员、安全员、机械员、造价员、劳务员等人员齐全。经考核或培训合格的中级工以上技术工人不少于 30 人。技术负责人（或注册建造师）主持完成过本类别资质二级以上标准要求的工程业绩不少于 2 项。

4. 特级资质标准

根据《施工总承包企业特级资质标准》，申请特级资质必须具备以下条件：

(1) 企业资信能力

企业注册资本金 3 亿元以上；企业净资产 3.6 亿元以上；企业近三年上缴建筑业营业税均在 5 000 万元以上；企业银行授信额度近三年均在 5 亿元以上。

(2) 企业主要人员

① 企业经理具有 10 年以上从事工程管理工作经历。

② 技术负责人具有 15 年以上从事工程技术管理工作经历，且具有工程序列高级职称及一级注册建造师或注册工程师执业资格。

③ 主持完成过两项及以上施工总承包一级资质要求的代表工程的技术工作或甲级设计资质要求的代表工程或合同额 2 亿元以上的工程总承包项目。

④ 财务负责人具有高级会计师职称及注册会计师资格；企业具有注册一级建造师（一级项目经理）50 人以上。

⑤ 企业具有本类别相关的行业工程设计甲级资质标准要求的专业技术人员。

(3) 科技进步水平

① 企业具有省部级（或相当于省部级水平）及以上的企业技术中心。

② 企业近三年科技活动经费支出平均达到营业额的 0.5% 以上。

③ 企业具有国家级工法 3 项以上。

④ 近五年具有与工程建设相关的，能够推动企业技术进步的专利 3 项以上，累计有效专利 8 项以上，其中至少有一项发明专利。

⑤ 企业近十年获得过国家级科技进步奖项或主编过工程建设国家或行业标准。

⑥ 企业已建立内部局域网或管理信息平台，实现了内部办公、信息发布、数据交换的网络化；已建立并开通了企业外部网站；使用了综合项目管理信息系统和人事管

理系统、工程设计相关软件,实现了档案管理和设计文档管理。

(4) 代表工程业绩

《施工总承包企业特级资质标准》对不同专业的代表工程业绩提出了具体要求。对房屋建筑工程施工总承包代表工程业绩的要求是:近5年承担过下列5项工程总承包或施工总承包项目中的3项,且工程质量合格。

① 高度100m以上的建筑物;

② 地上28层以上的房屋建筑工程;

③ 单体建筑面积5万m^2以上的房屋建筑工程;

④ 钢筋混凝土结构单跨30m以上的建筑工程或钢结构单跨36m以上的房屋建筑工程;

⑤ 单项建安合同额2亿元以上的房屋建筑工程。

(三) 建筑业企业资质动态管理

动态管理是指企业资质等级的浮动和经营范围的变动。实行动态管理,主要是为了突出企业在市场竞争机制当中内在素质和用户评价对资质的决定作用,这样有利于引导企业在市场竞争中重质量、守信誉、增活力、求发展。

动态管理依据《建筑业企业资质管理规定》有关规定。

1. 管理部门

国务院住房和城乡建设行政主管部门负责全国建筑业企业资质的统一管理。国务院交通运输、水利、工业信息化等有关部门配合国务院住房和城乡建设主管部门实施相关资质类别建筑业企业资质的管理工作。

省、自治区、直辖市人民政府住房和城乡建设主管部门负责本行政区域内建筑业企业资质的统一监督管理。省、自治区、直辖市人民政府交通运输、水利、工业信息化等有关部门配合同级住房和城乡建设主管部门实施本行政区内相关资质类别建筑业企业资质的管理工作。

2. 申请与许可

企业可以申请一项或多项建筑业企业资质。首次申请或增项申请资质,应当申请最低等级资质。

下列企业资质,由国务院住房和城乡建设主管部门许可:

① 施工总承包资质序列特级资质、一级资质及铁路工程施工总承包二级资质;

② 专业承包一级资质序列公路、水运、水利、铁路、民航的专业承包二级资质;涉及多个专业的专业承包一级资质。

下列建筑业企业资质,由企业工商注册地省、自治区、直辖市人民政府住房和城乡建设主管部门许可:

① 施工总承包资质序列二级资质及铁路、通信工程施工总承包三级资质;

② 专业承包资质序列一级资质（不含公路、水运、水利、铁路、民航方面的专业一级资质和涉及多个专业的专业承包一级资质）；

③ 专业承包资质序列二级资质（不含铁路、民航方面的专业二级资质）；铁路方面专业承包三级资质；特种工程专业承包资质。

下列企业建筑业企业资质，由企业工商注册地区的市人民政府住房和城乡建设主管部门许可：

① 施工总承包资质序列三级资质（不含铁路、通信工程施工总承包三级资质）；

② 专业承包资质序列三级资质（不含铁路方面专业承包资质）及预拌混凝土、模板脚手架专业承包资质；

③ 施工劳务资质；

④ 燃气燃烧器具安装、维修企业资质。

企业申请建筑业企业资质，在资质许可机关的网站或审批平台提出申请事项，提交资金、专业技术人员、技术装备和已经完成业绩等电子材料。

建筑业企业资质证书分正版和副本，由国务院住房和城乡建设主管部门统一印制，正副本具备同等法力效力。资质证书有效期为 5 年。

企业在建筑业企业资质证书有效期内名称、地址、法定代表人、技术负责人等发生变更的，应当在变更后的一个月内，办理变更手续。

3. 监督管理

县级以上人民政府住房和城乡建设主管部门和其他有关部门应当依照有关法律法规，加强对企业取得建筑业企业资质后是否满足资质标准和市场行为的监督管理。

监督检查人员履行监督职责时有权采取下列措施：

① 要求企业提供建筑业企业资质证书、企业有关人员的注册执业证书、职称证书、岗位证书和考核或培训合格证书，有关施工业务的文档，有关质量管理、安全生产管理、合同管理、档案管理、财务管理企业内部管理制度的文件。

② 进入被检查企业进行检查，查阅相关资料。

③ 纠正违反有关法律、法规及有关规范和标准的行为。

监督检查人员应当将检查情况和处理结果予以登记，并由监督检察人员和被检查企业的有关人员签字后归档。

监督检查人员实施监督检查时，应当出示证件，并要两名以上人员参加。监督检查人员应当为被检查企业保守商业秘密，不得索取或者收受企业财物，不得谋取其他利益。

取得建筑业企业资质证书的企业应当保持资产、主要人员、技术装备等方面满足相应建筑企业资质标准要求的条件。

企业不再符合相应建筑企业资质标准要求条件的，县级以上地方人民政府住房和城乡建设主管部门或其他有关部门，应当责令其限期改正并向社会公告，整改期限最长不超过 3 个月；企业整改期间不得申请建筑业企业资质的升级、增项，不能承揽新的工程；逾期仍未达到建筑业企业资质标准要求条件的，资质许可机关可以撤回其建筑业企业资质证书。

被撤回建筑业企业资质证书的企业，可以在资质被撤回后3个月内，向资质许可机关提出核定低于原等级同类别资质的申请。

有下列情形之一的，资质许可机关应当撤销建筑业企业资质：

① 资质许可机关工作人员滥用职权、玩忽职守准予资质许可的；

② 超越法定职权准予资质许可的；

③ 对不符合资质标准条件的申请企业准予资质许可的；

④ 依法可以撤销资质许可的其他情形。

以欺骗、贿赂等不正当手段取得资质许可的，应当予以撤销。

有下列情况之一的，资质许可机关应当注销建筑业企业资质，并向社会公布其建筑业企业资质证书作废，企业应当及时将建筑业企业资质证书交回许可机关：

① 资质证书有效期期满，未依法申请延续的；

② 企业依法终止的；

③ 资质证书依法被撤回、撤销或吊销的；

④ 企业提出注销申请的；

⑤ 法律、法规规定的应当注销建筑业企业资质的其他情形。

4. 法律责任

申请企业隐瞒有关真实情况或者提供虚假材料申请建筑业企业资质的，资质许可机关不予许可，并给予警告，申请企业在1年内不得再次申请建筑业企业资质。

企业以欺骗、贿赂的不正当手段取得建筑业企业资质的，由原资质许可机关予以撤销；由县级以上地方人民政府住房和城乡建设主管部门或其他有关部门给予警告，并处3万元的罚款；申请企业3年内不得再次申请建筑业企业资质。

企业有《建筑业企业资质管理规定》第二十三条行为之一，《建筑法》《建设工程质量管理条例》和其他有关法律、法规对处罚机关和处罚方式有规定的，县级以上地方人民政府住房和城乡建设主管部门或其他有关部门给予警告，责令改正，并处以1万元以上3万元以下的罚款。

《建筑业企业资质管理规定》第二十三条规定：

① 超越本单位资质等级或以其他企业名义承揽工程，或允许其他企业或个人以本企业的名义承揽工程的；

② 与建设单位或企业之间相互串通投标，或以行贿的不正当手段谋取中标的；

③ 未取得施工许可证擅自施工的；

④ 将承包的工程转包或违法分包的；

⑤ 违反国家工程建设强制性标准施工的；

⑥ 恶意拖欠分包企业工程款或者劳务人员工资的；

⑦ 隐瞒或谎报、拖延报告工程质量安全事故,破坏事故现场、阻碍对事故调查的;

⑧ 按照国家法律、法规和标准规定需要持证上岗的现场管理人员和技术工种作业人员未取得证书上岗的;

⑨ 未依法履行工程质量保修义务或拖延履行保修义务的;

⑩ 伪造、变造、倒卖、出租、出借或者以其他形式非法转让建筑业企业资质证书的;

⑪ 发生过较大以上质量安全事故或者发生过两起以上一般质量安全事故的;

⑫ 其他违反法律、法规的行为。

企业未按照《建筑业企业资质管理规定》及时办理建筑业企业资质证书变更手续的,由县级以上人民政府住房和城乡建设主管部门责令限期办理,逾期不办理的可处以 1 000 元以上 1 万元以下的罚款。

企业在接受监督检查时不如实提供有关材料,或者拒绝、阻碍监督检查的,由县级以上地方人民政府住房和城乡建设主管部门责令限期改正,并可处以 3 万元以下的罚款。

企业未按照《建筑业企业资质管理规定》要求提供企业信誉档案信息的,由县级以上人民政府住房和城乡建设主管部门或其他部门给予警告,责令限期改正;逾期未改正的,可处以 1 000 元以上 1 万元以下的罚款。

县级以上人民政府住房和城乡建设主管部门及其工作人员违反规定的,由其上一级行政机关或者检察机关责令改正;对直接负责的主管人员和其他直接责任人员,依法给予行政处分;直接负责的主要人员和其他直接责任人员构成犯罪的,依法追究刑事责任。

6-3 扩展阅读(放管服)

三、建筑业施工企业人员从业资格管理

为了加强建筑施工企业及施工现场质量和生产安全,住建部于 2011 年 7 月颁布了《建筑施工企业负责人及项目负责人施工现场带班暂行办法》。其中明确规定,建筑施工企业负责人是指企业法定代表人、总经理、主管质量安全和生产工作的副总经理、总工程师和副总工程师,项目负责人是指工程项目的项目经理。

(一) 项目管理

建设工程项目管理是指从事工程项目管理的企业,受工程项目业主委托,对工程建设全过程或分段进行专业化管理和服务活动。国务院有关专业部门、省级政府建设行政主管部门应当加强对项目管理企业及其人员市场行为的监督管理,建立项目管理及其人员的信用评价体系,对违法违规等不良行为进行处罚。

1. 执业资格

项目管理企业应当具有工程勘察、设计、施工、监理、造价咨询、招标代理等一项或多项资质。工程勘察、设计、施工、监理、造价咨询、招标代理等企业可以在本企业资质以外申请其他资质。企业申请资质时,其原有工程业绩、技术人员、管理人员、注册资金和办公场所的资质条件可合并考核。

从事工程项目管理的专业技术人员,应当具有城市规划师、建筑师、工程师、建造师、监理工程师、造价工程师等一项或多项执业资格。取得城市规划师、建筑师、工程师、建造师、监理工程师、造价工程师等执业资格的专业技术人员,可在工程勘察、设计、监理、造价咨询、招标代理等任何一家企业申请注册并执业。取得上述多项执业资格的专业技术人员,可在同一企业注册并执业。

在履行委托项目管理合同时,项目管理企业及其人员应当遵守国家现行的法律法规、工程建设程序,执行工程建设强制性标准,遵守职业道德,公开、公平、科学、诚信地开展项目管理工作。

2. 服务范围

项目管理企业应当改善组织机构,建立项目管理体系,充实项目管理专业人员,按照现行有关企业资质管理规定,在其资质等级许可的范围内开展工程项目管理业务。

工程项目管理业务范围包括:协助业主方进行前期筹划、经济分析、专项评估与投资确定;协助业主方办理土地征用、规划许可等有关手续;协助业主方提出设计要求、组织评审工程设计方案、组织工程勘察设计招标、签订勘察设计合同并监督实施;协助业主方组织工程监理、施工、设备材料采购招标;协助业主方与工程项目总承包企业或施工企业及建筑材料、设备、构配件供应等企业签订合同并监督实施;协助业主方提出工程实施用款计划,进行工程竣工结算和工程决算,处理工程索赔,组织竣工验收,向业主方移交档案资料;协助业主方组织生产试运行及工程保修期管理,组织项目后评估;以及项目管理合同约定的其他工作。

3. 委托方式

选择项目管理企业的委托方式有两种:招投标或直接委托,其中招投标可以是联合体投标方式。

工程项目业主方可以通过招标或委托等方式选择项目管理企业,并与选定的项目管理企业以书面形式签订委托项目管理合同。合同中应当明确履行期限、工作范围、双方权利、义务、责任,项目管理酬金及支付方式,合同争议解决办法等。

工程勘察、设计、监理等企业同时承担同一工程项目管理和其资质范围内的工程勘察、设计、监理业务时,依法应当招标投标的应当通过招标投标方式确定。施工企业不得在同一工程从事项目管理和工程承接业务。

两个及两个以上项目管理企业可以组成联合体以一个投标人身份共同投标。联合体中标的,联合体各方应当共同与业主签订委托项目管理合同,对委托项目管理合同的履行承担连带责任。联合体各方应签订联合体协议书,明确各方权利、义务和责任，并确定一方作为联合体的主要责任方，项目经理由主要责任方选派。

（二）项目经理

工程项目管理实行项目经理责任制。

项目管理企业应当根据委托项目管理合同约定，选派具有相应执业资格的专业人员担任项目经理，组成项目管理机构，建立与管理业务相适应的管理体系，配合满足工程项目管理需要的专业技术管理人员，制定各专业项目管理人员的岗位责任，履行委托项目管理合同。除特殊情况外，项目经理不得同时在两个及以上工程项目从事项目管理工作。

1. 定义

施工企业项目经理（简称“项目经理”），是指受企业法人代表委托，对工程项目施工过程全面负责的项目管理者，是施工企业法定代表人在工程项目上的代表人。为适应市场经济的需要，我国已正式实行项目经理责任制，即项目经理在工程项目施工中处于中心地位，对工程项目施工负有全面管理的责任。《建筑施工企业项目经理资质管理办法》使项目经理的培养和管理走上法制化轨道。

2. 项目经理的职责与权力

项目经理在承担工程项目施工管理过程中，应履行的职责包括：

① 贯彻执行国家和工程所在地政府的有关法律、法规和政策，执行企业的各项管理制度。严格财经制度，加强财经管理，正确处理国家、企业与个人的利益关系。

② 执行项目承包合同中由项目经理负责履行的各项条款。

③ 对工程项目施工进行有效控制，执行有关技术规范和标准，积极推广应用新技术，确保工程质量和工期，实行安全文明生产，努力提高经济效益。

项目经理在承担工程项目施工管理过程中，应当接受企业领导和上级有关部门的工作检查和职工民主管理机构的监督。

项目经理在承担工程项目施工管理过程中，应承担管理的工作包括：

① 按照建筑施工企业与建设单位签订的工程合同，与本企业法定代表人签订项目承包合同，并在企业法定代表人授权范围内，行使管理权力；

② 组织项目管理班子；

③ 以企业法定代表人的身份处理与所承担的工程项目有关的外部关系，受委托签署有关合同；

④ 指挥工程建设的生产经营活动，调配与管理进入工程项目的人力、资金、物资、机械设备等生产要素；

⑤ 选择施工作业队伍；

⑥ 进行合理的经济分配；

⑦ 企业法定代表人授予的其他管理权力。

（三）建造师

《注册建造师管理规定》规定了我国建造师执业资格管理制度。

注册建造师是指通过考试认定或考试合格取得《中华人民共和国建造师资格证书》（以下简称“资格证书”），并按照《注册建造师管理规定》注册，取得《中华人民共和国建造师注册证书》（以下简称“注册证书”）和执业印章，担任施工单位项目负责人及从事相关活动的专业技术人员。

未取得注册证书和执业印章的，不得担任大中型建设工程项目的施工单位项目负责人，不得以注册建造师名义从事相关活动。

注册建造师实行注册执业管理制度，注册建造师分为一级注册建造师和二级注册建造师。

注册证书和执业印章是注册建造师的执业凭证，由注册建造师本人保管、使用。

注册证书与执业印章有效期为 3 年。

一级注册建造师的注册证书由国务院住房和城乡建设主管部门统一样式，省、自治区、直辖市人民政府住房和城乡建设主管部门组织制作。

1. 注册

(1) 注册条件

申请初始注册时应当具备以下条件：

① 经考核认定或者考核合格取得资质证书；

② 受聘于一个相关单位；

③ 达到继续教育要求；

④ 没有《注册建造师管理规定》第十五条所列情形。

《注册建造师管理规定》第十五条规定，申请人有下列情形之一的不予注册：

① 不具备完全民事行为能力的；

② 申请在两个或者两个以上单位注册的；

③ 未达到注册建造师继续教育要求的；

④ 受到刑事处罚，刑事处罚尚未执行完毕的；

⑤ 因执业活动受到刑事处罚，自刑事处罚执行完毕之日起至申请之日止不满 5 年的；

⑥ 因前项规定以外的原因受到刑事处罚，自处罚决定之日起至申请注册之日止不满 3 年的；

⑦ 被吊销注册证书，自处罚决定之日起至申请注册之日止不满 2 年的；

⑧ 在申请注册之日前 3 年内担任项目经理期间，所负责项目发生过重大质量和安全事故的；

⑨ 申请人的聘用单位不符合注册单位要求的；

⑩ 年龄超过 65 周岁的；

⑪ 法律、法规规定不予注册的其他情形。

(2) 注册申请与审批

取得一级建造师资格证书并受聘于一个建设工程勘察、设计、施工、监理、招标代理、造价咨询等单位人员，应当通过聘用单位提出注册申请，并可向单位工商注册所在地的省、自治区、直辖市人民政府住房和城乡建设主管部门提交申请材料。

取得二级建造师资格证书的人员申请注册，由省、自治区、直辖市人民政府住房和城乡建设主管部门负责受理和审批，具体审批程序由省、自治区、直辖市人民政府住房和城乡建设主管部门依法确定。对批准注册的，核发由国务院住房和城乡建设主管部门统一样式的《中华人民共和国二级建造师注册证书》和执业印章，并在核发证书后 30 日内送国务院住房和城乡建设主管部门备案。

(3) 申请初始注册执业需提交的材料

初始注册者，可自资格证书签发之日起 3 年内提出申请，逾期未申请者，须符合本专业继续教育的要求后方可申请初始注册。需提交的材料包括：

① 注册建造师初始注册申请表；

② 资格证书、学历证书和身份证明复印件；

③ 申请人与聘用单位签订的聘用劳动合同复印件或其他有效证明材料；

④ 预期申请初始注册的，应当提供达到继续教育要求的证明材料。

2. 执业

(1) 资格

取得资格证书的人员应当受聘于一个具有建设工程勘察、设计、施工、监理、招标代理、造价咨询等一项或者多项资质的单位，经过注册后，方可以注册建造师名义从事相应的执业活动。

担任施工单位项目负责人的，应当受聘并注册于一个具有施工资质的企业。

① 一级建造师的执业技术能力。具有一定的工程技术、工程管理理论和相关经济理论水平，并具有丰富的施工管理专业知识；能够熟练掌握和运用与施工管理业务相关的法律、法规、工程建设强制性标准和行业管理的各项规定；具有丰富的施工管理实践经验和资历，有较强的施工组织能力，能保证工程质量和安全生产；有一定的外语水平。

② 二级建造师的执业技术能力。了解工程建设的法律、法规、工程建设强制性标准及有关行业管理的规定；具有一定的施工管理专业知识；具有一定的施工管理实践经验和资历，有一定的施工组织能力，能保证工程质量和安全生产；建造师必须接受继续教育，更新知识，不断提高业务水平。

注册建造师执业工程范围如表 6-1 所示。

表 6–1 注册建造师执业工程范围（依据《注册建造师执业管理办法（试行）》）

序号	注册专业	执业工程范围
1	建筑工程	房屋建筑、装饰装修（地基与基础、土石方、建筑装修装饰、建筑幕墙、预拌商品混凝土、混凝土预制构件、园林古建筑、钢结构、高耸建筑物、电梯安装、消防设施、建筑防水、防腐保温、附着升降脚手架、金属门窗、预应力、爆破与拆除、建筑智能化、特种专业）
2	公路工程	公路（地基与基础、土石方、预拌商品混凝土、混凝土预制构件、钢结构、消防设施建筑防水、防腐保温预应力、爆破与拆除、公路路面、公路路基、公路交通、桥梁、隧道、附着升降脚手架、起重设备安装、特种专业）
3	铁路工程	铁路（土石方、地基与基础、预拌商品混凝土、混凝土预制构件、钢结构、附着升降脚手架、预应力、爆破与拆除、铁路铺轨架梁、铁路电气化、铁路桥梁、铁路隧道、城市轨道交通、铁路电务、特种专业）
4	民航机场工程	民航机场（土石方、预拌商品混凝土、混凝土预制构件、钢结构、高耸构筑物、电梯安装、消防设施、建筑防水、防腐保温、附着升降脚手架、金属门窗、预应力、爆破与拆除、建筑智能化、桥梁、机场场道、机场空管、航站楼弱电系统、机场目视助航、航油储运、暖通、空调、给排水、特种专业）
5	港口与 航道工程	港口与航道（土石方、地基与基础、预拌商品混凝土、混凝土预制构件、消防设施、建筑防水、防腐保温、升降脚手架、爆破与拆除、港口及海岸、港口装卸设备安装、航道、航运梯级、通航设备安装、水上交通管制、水工建筑物基础处理、水工金属结构制作与安装、船台、船坞、滑道、航标、灯塔、栈桥、人工岛、筒仓、堆场道路及陆域构筑物、围堤、护岸、特种专业）
6	水利水电工程	水利水电（土石方、地基与基础、预拌商品混凝土、混凝土预制构件、钢结构、建筑防水、消防设施、起重设备安装、爆破与拆除、水工建筑物基础处理、水利水电金属结构制作与安装、水利水电机电设备安装、河湖整治、堤防、水工大坝、水工隧洞、送变电、管道、无损检测、特种专业）
7	矿业工程	矿山（地基与基础、土石方、高耸构筑物、消防设施、防腐保温、环保、起重设备安装、管道、预拌商品混凝土、混凝土预制构件、钢结构、建筑防水、爆破与拆除、隧道、窑炉、特种专业）
8	市政公用工程	市政公用（土石方、地基与基础、预拌商品混凝土、混凝土预制构件、预应力、爆破与拆除、环保、桥梁、隧道、道路路面、道路路基、道路交通、城市轨道交通、城市及道路照明、体育场地设施、给排水、燃气、供热、垃圾处理、园林绿化、管道、特种专业）

续表

序号	注册专业	执业工程范围
9	通信与广电工程	通信与广电(通信线路、微波通信、传输设备、交换、卫星地球站、移动通信基站、数据通信及计算机网络、本地网、接入网、通信管道、通信电源、综合布线、信息化工程、铁路信号、特种专业)
10	机电工程	机电(石油化工、电力、冶炼,钢结构、电梯安装、消防设施、防腐保温、起重设备安装、机电设备安装、建筑智能化、环保、电子、仪表安装、火电设备安装、送变电、核工业、护窑、冶炼机电设备安装、化工石油设备、管道安装、管道、无损检测、海洋石油、体育场地设施、净化、旅游设施、特种专业)

注册建造师不得同时在两个及两个以上的建设工程项目担任单位项目负责人。注册建造师可以从事建设工程项目总承包管理或施工管理、建设工程项目管理服务、建设工程技术经济咨询,以及法律、行政法规和国务院住房和城乡建设主管部门规定的其他业务。

建设工程活动中形成的有关工程施工管理文件,应当由注册建造师签字并加盖执业印章。施工单位签署质量合格的文件上,必须有注册建造师的签字盖章。

注册建造师在每一个有效期内应达到国务院住房和城乡建设主管部门规定的继续教育要求。继续教育分为必修课和选修课,各为60学时,达到合格标准的,颁发继续教育合格证书。

(2) 权利

① 使用注册建造师名称;

② 在规定范围内从事执业活动;

③ 在本人执业活动中形成的文件上签字并加盖执业印章;

④ 保管和使用本人注册证书、执业印章;

⑤ 对本人执业活动进行解释和辩护;

⑥ 接受继续教育;

⑦ 获得相应的劳动报酬;

⑧ 对侵犯本人权力的行为进行申诉。

(3) 义务

① 遵守法律、法规和有关管理规定,恪守职业道德;

② 执行技术标准、规范和规程;

③ 保证执业成果质量,并承担相应责任;

④ 接受继续教育,努力提高执业水准;

⑤ 保守在执业中知悉的国家秘密和他人的商业、技术等秘密;

⑥ 与当事人有利害关系的,应当主动回避;

⑦ 协助注册管理机关完成相关工作。

3. 监督管理

县级以上人民政府住房和城乡建设主管部门、其他有关部门应当依照法律、法规对注册建造师的注册、执业和继续教育实施监督检查。有权采取下列措施：

① 有权要求被检查人员出示注册证书；

② 要求被检查人员所在聘用单位提供有关人员签署的文件及相关业务档案；

③ 就有关问题询问签署文件的人员；

④ 纠正违反有关法律法规及工程标准规范的行为。

注册建造师违法从事相关活动的，违法行为发生地县级以上地方人民政府住房和城乡建设主管部门或者其他有关部门应当依法查处，并将违法事实、处理结果告知注册机关；依法应撤销注册的，应当将违法事实、处理建议及有关材料报注册机关。

有下列情形之一的，注册机关依据职权或根据利害关系人的请求，可以撤销注册建造师的注册：

① 注册机关工作人员滥用职权、玩忽职守作出准予注册许可的；

② 超越法定职权作出准予注册许可的；

③ 违反法定程序作出准予注册许可的；

④ 对不符合法定条件的申请人颁发注册证书和执业印章的；

⑤ 依法可以撤销注册的其他情形。

注册建造师信用档案应当包括注册建造师的基本情况、业绩、良好行为等内容。违法违规行为、被投诉举报处理、行政处罚等情况应当作为注册建造师的不良行为为记入信用档案。

4. 法律责任

隐瞒有关情况或者提供虚假材料申请注册的，住房和城乡建设主管部门不予受理或不予注册，并给予警告，申请人 1 年内不得再次申请注册。

以欺骗、贿赂等不正当手段取得注册证书的，由注册机关撤销注册，3 年内不得再次申请注册，并由县级以上地方人民政府住房和城乡建设主管部门处以罚款。其中没有违法所得的，处以 1 万元以下罚款；有违法所得的，处以违法所得 3 倍以下且不超过 3 万元的罚款。

违反《注册建造师管理规定》，未取得注册证书和执业印章，担任大中型建设工程项目施工单位项目负责人，或者以注册建造师的名义从事相关活动的，其所签署的工程文件无效，由县级以上地方人民政府住房和城乡建设主管部门或由其他有关部门给予警告，责令停止违法活动，并可处以 1 万元以上 3 万元以下的罚款。

违反《注册建造师管理规定》，未办理变更注册而继续执业的，由县级以上地方人民政府住房和城乡建设主管部门或由其他有关部门责令其改正；逾期不改正的，可处以 5 000 元以下的罚款。

违反《注册建造师管理规定》，注册建造师在职业活动中有第二十六条所列情形之一的，由县级以上地方人民政府住房和城乡建设主管部门或由其他有关部门给予警告，责令改正。其中没有违法所得的，处以 1 万元以下的罚款；有违法所得的，处以违法所得 3 倍以下不超过 3 万元的罚款。

《注册建造师管理规定》第二十六条规定，注册建造师不得有下列行为：

① 不履行注册建造师义务；

② 在执业过程中，索贿、受贿或者谋取合同约定费用外的其他利益；

③ 在执业过程中实施商业贿赂；

④ 签署有虚假记载等不合格的文件；

⑤ 允许他人以自己的名义从事执业活动；

⑥ 同时在两个或者两个以上单位受聘或者执业；

⑦ 涂改、倒卖、出租、出借或以其他形式非法转让资格证书、注册证书和执业印章；

⑧ 超出执业范围和聘用单位业务范围内从事执业活动；

⑨ 法律、法规、规章禁止的其他行为。

违反《注册建造师管理规定》，注册建造师或其聘用单位未按照要求提供注册建造师信用档案信息的，由县级以上地方人民政府住房和城乡建设主管部门或由其他有关部门责令限期改正；逾期未改正的，可处以 1 000 元以上 1 万元以下的罚款。

聘用单位为申请人提供虚假注册材料的，由县级以上地方人民政府住房和城乡建设主管部门或由其他有关部门给予警告，责令限期改正；逾期未改正的，可处以 1 万元以上 3 万元以下的罚款。

（四）建筑施工特种作业人员

特种作业人员是指在房屋建筑和市政施工活动中，从事可能对本人、他人及周围设备设施的安全造成重大危害的作业人员，包括建筑电工、建筑架子工、建筑起重信号司索工、建筑起重机司机、建筑起重机安装拆卸工、高处作业吊篮安装拆卸工，以及经省级以上人民政府建设主管部门认定的其他特种作业人员。

建筑施工特种作业人员必须经住房和城乡建设主管部门考核合格，取得建筑施工特种作业人员操作资格证书，方可上岗从事相应作业。

关于建筑施工特种作业人员的考核、从业、延期复核及监督管理等，可查看《建筑施工特种作业人员管理规定》有关规定。

第三节 建筑施工管理

为规范建筑与市政工程施工质量控制活动，保证人民群众生命财产安全和人身健康，提高施工质量水平，住建部颁布强制性《建筑与市政工程施工质量控制通用规范》(GB 55032—2022),规定建筑与市政工程施工质量控制必须执行本规范。

为提高建设项目工程总承包管理水平,促进建设项目工程总承包管理的规范化,推进建设项目工程总承包管理与国际接轨,住建部发布《建设项目工程总承包管理规范》(GB/T 50358—2017),适用于工程总承包企业和项目组织对建设项目的设计、采购、施工和试运行全过程的管理。所谓施工就是把设计文件转化为项目产品的过程,包括建筑、安装、竣工试验等作业。

2021 年 9 月 8 日,住建部发布《建筑节能与可再生能源利用通用规范》(GB 55015—2021),自 2022 年 4 月 1 日起实施,该规范为强制性工程建设规范,全部条文必须严格执行。其适用范围为新建、扩建和改建建筑及既有建筑节能改造工程的建筑节能与可再生能源建筑应用系统的设计、施工、验收及运行管理。

本节建筑施工管理的重点内容包括:施工管理组织、项目策划和施工管理等。

一、工程总承包管理组织

工程项目管理组织是指为了实现工程项目目标而进行的组织系统的设计、建立和运行,建成一个可以完成工程项目管理任务的组织机构,建立必要的规章制度,划分并明确岗位、层次、责任和权力,并通过一定岗位人员的规范化行为和信息流通实现管理目标。

本质上,工程项目管理组织是在整个工程项目中从事各种管理工作的人员的组合体。工程项目的建设单位、施工单位(承包商)、勘察单位、设计单位、材料与设备供应单位都有自己的工程项目管理组织,这些组织之间存在各种联系和各种管理工作、责任和任务的划分,形成工程项目总体的管理组织系统。

《建筑与市政工程施工质量控制通用规范》规定,工程项目施工应建立项目质量管理体系,明确质量责任人及岗位职责,建立质量追溯制度。

施工组织管理是施工企业经营管理的一个重要组成部分。企业为了完成建筑产品的施工任务,在接受施工任务起到工程验收止的全过程中,围绕施工对象和施工现场而进行的生产事务的组织管理工作。

1. 任命项目经理

工程总承包企业应建立与工程总承包项目相适应的项目管理组织,并行使项目管理职能,实行项目经理负责制。

工程总承包企业应在工程总承包合同生效后,任命项目经理,并由工程总承包企业法定代表人签发书面授权委托书。

工程总承包企业宜采用项目管理目标责任书的形式,并明确项目目标和项目经理的职责、权限和利益。

项目经理应根据工程总承包企业法定代表人授权的范围、时间和项目管理目标责任书中规定的内容,对工程总承包项目,自项目启动至项目收尾,实行全过程管理。

2. 组建项目部

工程项目部,也就是项目管理组织,是指实施或参与项目管理工作,且有明确的职责、权限和相互关系的人员及设施的集合,包括发包人、承包人、分包人和其他有关单位为完成项目管理目标而建立的管理组织。

(1) 项目部的设立

项目部的设立应包括下列主要内容:

① 根据工程总承包企业管理规定,结合项目特点,确定组织形式,组建项目部,确定项目部的职能;

② 根据工程总承包合同和企业有关管理规定,确定项目部的管理范围和任务;

③ 确定项目部的组成人员、职责和权限;

④ 工程总承包企业与项目经理签订项目管理目标责任书。

(2) 项目部的职能

项目部具有工程总承包项目组织实施和控制的职能。项目部应对项目质量、安全、费用、进度、职业健康和环境保护目标负责。项目部应具有内外部沟通协调管理的职能。

(3) 项目部岗位设置

根据工程总承包合同范围和工程总承包企业的有关管理规定,项目部可在项目经理以下设置控制经理、设计经理、采购经理、施工经理、试运行经理、财务经理、质量经理、安全经理、商务经理、行政经理等职能经理和进度控制工程师、质量工程师、安全工程师、合同管理工程师、费用估算师、费用控制工程师、材料控制工程师、信息管理工程师和文件管理控制工程师等管理岗位。根据项目具体情况,相关岗位可进行调整。

(4) 项目部岗位职责

项目经理能力要求:工程总承包企业应明确项目经理的能力要求,确认项目经理任职资格,并进行管理。

工程总承包项目经理应具备下列条件:

① 取得工程建设类注册执业资格或高级专业技术职称;

② 具备决策、组织、领导和沟通能力,能正确处理和协调与项目发包人、项目相关方之间及企业内部各专业、各部门之间的关系;

③ 具有工程总承包项目管理及相关的经济、法律法规和标准化知识;

6-4 扩展阅读(标准化)

④ 具有类似项目的管理经验;

⑤ 具有良好的信誉。

项目经理的职责和权限包括以下内容:

① 项目经理应履行的职责。执行工程总承包企业的管理制度,维护企业的合法权益;代表企业组织实施工程总承包项目管理,对实现合同约定的项目目标负责;完

成项目管理目标责任书规定的任务；在授权范围内负责与项目干系人的协调，解决项目实施中出现的问题；对项目实施全过程进行策划、组织、协调和控制；负责组织项目的管理收尾和合同收尾工作。

② 项目经理应具有的权限。经授权组建项目部，提出项目部的组织机构，选用项目部成员，确定岗位人员职责；在授权范围内，行使相应的管理权，履行相应的职责；在合同范围内，按规定程序使用工程总承包企业的相关资源；批准发布项目管理程序；协调和处理与项目有关的内外部事项。

③ 项目管理目标责任书应包括的内容。规定项目质量、安全、费用、进度、职业健康和环境保护目标等；明确项目经理的责任、权限和利益；明确项目所需资源及工程总承包企业为项目提供的资源条件；项目管理目标评价的原则、内容和方法；工程总承包企业对项目部人员进行奖惩的依据、标准和规定；项目经理解职和项目部解散的条件及方式；在工程总承包企业制度规定以外的、由企业法定代表人向项目经理委托的事项。

二、项目策划

《建筑与市政工程施工质量控制通用规范》规定，工程项目开工前应进行质量策划，应确定质量目标、质量管理组织体系及管理职责、质量管理与协调程序、质量控制点、质量风险、实现质量目标的措施，应根据工程进展实施动态管理。

6-5 扩展阅读（干系人）

项目部应在项目初始阶段开展项目策划工作，并编制项目管理计划和项目实施计划。项目策划应满足合同要求，同时应符合工程所在地对社会环境、依托条件、项目干系人的需求，以及项目对技术、质量、安全、费用、进度、职业健康、环境保护、相关政策和法律法规等方面的要求。

工程质量策划应在关键部位和环节设置质量控制点：

① 影响工程质量的关键部位、关键环节；

② 影响结构安全和使用功能的关键部位、关键环节；

③ 采用新工艺、新技术、新材料、新设备的部位和环节；

④ 隐蔽工程验收。

（一）项目策划的内容

项目策划应包括下列主要内容：

① 明确项目策划原则；

② 明确项目技术、质量、安全、费用、进度、职业健康和环境保护等目标，并制定相关管理程序；

③ 确定项目的管理模式、组织机构和职责分工；

④ 制定资源配置计划；

⑤ 制定项目协调程序;

⑥ 制定风险管理计划;

⑦ 制定分包计划。

(二) 项目管理计划

项目管理计划是项目的主计划,或可称为总体计划,它是项目成败与否的关键。它包括项目需要执行的过程、项目生命周期、里程碑(即建设单位的工程施工进度节点)和阶段划分等全局性内容。项目管理计划是一个用于协调所有项目计划的文件,可以帮助指导项目的执行和控制。

基线(baseline)是项目管理中的一个重要概念,可简单理解为项目最初设定并保存的各类计划、参数。项目的进展应当与基线进行衡量,以评估绩效。项目基线的三个起始点,即规模、周期与成本。它们是一个项目的基础,同时也被用来衡量项目是否按照既定的进度在进行的基准。项目经理对基线进行规范管理,能有效保证项目的合理规划、评估,促进项目严格按照计划完成,防止失控。

项目管理计划编制的主要依据应包括下列主要内容:

① 项目合同;

② 项目发包人和其他项目干系人的要求;

③ 项目情况和实施条件;

④ 项目发包人提供的信息和资料;

⑤ 相关市场信息;

⑥ 工程总承包企业管理层的总体要求。

项目管理计划应包括下列主要内容:

① 项目概况;

② 项目范围;

③ 项目管理目标;

④ 项目实施条件分析;

⑤ 项目的管理模式、组织机构和职责分工;

⑥ 项目实施的基本原则;

⑦ 项目协调程序;

⑧ 项目的资源配置计划;

⑨ 项目风险分析与对策;

⑩ 合同管理。

(三) 项目实施计划

项目实施计划是指从批准可行性研究报告,确定建设项目开始,到项目竣工投产正常运行这段时期内,对各个环节的工作进行统一规划,综合平衡,科学安排和确定合理的建设顺序与时间、建设工期及投产、达产时间的总体安排。

项目实施计划的编制依据应包括下列主要内容:

① 批准后的项目管理计划;

② 项目管理目标责任书;

③ 项目的基础资料。

项目实施计划应包括下列主要内容:

① 概述;

② 总体实施方案;

③ 项目实施要点;

④ 项目初步进度计划等。

项目实施计划的管理应符合下列规定:

① 项目实施计划应由项目经理签署,并经项目发包人认可;

② 项目发包人对项目实施计划提出异议时,经协商后可由项目经理主持修改;

③ 项目部应对项目实施计划的执行情况进行动态监控;

④ 项目结束后,项目部应对项目实施计划的编制和执行进行分析和评价,并把相关活动结果的证据整理归档。

(四) 项目设计管理

工程总承包项目的设计应由具备相应设计资质和能力的企业承担。项目设计应满足合同约定的技术性能、质量标准和工程的可施工性、可操作性及可维修性的要求。

《建筑节能与可再生能源利用通用规范》规定,新建、扩建和改建建筑及既有建筑节能改造工程的建筑节能与可再生能源建筑应用系统的设计、施工、验收及运行管理必须执行本规范。

建筑碳排放计算强制性要求如下:新建居住和公共建筑碳排放强度应分别在2016年的节能设计标准的基础上平均降低40%,碳排放强度平均降低7kg CO_2/GDP以上。

可再生能源利用要求进行了细化:新建、扩建和改建建筑及既有建筑节能改造均应进行建筑节能设计。建设项目可行性研究报告、建设方案和初步设计文件应包含建筑能耗、可再生能源利用及建筑碳排放分析报告。

6-6 扩展阅读
(建筑节能)

新建建筑节能设计水平进一步提升:严寒和寒冷地区居住建筑平均节能率应为75%;其他气候区居住建筑平均节能率应为65%;公共建筑平均节能率应为72%。

1. 设计管理

设计管理应由设计经理负责,并适时组建项目设计组。在项目实施过程中,设计经理应接受项目经理和工程总承包企业设计管理部门的管理。工程总承包项目应将采购纳入设计程序。设计组应负责采购文件的编制、报价技术评审和技术谈判、供应商图纸资料的审查和确认等工作。

2. 项目设计执行计划

项目设计执行计划应由设计经理或项目经理负责组织编制,经工程总承包企业有关职能部门评审后,由项目经理批准实施。

设计执行计划应满足合同约定的质量目标和要求,同时应符合工程总承包企业的质量管理体系要求。设计执行计划应明确项目费用控制指标、设计人工时指标,并宜建立项目设计执行效果测量基准。

3. 设计实施

《建筑与市政工程施工质量控制通用规范》规定,施工组织设计和施工方案应根据工程特点、现场条件、质量风险和技术要求编制,并按规定程序审批后执行,当需变更时应按审批程序办理变更手续。

项目部的设计组应执行已批准的设计执行计划,满足计划控制目标的要求。

设计经理应组织对设计基础数据和资料进行检查和验证。设计组应按项目协调程序,对设计进行协调管理,并按工程总承包企业有关专业条件管理规定,协调和控制各专业之间的接口关系。设计组应按项目设计评审程序和计划进行设计评审,并保存评审活动结果的证据。设计组应按设计执行计划与采购和施工等进行有序的衔接并处理好接口关系。初步设计文件应满足主要设备、材料订货和编制施工图设计文件的需要;施工图设计文件应满足设备、材料采购,非标准设备制作和施工及试运行的需要。设计选用的设备、材料,应在设计文件中注明其规格、型号、性能、数量等技术指标,其质量要求应符合合同要求和国家现行相关标准的有关规定。在施工前,项目部应组织设计交底或培训。设计组应依据合同约定,承担施工和试运行阶段的技术支持和服务。

6-7 扩展阅读(基础数据)

4. 设计控制

设计经理应组织检查设计执行计划的执行情况,分析进度偏差,制定有效措施。

设计质量应按项目质量管理体系要求进行控制,制定控制措施。设计经理及各专业负责人应填写规定的质量记录,并向工程总承包企业职能部门反馈项目设计质量信息。设计经理及各专业负责人应配合控制人员进行设计费用进度综合检测和趋势预测,分析偏差原因,提出纠正措施。

6-8 扩展阅读(质量管理体系)

5. 设计收尾

设计经理及各专业负责人应根据设计执行计划的要求,除按合同要求提交设计文件外,尚应完成为关闭合同所需要的相关文件。

设计经理及各专业负责人应根据项目文件管理规定,收集、整理设计图纸、资料和有关记录,组织编制项目设计文件总目录并存档。设计经理应组织编制设计完工报告,并参与项目完工报告的编制工作,将项目设计的经验与教训反馈给工程总承包企业有关职能部门。

三、项目施工管理

工程总承包项目的施工应由具备相应施工资质和能力的企业承担。施工管理应由施工经理负责,并适时组建施工组。在项目实施过程中,施工经理应接受项目经理和工程总承包企业施工管理部门的管理。

(一) 施工执行计划

施工执行计划应由施工经理负责组织编制,经项目经理批准后组织实施,并报项目发包人确认。施工执行计划应包括下列主要内容:

① 工程概况;

② 施工组织原则;

③ 施工质量计划;

④ 施工安全、职业健康和环境保护计划;

⑤ 施工进度计划;

⑥ 施工费用计划;

⑦ 施工技术管理计划,含施工技术方案要求;

⑧ 资源供应计划;

⑨ 施工准备工作要求。

(二) 施工控制

1. 施工进度控制

《建筑与市政工程施工质量控制通用规范》规定,施工进度计划应经建设单位和监理单位审批后执行。施工中不得任意压缩工期,进度计划的重大调整应按原审批程序办理变更手续,并应制定相应质量控制措施。

施工组应根据施工执行计划组织编制施工进度计划,并组织实施和控制。施工进度计划应包括施工总进度计划、单项工程进度计划和单位工程进度计划。施工总进度计划应报项目发包人确认。

编制施工进度计划的依据宜包括下列主要内容:项目合同;施工执行计划;施工进度目标;设计文件;施工现场条件;供货计划;有关技术经济资料。

施工进度计划应按下列程序编制:收集编制依据资料;确定进度控制目标;计算工程量;确定分部、分项、单位工程的施工期限;确定施工流程;形成施工进度计划;编写施工进度计划说明书。

2. 施工费用控制

工程**施工费用控制**是指在确保工程质量、工程进度及施工与生产安全的条件下，使工程实际费用控制在工程预算范围内所进行的工作。工程**施工**费用控制以工程预算为依据。所谓工程预算，是指在项目施工图设计阶段，根据工程量、工程定额和工程单价对工程费用进行的详细计算结果。施工费用控制要不断监测施工中各项费用实际支出情况，并与工程预算进行对比，如发现超预算的倾向，要及时查明原因并加以纠正。工程费用可分为**直接费用**与**间接费用**，需按期计入工程成本。

6-9 扩展阅读（直接费用与间接费用）

项目部施工组应根据项目施工执行计划，估算施工费用，确定施工费用控制基准。施工费用控制基准调整时，应按规定程序审批。施工组宜采用**赢得值法**等技术，测量施工费用，分析费用偏差，预测费用趋势，采取纠正措施。施工组应依据施工分包合同、安全生产管理协议和施工进度计划制定施工分包费用支付计划和管理规定。

6-10 扩展阅读（赢得值法）

3. 施工质量控制

《建筑与市政工程施工质量控制通用规范》规定，工程施工质量控制资料应准确齐全、真实有效，且具有可追溯性，当部分资料缺失时，应当委托有资质的检验检测机构进行相应实体检测或抽样检测，并应出具检测报告，作为工程施工质量验收资料的一部分。

为使项目的产品质量符合要求，在项目的实施过程中，对项目质量的实际情况进行监督，判断其是否符合相关的质量标准，并分析产生质量问题的原因，从而制定出相应的措施，确保项目质量。

项目部施工组应对供货质量按规定进行复验并保存活动结果的证据。

施工组应监督施工质量不合格品的处置，并验证其实施效果。施工组应对所需的施工机械、装备、设施、工具和器具的配置及使用状态进行有效性和安全性检查，必要时进行试验。操作人员应持证上岗，按操作规程作业，并在使用中做好维护和保养。施工组应对施工过程的质量控制绩效进行分析和评价，明确改进目标，制定纠正措施，进行持续改进。施工组应根据施工质量计划，明确施工质量标准和控制目标。施工组应组织对项目分包人的施工组织设计和专项施工方案进行审查。施工组应按规定组织或参加工程质量验收。当实行施工分包时，项目部应依据施工分包合同约定，组织项目分包人完成和提交质量记录及竣工文件，并进行评审。当施工过程中发生质量事故时，应按国家现行有关规定处理。

建设工程是一周期长、投资大的项目，施工中通常需要各类数据作为进度支撑，而工程质量检测恰恰能为其提供准确和关键的工程数据，从而即可规避一些不安全因素，确保工程质量。**工程质量检测**是指工程质量检测机构（简称“检测机构”）依据国家有关法律、法规和工程建设标准，对建筑材料、建筑构配件、设备及工程实体质量、使用功能等进行测试，以确定其质量特性的活动。

2022年12月29日住建部令第57号颁布新的《建设工程质量检测管理办法》(以下简称新《办法》),2023年3月1日起施行,2005年9月28日颁布的《建设工程质量检测管理办法》(建设部令第141号)废止。具体规定可参看新《办法》的有关内容。其中要点包括:

① 检测机构资质分为综合资质和专项资质;

② 非建设单位委托的检测机构出具的检测报告不得作为工程质量验收资料。

(三) 施工管理

1. 施工安全管理

项目部应建立项目安全生产责任制,明确各岗位人员的责任、责任范围和考核标准等。

施工组应根据项目安全管理实施计划进行施工阶段的安全策划,编制施工安全计划,建立施工安全管理制度,明确安全职责,落实施工安全管理目标。施工组应按安全检查制度组织现场安全检查,掌握安全信息,召开安全例会,发现和消除隐患。施工组应对施工安全管理工作负责,并实行统一的协调、监督和控制。依据合同约定,工程总承包企业或分包商必须依法参加工伤保险,为从业人员缴纳保险费,鼓励投保安全生产责任保险。施工组应建立并保存完整的施工记录。项目部应依据分包合同和安全生产管理协议的约定,明确各自的安全生产管理职责和应采取的安全措施,并指定专职安全生产管理人员进行安全生产管理与协调。工程总承包企业应建立监督管理机制,监督考核项目部安全生产责任制落实情况。

2. 施工现场管理

《建筑与市政工程施工质量控制通用规范》规定,施工现场应根据项目特点和合同约定,制定技能工人配备方案,其中高级工及以上占比应符合项目所在地区施工现场建筑工人配备标准,施工现场技能工人配备方案应报监理单位审查后实施。

项目部的施工组应根据施工执行计划的要求,进行施工开工前的各项准备工作,并在施工过程中协调管理。

项目部应建立项目环境管理制度,掌握监控环境信息,采取应对措施。项目部应建立和执行安全防范及治安管理制度,落实防范范围和责任,检查报警和救护系统的适应性和有效性。项目部应建立施工现场卫生防疫管理制度。当现场发生安全事故时,应按国家现行有关规定处理。

3. 项目进度管理

6-11 扩展阅读(网络计划)

项目部应建立项目进度管理体系,按合理交叉、相互协调、资源优化的原则,对项目进度进行控制管理。项目部应对进度控制、费用控制和质量控制等进行协调管理。项目进度管理应按项目工作分解结构逐级管理。项目进度控制宜采用赢得值管理、网络计划和信息技术。

(1) 进度计划

项目进度计划应按合同要求的工作范围和进度目标，制定工作分解结构，编制进度计划。项目进度计划文件应包括进度计划图表和编制说明。项目总进度计划应依据合同约定的工作范围和进度目标进行编制。项目分进度计划在总进度计划的约束条件下，根据细分的活动内容、活动逻辑关系和资源条件进行编制。项目分进度计划应在控制经理协调下，由设计经理、采购经理、施工经理和试运行经理组织编制，并由项目经理审批。

(2) 进度控制

项目实施过程中，项目控制人员应对进度实施情况进行跟踪、数据采集，并应根据进度计划，优化资源配置，采用检查、比较、分析和纠偏等方法和措施，对计划进行动态控制。

(3) 工程验收

《建筑与市政工程施工质量控制通用规范》规定，施工质量验收应包括单位工程、分部工程、分项工程和检验批施工质量验收，并应符合相关规定。工程施工质量应符合国家强制性工程建设规范的规定，并应符合工程勘察设计文件要求和合同约定。

工程建设强制性标准是指直接涉及工程质量、安全、卫生及环境保护等方面的工程建设标准强制性条文。

国家强制性工程建设规范中各项要素是保障城乡基础建设设施建设体系化和效率提升的基本规定，是支撑城乡建设高质量发展的基本要求。所述各项要素是指五大要素，即项目规模、项目布局、项目功能、项目性能和关键技术措施。

① **项目规模**要求主要规定建设工程项目应具备完整的生产或服务能力，应与经济社会发展水平相适应。

② **项目布局**要求主要规定了产业布局、建设工程项目选址、总体设计、总平面布置，以及与规模相协调的统筹性技术要求，应考虑供给能力合理布局，提高相关设施建设的整体水平。

③ **项目功能**要求主要规定项目构成和用途，明确项目的基本组成单元，是项目发挥预期作用的保障。

④ **项目性能**要求主要规定建设工程技术水平的高低程度，体现建设工程项目的适用性，明确项目质量、安全、节能、环保、宜居环境和可持续发展等方面应达到的基本水平。

⑤ **关键技术措施**是实现建设项目功能、性能要求的基本技术规定，是落实城乡建设安全、绿色、韧性、智慧、宜居、公平、有效的发展目标的基本保障。

工程验收后，建筑工程应编制使用说明书，包括：工程概况；使用年限、性能指标、保修期；主体结构位置示意图、上下水布置示意图、电气线路布置示意图，以及复杂设备使用说明；使用维护注意事项。具体可参看规范相关条款。

《民用建筑通用规范》(GB 55031—2022)规定,民用建筑必须执行该规范。工程建设所采用的技术方法和措施是否符合该规范要求,由相关责任主体判定。其中,创新性的技术方法和措施,应进行论证并符合该规范中有关性能的要求。

第四节 建筑安全生产

一、建筑安全生产管理

建筑安全生产管理是指建设行政主管部门、建设安全监督管理机构、建筑施工企业及有关单位对建筑生产过程中的安全工作进行计划、组织、指挥、控制等系列管理活动。

《建筑法》第五章对建筑安全生产管理作出了具体规定。第三十六条“建筑工程安全生产管理必须坚持安全第一、预防为主动的方针,建立健全安全生产的责任制度和群防群治制度。”安全第一、预防为主的方针,体现了国家对建筑安全生产过程中“以人为本”,保护劳动者权益,保护社会生产力,保护建筑生产的高度重视,确定了建筑安全生产管理在建筑活动管理中的重要位置。

《安全生产法》共一百一十九条,其中第五条“生产经营单位的主要负责人是本单位安全生产第一负责人,对本单位的安全生产工作全面负责。其他负责人对职责范围内的安全生产工作负责。”

《国营建筑安装企业安全生产工作条例》是 1983 年 5 月颁发的,至今仍然有效。其主要内容包括:规定了企业中各类人员、包括企业经理、企业技术负责人、工程处主任、施工队长、施工员、工长、车间主任、班组长等的安全生产责任制;规定了企业中的生产、技术、机动、材料、财务、教育、劳资、卫生等各职能机构的安全生产的职责;规定了安全机构和安全专职人员的职能和责任。该条例中还明确了企业的安全技术管理、安全教育及安全检查的具体内容。

为规范建筑施工企业安全生产管理工作,提高建筑施工企业管理水平,控制和减少建筑施工生产安全事故,住建部颁布《建筑施工企业安全生产管理规范》(GB 50656—2011),其内容框架如图 6-2 所示。

由图 6-2 可见,安全生产管理涉及方方面面,本节仅结合其他几部相关法规和规范,讲述关于安全生产管理部分的内容。

安全生产管理,重要的是先要确定目标,可定义为一个计划或方案所要达到的最终的、具体的、可测量的结果,也可理解为在组织目的或宗旨的指导下,在一定时期内,组织活动所要达到的具体成果。而**安全目标管理**是指建筑施工企业内部各个部门乃至每个职工，从上到下围绕企业安全生产总目标，层层展开各自的目标，确定行动方针，安排安全工作进度，制定实施有效组织措施，并对安全成果严格考核的一种管理制度。显然，在安全生产管理过程中安全管理目标的确定就显得非常重要，它是制定安全生产管理措施或计划的基本出发点。

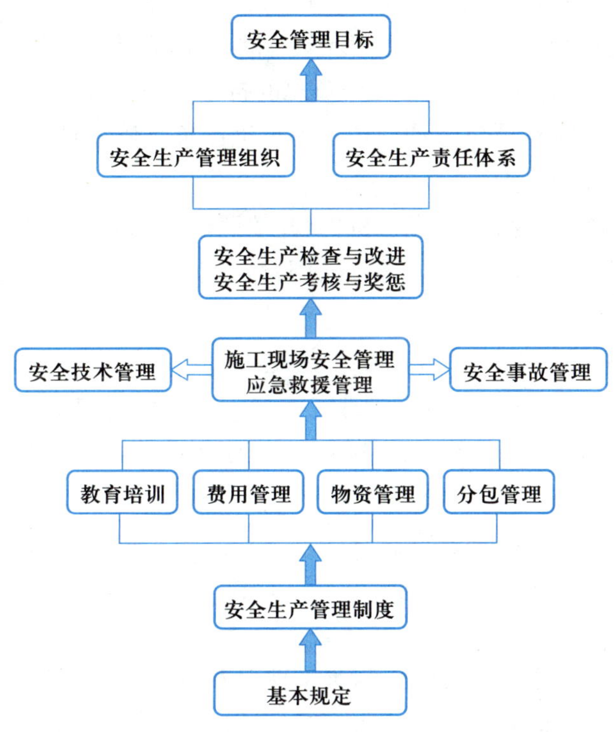

图 6-2　《建筑施工企业安全生产管理规范》内容框架图

安全生产管理的终极目标是“零伤害”，也就是减少和控制危害，减少和控制事故，尽量避免生产过程中由于事故造成的人身伤害、财产损失、环境污染及其他损失。

例如，某企业用“五杜绝、二控制、三消灭和一创建”作为其安全生产管理目标。“五杜绝”意为杜绝重伤及死亡事故、杜绝多伤亡事故、杜绝重大机械事故、杜绝重大交通事故、杜绝重大火灾事故；“二控制”意为重伤率控制到 0‰、轻伤率控制在 2‰以内；“三消灭”意为消灭违章指挥、消灭违章作业、消灭惯性事故；“一创建”意为创建安全文明工地。

（一）工程建设安全责任制

《建筑法》第四十四条“建筑施工企业必须依法加强对建筑安全生产的管理，执行安全生产责任制度，采取有效措施，防止伤亡和其他安全事故的发生。建筑施工企业的法定代表人对本企业的安全生产负责。”安全生产责任制度是建筑生产中最基本的安全管理制度，是所有安全规章制度的核心。建筑企业应当加强安全生产领导，逐级建立安全责任制度。

《建设工程安全生产管理条例》第三十六条第一款“施工单位的主要负责人、项目负责人、专职安全生产管理人员应当经建设行政主管部门或者其他有关部门考核合格后方可任职。”

根据《国营建筑企业安全生产工作条例》,企业经理(厂长)和主管生产的副经理(副厂长)对本企业的劳动保护和安全生产负总的责任;企业总工程师(技术负责人)对本企业劳动保护和安全生产的技术工作负总的技术责任;工区(工程处、厂、站)主任、施工队长、车间主任对本单位劳动保护和安全生产负具体领导责任;工长、施工员对所管工程的安全负直接责任。

企业应根据实际情况,建立安全机构,并按照职工总数配备相应的专职人员,负责安全管理工作和安全监督工作。根据《国营建筑企业安全生产工作条例》,安全管理人员的主要职责是:

① 贯彻执行有关安全技术、劳动保护法规;

② 做好安全生产的宣传教育和管理工作,总结、交流、推广先进经验;

③ 注意随时掌握安全生产情况,调查研究生产中的不安全问题,提出改进意见和措施;

④ 组织安全活动和定期安全检查;

⑤ 参加审查施工组织设计(施工方案)和编制安全技术措施计划,并对贯彻执行情况进行监督检查;

⑥ 与有关部门共同做好新工人、特种工种工人的安全技术培训、考核、发证工作;

⑦ 进行工伤事故统计、分析和报告,参加工伤事故的调查处理;

⑧ 禁止违章指挥和违章作业,遇到严重险情,有权停止生产,并报领导处理。

1. 建设单位的安全责任

《建设工程安全生产管理条例》规定建设单位的安全责任包括下列内容。

① 建设单位应当向施工单位提供施工现场及毗邻区域内供水、排水、供电、供气、供热、通信、广播电视等地下管线资料,气象和水文观测资料,相邻建筑物和构筑物、地下工程的有关资料,并保证资料的真实、准确、完整;

② 建设单位不得对勘察、设计、施工、工程监理等单位提出不符合建设工程安全生产法律、法规和强制性标准规定的要求,不得压缩合同约定的工期;

③ 建设单位在编制工程概算时,应当确定建设工程安全作业环境及安全施工措施所需费用;

④ 建设单位不得明示或者暗示施工单位购买、租赁、使用不符合安全施工要求的安全防护用具、机械设备、施工机具及配件、消防设施和器材;

⑤ 建设单位在申请领取施工许可证时,应当提供建设工程有关安全施工措施的资料;

⑥ 依法批准开工报告的建设工程,建设单位应当自开工报告批准之日起 15 日内,将保证安全施工的措施报送建设工程所在地的县级以上地方人民政府建设行政主管部门或者其他有关部门备案;

⑦ 建设单位应当将拆除工程发包给具有相应资质等级的施工单位;

⑧ 建设单位应当在拆除工程施工 15 日前,将下列资料报送建设工程所在地的县级以上地方人民政府建设行政主管部门或者其他有关部门备案:施工单位资质等级证明;拟拆除建筑物、构筑物及可能危及毗邻建筑的说明;拆除施工组织方案;堆放、清除废弃物的措施。实施爆破作业的,应当遵守国家有关民用爆炸物品管理的规定。

2. 勘察、设计单位安全责任

勘察单位应当按照法律、法规和工程建设强制性标准进行勘察,提供的勘察文件应当真实、准确,满足建设工程安全生产的需要。勘察单位在勘察作业时,应当严格执行操作规程,采取措施保证各类管线、设施和周边建筑物、构筑物的安全。

设计单位应当按照法律、法规和工程建设强制性标准进行设计,防止因设计不合理导致生产安全事故的发生。设计单位应当考虑施工安全操作和防护的需要,对涉及施工安全的重点部位和环节在设计文件中注明,并对防范生产安全事故提出指导意见。采用新结构、新材料、新工艺的建设工程和特殊结构的建设工程,设计单位应当在设计中提出保障施工作业人员安全和预防生产安全事故的措施建议。设计单位和注册建筑师等注册执业人员应当对其设计负责。

3. 监理单位安全责任

① 工程监理单位应当审查施工组织设计中的安全技术措施或者专项施工方案是否符合工程建设强制性标准;

② 工程监理单位在实施监理过程中,发现存在安全事故隐患的,应当要求施工单位整改;

③ 情况严重的,应当要求施工单位暂时停止施工,并及时报告建设单位;

④ 施工单位拒不整改或者不停止施工的,工程监理单位应当及时向有关主管部门报告;

⑤ 工程监理单位和监理工程师应当按照法律、法规和工程建设强制性标准实施监理,并对建设工程安全生产承担监理责任。

4. 施工单位安全责任

施工单位主要负责人依法对本单位的安全生产工作全面负责。施工单位应当建立健全安全生产责任制度和安全生产教育培训制度,制定安全生产规章制度和操作规程,保证本单位安全生产条件所需资金的投入,对所承担的建设工程进行定期和专项安全检查,并做好安全检查记录。

施工单位的项目负责人应当由取得相应执业资格的人员担任,对建设工程项目的安全施工负责,落实安全生产责任制度、安全生产规章制度和操作规程,确保安全生产费用的有效使用,并根据工程的特点组织制定安全施工措施,消除安全隐患,及时、如实报告安全生产事故。

施工单位应当建立安全生产管理机构,配备专职安全生产管理人员。专职安全生产管理人员负责对安全生产进行现场监督检查,发现安全事故隐患,应当及时向项目负责人和安全生产管理机构报告,对违章指挥、违章操作的应当立即制止。专职安全生产管理人员的配备办法由国务院建设行政主管部门会同国务院有关部门制定。

有关内容可具体参看《建筑施工企业安全生产管理机构设置及专职安全生产管理人员配备办法》《建筑施工企业主要负责人、项目负责人和专职安全生产管理人员安全生产管理规定》及《建筑施工企业主要负责项目负责人和专职安全生产管理人员安全生产管理规定实施意见》有关规定。

5. 其他单位安全责任

所述"其他单位"是指为建设工程提供机械设备和配件的单位,在施工现场拆装起重机械和自升式架设设备的安装单位,以及检验检测机构。

6-12 扩展阅读（施工起重机械）

6-13 扩展阅读（法条释义）

《建设工程安全生产管理条例》第三十五条中规定,施工单位在使用施工起重机械和整体提升脚手架、模板等自升式架设设施前,应当组织有关单位进行验收,也可以委托具有相应资质的检验检测机构进行验收;使用承租的机械设备和施工机具及配件的,由施工总承包单位、分包单位、出租单位和安装单位共同进行验收。验收合格的方可使用。第三十四条中规定,施工单位采购、租赁的安全防护用具、机械设备、施工机具及配件,应当具有生产(制造)许可证、产品合格证,并在进入施工现场前进行查验。第三十三条规定,作业人员应当遵守安全施工的强制性标准、规章制度和操作规程,正确使用安全防护用具、机械设备等。第三十二条中规定,作业人员有权对施工现场的作业条件、作业程序和作业方式中存在的问题提出批评、检举和控告,有权拒绝违章指挥和强令冒险作业。在施工种发生危及人身安全的紧急情况时,作业人员有权立即停止作业和在采取必要的紧急措施后撤离危险区域。

(二)教育培训

《建筑法》规定,建筑施工企业应当建立劳动安全生产教育培训制度,加强对职工安全生产的教育培训;未经安全生产培训的人员,不得上岗作业。

《建设工程安全生产管理条例》规定,施工单位应当对管理人员和作业人员每年至少进行一次安全生产教育培训,其教育培训情况记入个人工作档案。安全生产教育培训考核不合格的人员,不得上岗。

根据《国营建筑企业安全生产工作条例》,企业要建立经常性的安全教育和培训考核制度,要把《建筑安装工人安全技术操作规程》作为安全教育的重要内容和考核、评定工人技术水平的重要依据，考核成绩要记入职工技术档案。

管理人员和作业人员（含特种作业人员）安全教育和培训考核的主要内容包括：

① 新工人（包括合同工、临时工、学徒工、实习和代培人员）必须进行入厂安全教育。具体内容包含安全技术知识、设备性能、操作规程、安全制度和严禁事项。经考试合格后，方可进入操作岗位。

② 电工、焊工、架工、司炉工、爆破工、机操工及起重工、打桩机和各种机动车辆司机等特殊工种工人，除进行一般安全教育外，还要经过本工种的安全技术教育，经考核合格发证后，方准独立操作，每年还要进行一次复查。

③ 采用新技术、新工艺、新设备施工和调换工作岗位时，要对操作人员进行新技术操作和新岗位的安全教育，未经教育不得上岗操作。

④ 定期轮训企业各级领导干部和安全干部，使其提高政策思想水平，熟悉安全技术、劳动卫生业务知识，增强安全事故防范意识和能力。

（三）监督管理

国务院负责安全生产监督管理的部门依照《安全生产法》的规定，对全国建设工程安全生产工作实施综合监督管理。

县级以上地方人民政府负责安全生产监督管理的部门依照《安全生产法》的规定，对本行政区域内建设工程安全生产工作实施综合监督管理。

国务院建设行政主管部门对全国的建设工程安全生产实施监督管理。国务院铁路、交通、水利等有关部门按照国务院规定的职责分工，负责有关专业建设工程安全生产的监督管理。

县级以上地方人民政府建设行政主管部门对本行政区域内的建设工程安全生产实施监督管理。县级以上地方人民政府交通、水利等有关部门在各自的职责范围内，负责本行政区域内的专业建设工程安全生产的监督管理。

根据《建设工程安全生产管理条例》，建设行政主管部门在审核发放施工许可证时，应当对建设工程是否有安全施工措施进行审查，对没有安全施工措施的，不得颁发施工许可证。

县级以上人民政府负有建设工程安全生产监督管理职责的部门在各自的职责范围内履行安全监督检查职责时，有权采取下列措施：

① 要求被检查单位提供有关建设工程安全生产的文件和资料。

② 进入被检查单位施工现场进行检查。

③ 纠正施工中违反安全生产要求的行为。

④ 对检查中发现的安全事故隐患，责令立即排除；重大安全事故隐患排除前或者排除过程中无法保证安全的，责令从危险区域内撤出作业人员或者暂时停止施工。

建设行政主管部门或者其他有关部门可以将施工现场的监督检查委托给建设工

程安全监督机构具体实施。

国家对严重危及施工安全的工艺、设备、材料实行淘汰制度。

根据《建设工程安全生产管理条例》,县级以上人民政府建设行政主管部门和其他有关部门应当及时受理对建设工程生产安全事故及安全事故隐患的检举、控告和投诉。

根据《国营建筑企业安全生产工作条例》,企业除经常进行安全生产检查外,还要组织定期检查,企业每季、工区每月、施工队每半月组织一次检查。检查要发动群众,要有领导干部、技术干部和工人参加,边检查、边整改。每次检查要有重点、有标准,要评比计分,列入本单位考核内容。

对查出的隐患不能立即整改的要建立登记、整改检查、销项制度,要制定整改计划,定人、定措施、定经费、定完成日期。在隐患未消除前,必须采取可靠的防护措施,如有危及人身安全的紧急险情,应立即停止作业。

(四) 安全生产许可证制度

《安全生产许可证制度条例》第二条“国家对矿山企业、建筑施工企业和危险化学品、烟花爆竹、民用爆破物品生产企业(以下统称企业)实行安全生产许可制度。企业未取得安全生产许可证的,不得从事生产活动。”

企业进行生产前,应当依照本条例的规定向安全生产许可证颁发管理机关申请领取安全生产许可证,并提供规定的相关文件、资料。住房和城乡建设主管部门应当自收到申请之日起 45 日内审查完毕,经审查符合该条例规定的安全生产条件的,颁发安全生产许可证。安全生产许可证的有效期为 3 年。安全生产许可证有效期满需要延期的,企业应当于期满前 3 个月向原安全生产许可证颁发管理机关办理延期手续。

《建筑施工企业安全生产许可证管理规定》第三条第一款“国务院建设主管部门负责中央管理的建筑施工企业安全生产许可证的颁发和管理。”

二、施工现场安全管理

《建筑法》规定,建筑施工企业应当在施工现场采取维护安全、防范危险、预防火灾等措施;有条件的,应当对施工现场实行封闭管理。施工现场对毗邻的建筑物、构筑物和特殊作业环境可能造成损害的,建筑施工企业应当采取安全防护措施。

《建设工程安全生产管理条例》规定,施工单位从事建设工程的新建、扩建、改建和拆除等活动,应当具备国家规定的注册资本、专业技术人员、技术装备和安全生产等条件,依法取得相应等级的资质证书,并在其资质等级许可的范围内承揽工程。

加强施工现场安全管理,是建筑安全生产管理的关键。现场安全管理包括组织管理、安全技术管理、场地安全管理。

（一）组织管理

《建设工程安全生产管理条例》第二十四条“建设工程施行施工总承包的，由总承包单位对施工现场的安全生产负总责。总承包单位应当自行完成建设工程主体结构的施工。总承包单位依法将建设工程分包给其他单位的，分包合同中应当明确各自的安全生产方面的权利、义务。总承包单位和分包单位对分包工程的安全生产承担连带责任。分包单位应当服从总承包单位的安全生产管理，分包单位不服从管理导致生产安全事故的，由分包单位承担主要责任。”

施工现场安全组织管理是指确立施工现场安全管理的领导关系和责任；建立领导机构，确定领导职责；建立安全管理制度，积累安全管理经验和技术分析记录、安全决策及信息流动资料；建立以现场负责人为核心的安全领导小组，按照安全管理制度，发挥安全管理网络的功能作用，形成施工现场“专群结合，群防群治”的安全检查与控制网络。施工现场负责人是现场安全生产第一责任者，是施工现场安全生产领导组织和安全管理的核心。

（二）技术管理

《建筑法》规定，建筑施工企业在编制施工组织设计时，应当根据建筑工程的特点，制定相应的安全技术措施；对专业性较强的工程项目，应当编制专项安全施工组织设计，并采取安全技术措施。

《国营建筑企业安全生产工作条例》规定，所有建筑工程的施工组织设计（施工方案），都必须有安全技术措施；爆破、吊装、水下、深坑、支模、拆除等大型特殊工程，都要编制单项安全技术方案，否则不得开工。安全技术措施要有针对性，要根据工程特点、施工方法、劳动组织和作业环境等提出，防止一般化。采用各种安全技术、革新技术和科研成果，都要经过试验、鉴定和制定相应安全技术措施后才能使用。

2018 年住建部发布《危险性较大的分部分项工程安全管理规定》，超过一定规模的危险性较大工程专项施工方案专家论证会的参会人员应当包括：专家（具有 15 年以上丰富专业经验和高级技术职称的专业技术人员）；建设单位项目负责人；有关勘察、设计单位技术负责人及相关人员；总承包单位和分包单位的技术负责人或授权委派的专业技术人员、项目负责人、项目技术负责人、专项施工方案编制人员、项目专职安全生产管理人员及相关人员；监理单位项目总监理工程师及专业监理工程师。

《建设工程安全生产管理条例》规定，施工单位应当在施工组织设计中编制安全技术措施和施工现场临时用电方案，对下列达到一定规模的危险性较大的分部分项工程编制专项施工方案，并附具安全验算结果，经施工单位技术负责人、总监理工程师签字后实施，由专职安全生产管理人员进行现场监督。

① 基坑支护与降水工程；

② 土方开挖工程；

③ 模板工程；

④ 起重吊装工程；

⑤ 脚手架工程；

⑥ 拆除、爆破工程；

⑦ 国务院建设行政主管部门或者其他有关部门规定的其他危险性较大的工程。

(三) 场地安全管理

场地安全管理涉及安全管理、安全技术管理和施工现场与卫生管理三方面。

1. 安全管理

《国营建筑企业安全生产工作条例》规定，生产部门要合理组织生产，贯彻安全规章制度和施工组织设计(施工方案)；加强现场平面管理，建立安全生产、文明生产秩序。技术部门要严格按照国家有关安全技术规程、标准编制设计、施工、工艺等技术文件，提出相应的安全技术措施；编制安全技术规程；负责安全设备、仪表等的技术鉴定和安全技术科研项目的研究工作。机械动力部门对一切机电设备，必须配齐安全防护保险装置；加强机电设备、锅炉和压力容器的经常检查、维修、保养，确保安全运转；培训操作人员。材料部门对实现安全技术措施所需材料，保证供应；对绳杆架木、安全帽、安全带、安全网等要定期检验，不合格的要报废更新。财务部门要按照规定提供实现安全技术措施的经费，并监督其合理使用。教育部门负责将安全教育纳入全员培训计划，组织职工的安全技术训练。劳动工资部门要配合安全部门做好新工人、调换岗位工人、特殊工种工人的培训、考核、发证工作；贯彻劳逸结合，严格控制加班加点；对因工伤残和患职业病职工及时安排适合的工作。卫生部门负责对职工的定期健康检查；现场劳动卫生工作；监测有毒有害作业场所的尘毒浓度；提出职业病预防和改善卫生条件的措施。

2. 安全技术管理

《建筑施工安全技术统一规范》(GB 50870—2013)对安全技术进行了明确规定。

(1) 安全技术管理制度

企业各级管理人员都必须熟悉相关安全技术标准、规范、规程的要求，并严格执行，不得违章指挥；工人必须熟悉相关安全技术规定及其岗位的安全操作规程，不得违章作业。

企业应建立安全技术管理制度，制定安全技术措施的编制、审定、监督实施程序，对施工方案及需设计计算部分应建立审核制度和安全技术资料归档制度。

(2) 安全技术交底制度

企业应实行逐级安全技术交底制度。开工前,技术负责人应将工程概况、施工方法、安全技术措施等向全体职工进行详细交底;施工队长、工长应按工程进度向有关班组进行作业的安全交底;班组长每天应向班组进行施工要求和作业环境的安全交底。

企业应该建立验收确认制度,对脚手架、高支模、施工用电、垂直运输设备(塔吊、升降机等)、起重机、施工机械及各种安全防护设施,在施工现场安装后,应按规定进行检查验收;对外购的设备、设施、产品,在正式使用前,应按相关标准进行验收确认。

3. 施工现场与卫生管理

《建设工程安全生产管理条例》第二十八条"施工单位应当在施工现场入口处、施工起重机械、临时用电设施、脚手架、出入通道口、楼梯口电梯井口、孔洞口、桥梁口、隧道口、基坑边沿、爆破物及有害危险气体和液体存放处等危险部位,设置明显的安全警示标志。安全警示标志必须符合国家标准。施工单位应当根据不同施工阶段和周围环境及季节、气候的变化,在施工现场采取相应的安全施工措施。施工现场暂时停止施工的,施工单位应当做好现场防护,所需费用由责任方承担,或者按合同约定执行。"第二十九条"施工单位应当将施工现场的办公、生活区与作业区分开设置,并保持安全距离;办公、生活区的选址应当符合安全要求。职工的膳食、饮水、休息场所应当符合卫生标准。职工单位不得在尚未竣工的建筑物内设置员工集体宿舍。施工现场临时搭建的建筑物应当符合安全使用要求,施工现场使用的装配式活动房屋应当具有产品合格证。"第三十条"施工单位对因建设工程施工可能造成损害的毗邻建筑物、构筑物和地下管线等,应当采取专项保护措施。施工单位应当遵守有关环境保护法律、法规的规定,在施工现场采取措施,防止或者减少粉尘、废气、废水固体废物、噪声、振动和施工照明对任何环境的危害和污染。在城市市区的建设工程,施工单位应当对施工现场实行封闭围挡。"第三十一条"施工单位应当在施工现场建立消防安全责任制度,确定消防安全责任人、指定用火、用电使用易燃易爆材料等各项消防安全管理制度和操作规程,设置消防通道、消防水源,配备消防设施和灭火器材,并在施工现场入口处设置明显标志。"

《安全生产法》第四十二条"生产、经营、储存、使用危险物品的车间、商店、仓库不得与员工宿舍在同一座建筑物内,并应与员工宿舍保持安全距离。生产经营场所和员工宿舍应当设有符合紧急疏散要求、标志明显、保持畅通的出口、疏散通道。禁止占用、锁闭、封堵生产经营场所或者员工宿舍的出口、疏散通道。"

《绿色建造技术导则》指出,施工单位应将绿色发展理念融入工程策划、设计、施工、交付的建造全过程,充分体现绿色化、工业化、信息化、集约化和产业化的总体特征。绿色建造涉及绿色策划、绿色设计、绿色建材、绿色施工、智慧工地、绿色交付和建筑信息模型等内容。

《建设工程施工现场环境与卫生标准》(JGJ 146—2013)对施工环境管理有明确规定,目的是为了节约能源资源,保护环境,创建整洁文明的施工现场,保护施工人员的身体健康和生命安全,改善建设工程施工现场的工作环境和生活条件。

具体内容可参看上述法律、法规的有关规定。

三、工程建设重大事故调查处理

工程建设重大事故系指在工程建设过程中由于责任过失造成工程倒塌或报废、机械设备毁坏和安全设施失当造成人身伤亡或者重大经济损失的事故。

(一)工程建设重大事故的等级

《民法典》第一千二百五十二条第一款中规定,建筑物、构筑物或者其他设施倒塌、塌陷造成他人损害的,由建设单位与施工单位承担连带责任,但是建设单位与施工单位能够证明不存在质量缺陷的除外。该条法律规定只要建设单位与施工单位能够证明不存在质量缺陷,便可免除承担侵权责任,即除“质量缺陷”外,其余情形无论是否存在过错,均不承担侵权责任。

依据《生产安全事故报告和调查处理条例》《房屋市政工程生产安全事故报告和查处工作规程》将事故分为四个等级。

① 特别重大事故:死亡 30 人以上,或者 100 人以上重伤,或 1 亿元以上直接经济损失的事故。

② 重大事故:死亡 10 人以上,30 人以下,或者 50 人以上 100 人以下重伤,或者 5 000 万元以上 1 亿元以下直接经济损失的事故。

③ 较大事故:死亡 3 人以上,10 人以下,或者 10 人以上 50 人以下重伤,或者 1 000 万元以上 5 000 万元以下直接经济损失的事故。

④ 一般事故:死亡 3 人以下,或 10 人以下重伤,或 100 万元以上 1 000 万元以下直接经济损失的事故。

在上述等级划分中,所称“以上”包括本数,所称“以下”不包括本数。

《生产安全事故报告和调查处理条例》将上述事故等级定义为特别重大事故、重大事故、较大事故、一般事故四个等级。

(二)工程建设重大事故的调查及处理

1. 调查

《房屋市政工程生产安全事故报告和查处工作规程》规定,房屋市政工程生产安全事故报告,应当及时、准确、完整,任何单位和个人对事故不得迟报、漏报、谎报或者瞒报。房屋市政工程生产安全事故的查处,应当坚持实事求是、尊重科学的原则,及时、准确查明事故原因,总结事故教训,并对事故责任者依法追究责任。

事故发生地的住房和城乡建设主管部门接到施工单位负责人或者事故现场有关人员的事故报告后,应当逐级上报事故情况。特别重大、重大、较大事故逐级上报至国务院住房和城乡建设主管部门,一般事故逐级上报至省级住房和城乡建设主管部门。必要时可以越级上报。

国务院住房和城乡建设主管部门应当在特别重大和重大事故发生后4小时内,向国务院上报事故情况。

省级住房和城乡建设主管部门应当在特别重大、重大事故或者可能演化为特别重大、重大事故发生后3小时内,向国务院住房和城乡建设主管部门上报事故情况。

较大事故、一般事故发生后,住房和城乡建设主管部门每级上报事故情况的时间不得超过2小时。

《房屋市政工程生产安全事故报告和查处工作规程》规定,事故报告主要应当包括以下内容:

① 事故发生的时间、地点和工程项目名称;

② 事故已经造成或者可能造成的伤亡人数(包括下落不明人数);

③ 事故工程项目的建设单位及项目负责人、施工单位及其法定代表人和项目经理、监理单位及其法定代表人和项目总监;

④ 事故发生的简要经过和初步原因;

⑤ 其他应当报告的情况。

《生产安全事故报告和调查处理条例》第十二条规定,报告事故应当包括下列内容:

① 事故发生单位概况;

② 事故发生的时间、地点以及事故现场情况;

③ 事故的简要经过;

④ 事故已经造成或者可能造成的伤亡人数(包括下落不明的人数)和初步估计的直接经济损失;

⑤ 已经采取的措施;

⑥ 其他应当报告的情况。

《房屋市政工程生产安全事故报告和查处工作规程》规定,住房和城乡建设主管部门应当按照有关人民政府的要求,依法组织或者参与事故调查工作。住房和城乡建设主管部门应当积极参加事故调查工作,应当选派具有事故调查需要的知识和专长并与所调查的事故没有直接利害关系的人员参加事故调查工作。参加事故调查的人员应当诚信公正、恪尽职守、遵守事故调查组的纪律。

《生产安全事故报告和调查处理条例》第二十五条规定，事故调查组履行下列职责：

① 查明事故发生的经过、原因、人员伤亡情况及直接经济损失；

② 认定事故的性质和事故责任；

③ 提出对事故责任者的处理建议；

④ 总结事故教训，提出防范和整改措施；

⑤ 提交事故调查报告。

《生产安全事故报告和调查处理条例》第三十条规定，事故调查报告应当包括下列内容：

① 事故发生单位概况；

② 事故发生经过和事故救援情况；

③ 事故造成的人员伤亡和直接经济损失；

④ 事故发生的原因和事故性质；

⑤ 事故责任的认定以及对事故责任者的处理建议；

⑥ 事故防范和整改措施。

事故调查报告应当附具有关证据材料。事故调查组成员应当在事故调查报告上签名。

2. 处理

《民法典》第一千一百九十一条第一款“用人单位的工作人员因执行工作任务造成他人损害的，由用人单位承担侵权责任。用人单位承担侵权责任后，可以向有故意或者重大过失的工作人员追偿。”该条规定为施工人员因施工造成他人损害，建筑企业承担侵权责任后有权追偿提供了法律依据。

《生产安全事故报告和处理条例》第三十二条“重大事故、较大事故、一般事故，负责事故调查的人民政府应当自收到事故调查报告之日起 15 日内做出批复；特别重大事故，30 日内做出批复，特殊情况下，批复时间可以适当延长，但延长的时间最长不超过 30 日。有关机关应当按照人民政府的批复，依照法律、行政法规规定的权限和程序，对事故发生单位和有关人员进行行政处罚，对负有事故责任的国家工作人员进行处分。事故发生单位应当按照负责事故调查的人民政府的批复，对本单位负有事故责任的人员进行处理。负有事故责任的人员涉嫌犯罪的，依法追究刑事责任。”

《房屋市政工程生产安全事故报告和查处工作规程》规定，住房和城乡建设主管部门应当按照有关人民政府对事故调查报告的批复，依照法律法规，对事故责任企业实施吊销资质证书或者降低资质等级、吊销或者暂扣安全生产许可证、责令停业整顿、罚款的处罚，对事故责任人员实施吊销执业资格注册证书或者责令停止执业、吊销或者暂扣安全生产考核合格证书、罚款等处罚。

6-14 第六章教学案例

思考题

1. 建筑业企业资质等级是如何划分的?
2. 施工总承包资质登记条件有哪些?
3. 什么是建筑业企业资质动态管理? 有何意义?
4. 注册建造师如何分级? 其职责是什么?
5. 什么是建设企事业关键岗位从业人员? 我国对关键岗位从业人员是如何管理的?
6. 项目经理的职责和权力有哪些?
7. 施工准备、文明施工管理、施工环境管理的内容包括哪些?
8. 建筑安全生产责任中,建设单位、勘察设计单位、工程监理单位及其他有关单位的安全责任分别是什么?
9.《建筑法》规定的安全教育和培训考核的主要内容有哪些?
10. 什么是安全生产许可证制度? 如何办理安全生产许可证?
11. 施工现场安全管理包括哪些内容?
12. 工程建设重大事故的等级标准是什么?
13. 工程建设重大事故的调查与处理程序有哪些?
14. 特别重大事故的调查与处理程序有哪些?
15. 我国对安全生产事故发生单位及有关责任人员的罚款处罚是如何规定的?

第七章　建设监理法规

“监理”的含义可表述为：以某项条理或准则为依据，对一项行为进行监视、督察、控制和评价。

7-1 第七章电子教案

第一节　建设监理法规概述

一、建设监理概述

随着工程监理多元化，服务模式有效创新，我国逐步形成以市场化为基础、国际化为方向、信息化为支撑的工程监理服务市场体系，行业组织结构更趋优化，形成以主要从事施工现场监理服务的企业为主体，以提供全过程工程咨询服务的综合性企业为骨干，各类工程监理企业分工合理、竞争有序、协调发展的行业布局；培育出一批智力密集型、技术复合型、管理集约型的大型工程建设咨询服务企业。

建设工程监理制度的建立和实施，推动了工程建设组织实施方式的社会化、专业化，为工程质量安全提供了重要保障，是我国工程建设领域的重要改革举措和改革成果。

由工程施工监理总程序图，可以了解建筑活动中施工监理的整个过程，如图 7-1 所示。

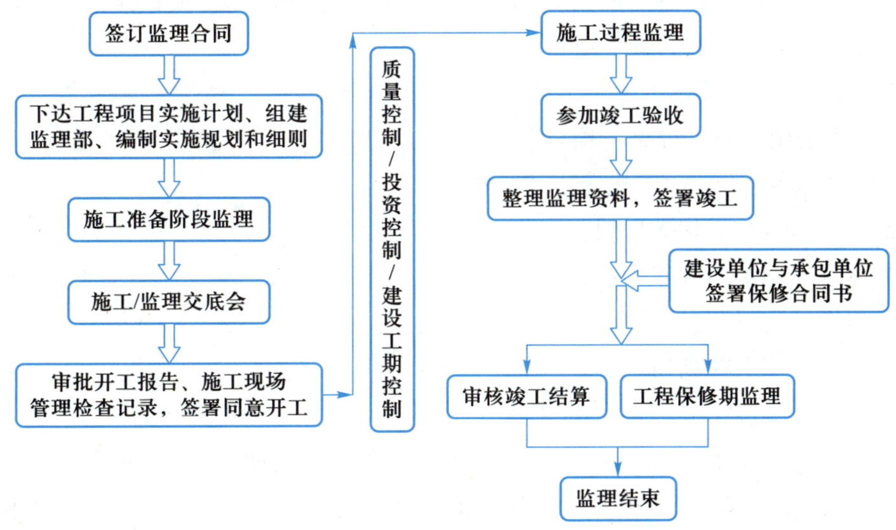

图 7-1　工程施工监理总程序图

(一) 建设工程监理的概念

建设工程监理是指按照一定条件,经过政府主管部门的批准,取得资格证书的工程建筑咨询、监理单位,受建设单位的委托,依照国家法律、行政法规、规范标准和合同条款,对建筑工程项目进行可行性研究、协助招标、评标、监督勘察、设计和施工的一种有偿服务。

(二) 建设工程监理的依据

根据《建筑法》和有关规定,建设工程监理的依据包括:

① 国家法律、行政法规;

② 国家现行的技术规范、技术标准;

③ 建设文件、设计文件和设计图纸;

④ 依法签订的各类工程合同文件等。

(三) 建设工程监理的范围

建设工程监理大致包括对投资结构和项目决策的监理、对建设市场的监理、对工程建设实施的监理。

《建筑法》第三十条“国家推行建筑工程监理制度。国务院可以规定实行强制监理的建筑工程的范围。”

《建筑工程监理范围和规模标准规定》进一步明细了强制监理的范围和标准。

《建设工程质量管理条例》对强制监理的范围作出规定,以下工程必须实行监理。

(1) 国家重点建设工程

国家重点建设工程是指依据《国家重点建设项目管理办法》所确定的对国民经济和社会发展有重大影响的骨干项目。

(2) 大中型公用事业工程

大中型公用事业工程是指项目总投资额在 3 000 万元以上的下列工程项目:

① 供水、供电、供气、供热等市政工程项目;

② 科技、教育、文化等项目;

③ 体育、旅游、商业等项目;

④ 卫生、社会福利等项目;

⑤ 其他公用事业项目。

(3) 成片开发建设的住宅小区工程

建筑面积在 5 万 m^2 以上的住宅建设工程必须实行监理;5 万 m^2 以下的住宅建设工程,可以实行监理,具体范围和规模标准由省、自治区、直辖市人民政府住房和城乡建设主管部门规定。为了保证住宅质量,对高层住宅及地基、结构复杂的多层住宅应当实行监理。

(4) 利用外国政府或者国际组织贷款、援助资金的工程

利用外国政府或者国际组织贷款、援助资金的工程项目包括：

① 使用世界银行、亚洲开发银行等国际组织贷款的项目；

② 使用国外政府及其机构贷款的项目；

③ 使用国际组织或者国外政府援助资金的项目。

(5) 国家规定必须实行监理的其他工程

项目总投资额在 3 000 万元以上，关系社会公共利益、公众安全的以下基础设施项目必须实行监理。

① 煤炭、石油、化工、天然气、电力、新能源等项目。

② 铁路、公路、管道、水运、民航及其他交通运输业等项目。

③ 邮政、电信枢纽、通信、信息网络等项目。

④ 防洪、灌溉、排涝、发电、引(供)水、滩涂治理、水资源保护、水土保持等水利建设项目。

⑤ 道路、桥梁、地铁和轻轨交通、污水排入及处理、垃圾处理、地下管道、公共停车场等城市基础设施项目。

⑥ 生态环境保护项目。

⑦ 其他基础设施项目。

此外，还包括学校、影剧院、体育场馆项目。

(四) 建设工程监理的内容

建设工程监理的中心任务是工程质量控制、工程投资控制和建设工期控制。

(1) 设计前期阶段

① 投资决策咨询和项目评估；

② 建设项目的可行性研究；

③ 参与设计任务书的编制。

(2) 设计阶段

① 审查或评选设计方案；

② 协助选择勘察设计单位，协助签订勘察设计合同并组织实施；

③ 审查设计和概(预)算。

(3) 施工准备阶段

① 协助业主编制招标文件；

② 审查施工图设计和概(预)算；

③ 协助业主组织招标投标活动；

④ 协助业主与中标单位签订承包合同。

(4) 施工阶段

① 协助编写开工报告;

② 确定承包商,选择分包单位;

③ 审批施工组织设计、施工技术方案和施工进度计划;

④ 审查承包商的材料、设备采购清单;

⑤ 检查工程使用的材料、构件和设备的规格与质量;

⑥ 检查施工技术措施和安全防护设施;

⑦ 检查工程进度和施工质量,验收分部分项工程,签署工程预付款;

⑧ 督促严格履行工程承包合同,调解合同双方的争议,处理索赔事项;

⑨ 协商处理设计变更,并报业主决定;

⑩ 督促整理合同文件和技术档案资料;

⑪ 组织设计单位和施工单位进行工程竣工初步验收,提出竣工验收报告;

⑫ 审查结算。

(5) 保修阶段

① 负责检查工程质量状况;

② 鉴定质量责任问题;

③ 督促保修。

二、我国建设监理制度的建立与发展

(一) 建设工程监理制度

1. 工程监理单位的资质许可制度

《建筑法》第三十条第一款“国家推行建筑工程监理制度。”第三十四条第一款“工程监理单位应当在其资质等级许可的监理范围内,承担工程监理业务。”《工程监理企业资质管理规定》第三条“从事建设工程监理活动的企业,应当按照本规定取得工程监理企业资质,并在工程监理企业资质证书(以下简称资质证书)许可的范围内从事工程监理活动。”

国务院住房和城乡建设主管部门负责全国工程监理企业资质的统一监督管理工作。国务院铁路、交通、水利、信息产业、民航等有关部门配合国务院住房和城乡建设主管部门实施相关资质类别工程监理企业资质的监督管理工作。省、自治区、直辖市人民政府住房和城乡建设主管部门负责本行政区域内工程监理企业资质的统一监督管理工作。省、自治区、直辖市人民政府交通、水利、信息产业等有关部门配合同级住房和城乡建设主管部门实施相关资质类别工程监理企业资质的监督管理工作。工程监理行业组织应当加强工程监理行业自律管理。鼓励工程监理企业加入工程监理行业组织。

2. 建设单位与监理单位的委托监理制度

实行监理的建筑工程，由建设单位委托具有相应资质条件的工程监理单位监理。工程监理单位应当依法取得相应等级的资质证书，在其资质等级许可的范围内承担监理业务。建设单位与监理单位是一种委托与被委托的关系，建设单位应当将委托工程监理单位、监理的内容及监理权限，书面通知被监理的建筑施工企业。实践中，委托监理合同应采用《建设工程监理合同（示范文本）》（GF 2012—0202）。《建设工程监理合同（示范文本）》包括建设工程委托监理合同、通用条件、专用条件和附录四部分。通用条件包括：定义与解释、监理人的义务、委托人的义务、违约责任、支付、合同生效、变更暂停解除与终止、争议解决、其他九个部分。

3. 监理单位质量管理的义务

工程监理单位应当根据建设单位的委托，客观、公正地执行监理任务。工程监理单位与被监理工程的随包单位及建筑材料、建筑构配件和设备供应单位不得有隶属关系或者其他利害关系。工程监理单位不得转让工程监理业务。

工程监理单位应当选派具备相应资格的总监理工程师和监理工程师进驻施工现场。监理工程师应当按照工程监理范围的要求，采取旁站、巡视和平行检查等形式，对建设工程实施监理。

旁站监理在总监理工程师的指导下，由现场监理人员负责具体实施。旁站监理人员的主要职责是：

① 检查施工企业现场质检人员到岗、特殊工种人员持证上岗，以及施工机械、建筑材料准备情况；

② 在现场跟班监督关键部位、关键工序的施工，执行工程方案及工程建设强制性标准的情况；

③ 核查进场建筑材料、建筑构配件、设备和商品混凝土的质量检验报告等，并可在现场监督施工企业进行检验或者委托具有资格的第三方进行复验；

④ 做好旁站监理记录和监理日记，保存旁站监理原始资料。

凡没有实施旁站监理或者没有旁站监理记录的，监理工程师或者总监理工程师不得在相应文件上签字。

房屋建筑工程施工旁站监理，是指监理人员在房屋建筑工程施工阶段监理中，对关键部位、关键工序，在基础工程方面（土方回填，混凝土灌注桩浇筑，地下连续墙、土钉墙、后浇带及其他结构的混凝土及防水混凝土浇筑，卷材防水层细部构造处理，钢结构安装）和主体结构工程方面（梁柱节点钢筋隐蔽过程、混凝土浇筑、预应力张拉、装配式结构安装、钢结构安装、网架结构安装、索膜安装）实施监理。

4. 监理单位质量管理的权利

工程监理人员认为工程施工不符合工程设计要求、施工技术标准和合同约定的，有权要求建筑施工企业改正。未经监理工程师签字的建筑材料、建筑构配件和设备不得在工程上使用或者安装,施工单位不得进行下一道工序的施工。未经总监理工程师签字,建设单位不拨付工程款,不进行竣工验收。工程监理人员发现工程设计不符合建设工程技术标准或者合同约定的质量要求,应当报告建设单位要求设计单位改正。

凡旁站监理人员和施工企业现场质检人员未在旁站监理记录上签字的,不得进行下一道工序施工。旁站监理人员实施旁站监理时,发现施工企业有违反工程建设强制性标准行为的,有权责令施工企业立即整改;发现其施工活动已经或者可能危及工程质量的,应当及时向监理工程师或者总监理工程师报告,总监理工程师可下达局部暂停施工指令或者采取其他应急措施。

5. 监理的民事责任

《建筑法》第三十五条第一款"工程监理单位不按照委托监理合同的约定履行义务,对应当监督检查的项目不检查或者不按照规定检查,给建设单位造成损失的,应当承担相应的赔偿责任。"

《建筑法》第三十五条第二款"工程监理单位与承包单位串通,为承包单位谋取非法利益,给建设单位造成损失的,应当与承包单位承担连带赔偿责任。"

工程监理单位有违反《建设工程质量管理条例》规定的,责令改正,处罚款,降低资质等级或者吊销资质证书;有违法所得的,予以没收;造成损失的,承担连带赔偿责任。

(二) 我国建设监理制度的发展历程

1983 年,利用世界银行贷款建设鲁布革水电站引水工程,引发了我国工程项目建设管理体制的重大改革,该项目是我国工程监理的起始。

1988 年 7 月建设部印发了《关于开展建设监理工作的通知》,提出要建立具有中国特色的建筑监理制度;1988 年 10 月建设部制定印发了《关于开展建设监理试点工作的若干意见》;1989 年 7 月建设部颁布了《建设监理试行规定》;1992 年 1 月建设部发布了《工程建设监理单位资质管理试行办法》;1992 年 6 月建设部颁发了《监理工程师资格考试和注册试行办法》;1992 年 9 月建设部、国家物价局联合印发了《关于发布工程建设监理费有关规定的通知》;1995 年 10 月建设部、国家工商行政管理局联合印发了《工程建设监理合同(示范文本)》;1995 年 12 月建设部、国家计委联合颁布了《工程建设监理规定》;1997 年 11 月全国人民代表大会常务委员会颁布了《建筑法》;2000 年 1 月国务院颁发了《建设工程质量管理条例》;2000 年 2 月建设部、国家工商行政管理局印发了《建设工程委托监理合同(示范文本)》(GF 2000—0202);2000 年 12 月国家技术监督局和建设部联合颁布了《建设工程监理规范》(GB/T 50319—2000);2001 年 1 月建设部颁布了《建设工程监理范围和规模标准规定》;2001 年 8 月,建设部发布了《工程监理企业资质管理规定》;2002 年 7 月建设部颁布了《房屋建筑工程施工旁站监理管理办法(试行)》;2005 年 4 月国家发改委建设部对《关于发布工程建设监理费有关规定的通知》进行修订,发布了《修订建设工程监理与咨询服务收费标准的工作方案》;2006 年建设部颁布《注册监理工程师管理规定》,《监理工程师资格考试和注册试行办法》同时废止;2013 年住建部颁布《建设工程监理规范》(GB/T 50319—2013);2017 年住建部发布《住房和城乡建设部关于促进工程监理行业转型升级创新发展的意见》;2018 年住建部修正发布了《工程监理企业资质管理规定》等。我国现行建设监理规范包括:《建设工程质量管理条例》《建设工程监理范围和规模标准规定》《房屋建筑工程施工旁站监理管理办法(试行)》《建设工程监理与相关服务收费管理规定》《工程监理企业资质管理规定实施意见》《工程监理企业资质管理规定》《注册监理工程师管理规定》《监理工程师职业资格制度规定》《监理工程师职业资格考试实施办法》《建设工程监理合同(示范文本)》《建设工程监理规范》等。

第二节　建设监理单位资质管理

为了加强对工程监理企业的资质管理,维护建筑市场秩序,保证建设工程的质量、工期和投资效益的发挥,根据《建筑法》《建设工程质量管理条例》《工程监理企业资质管理规定》,有关部门对在我国境内申请工程监理资质的企业进行监督管理。

工程监理单位是指依法成立并取得建设主管部门颁发的工程监理企业资质证书,从事建设工程监理与相关服务活动的服务机构。

工程监理相关服务是指工程监理单位受建设单位委托,按照建设工程监理合同约定,在建设工程勘察、设计、保修等阶段提供的服务活动。

项目监理机构是指工程监理单位派驻工程负责履行建设工程监理合同的组织机构。

国务院住房和城乡建设主管部门负责全国工程监理企业资质的统一监督管理工作。国务院铁道、交通、水利、信息产业、民航等有关部门配合国务院住房和城乡建设主管部门实施相关资质类别工程监理企业资质的管理工作。

省、自治区、直辖市人民政府住房和城乡建设主管部门负责本行政区域内工程监理企业资质的统一监督管理工作。省、自治区、直辖市人民政府交通、水利、通信等有关部门配合同级建设行政主管部门实施相关资质类别工程监理企业资质的管理工作。

一、资质等级和业务范围

（一）资质等级

7-2 扩展阅读（工程监理企业资质）

工程监理企业资质分为综合资质、专业资质和事务所资质。其中，专业资质按照工程性质和技术特点划分为若干工程类别。综合资质和事务所资质不分级别。专业资质分为甲级、乙级；其中房屋建筑、水利水电、公路和市政公用专业资质可设立丙级。

根据《工程监理企业资质管理规定》，工程监理企业的资质等级标准包括以下具体内容。

(1) 综合资质标准

① 具有独立法人资格且具有符合国家有关规定的资产。

② 企业技术负责人应为注册监理工程师，并具有 15 年以上从事工程建设工作的经历或者具有工程类高级职称。

③ 具有 5 个以上工程类别的专业甲级工程监理资质。

④ 注册监理工程师不小于 60 人，注册造价工程师不少于 5 人，一级注册建筑师、一级注册结构工程师或者其他勘察设计注册工程师不少于 15 人次。

⑤ 企业具有完善的组织机构和质量管理体系，具有健全的技术、档案等管理制度。

⑥ 企业具有必要的工程试验检测设备。

⑦ 申请工程监理资质之日前一年内没有《工程监理企业资质管理规定》禁止的行为。

⑧ 申请工程监理资质之日前一年内没有因本企业监理责任造成重大质量事故。

⑨ 申请工程监理资质之日前一年内没有因本企业监理责任发生三级以上工程重大安全事故或者发生两起以上四级工程建设安全事故。

(2) 专业甲级资质标准

① 具有独立法人资格且具有符合国家有关规定的资产。

② 企业技术负责人应为注册监理工程师，并具有 15 年以上从事工程建设工作的经历或者具有工程类高级职称。

③ 注册监理工程师、注册造价工程师、一级注册建造师、一级注册建筑师、一级注册结构工程师或者其他勘察设计注册工程师合计不少于 25 人次；其中，相应专业注册监理工程师不少于《专业资质注册监理工程师人数配备表》中要求配备的人数，注册造价工程师不少于 2 人。

④ 企业近 2 年内独立监理过 3 个以上相应专业的二级工程项目，但是具有甲

级设计资质或一级及以上施工总承包资质的企业申请本专业工程类别甲级资质的除外。

⑤ 企业具有完善的组织结构和质量管理体系，具有健全的技术、档案等管理制度。

⑥ 企业具有必要的工程试验检测设备。

⑦ 申请工程监理资质之日前一年内没有《工程监理企业资质管理规定》禁止的行为。

⑧ 申请工程监理资质之日前一年内没有因本企业监理责任造成重大质量事故。

⑨ 申请工程监理资质之日前一年内没有因本企业监理责任发生三级以上工程建设重大安全事故或者发生两起以上四级工程建设安全事故。

(3) 专业乙级资质标准

① 具有独立法人资格且具有符合国家有关规定的资产。

② 企业技术负责人应为注册监理工程师，并具有 10 年以上从事工程建设工作的经历。

③ 注册监理工程师、注册造价工程师、一级注册建造师、一级注册建筑师、一级注册结构工程师或者其他勘察设计注册工程师合计不少于 15 人次。其中，相应专业注册监理工程师不少于《专业资质注册监理工程师人数配备表》中要求配备的人数，注册造价工程师不少于 1 人。

④ 具有较完善的组织结构和质量管理体系，具有技术、档案等管理制度。

⑤ 具有必要的工程试验检测设备。

⑥ 申请工程监理资质之日前一年内没有《工程监理企业资质管理规定》禁止的行为。

⑦ 申请工程监理资质之日前一年内没有因本企业监理责任造成重大质量事故。

⑧ 申请工程监理资质之日前一年内没有因本企业监理责任发生三级以上工程建设重大安全事故或者发生两起以上四级工程建设安全事故。

(4) 专业丙级资质标准

① 具有独立法人资格且具有符合国家有关规定的资产。

② 企业技术负责人应为注册监理工程师，并具有 8 年以上从事工程建设工作的经历。

③ 相应专业的注册监理工程师不少于《专业资质注册监理工程师人数配备表》中要求配备的人数。

④ 具有必要的质量管理体系和规章制度。

⑤ 具有必要的工程试验检测设备。

(5) 事务所资质标准

① 取得合伙企业营业执照，具有书面合作协议书。

② 合伙人中有 3 名以上注册监理工程师,合伙人均有 5 年以上从事建设工程监理的工作经历。

③ 具有固定的工作场所。

④ 具有必要的质量管理体系和规章制度。

⑤ 具有必要的工程试验检测设备。

(二) 业务范围

1. 综合资质

综合资质可以承担所有专业工程类别建设工程项目的工程监理业务。

2. 专业资质

① 专业甲级资质可承担相应专业工程类别建设工程项目的工程监理业务。

② 专业乙级资质可承担相应专业工程类别二级以下(含二级)建设工程项目的工程监理业务。

③ 专业丙级资质可承担相应专业工程类别三级建设工程项目的工程监理业务。

3. 事务所

事务所资质可承担三级建设工程项目的工程监理业务,但是国家规定必须实行强制监理的工程除外。

工程监理企业可以开展相应类别建设工程的项目管理、技术咨询等业务。

二、资质申请和审批

(一) 资质申请

① 新设立的企业申请工程监理企业资质和已具有工程监理企业资质的企业申请综合资质、专业资质升级、增加其他专业资质,应按照有关规定要求提出资质申请。

② 新设立的企业申请工程监理企业资质,应先取得企业法人营业执照或合伙企业营业执照,办理完相应的执业人员注册手续后,方可申请资质。取得企业法人营业执照的企业,只可申请综合资质和专业资质;取得合伙企业营业执照的企业,只可申请事务所资质。

③ 新设立的企业申请工程监理企业资质和已获得工程监理企业资质的企业申请增加其他专业资质,应从专业乙级、丙级资质或事务所资质开始申请,不需要提供业绩证明材料。申请房屋建筑、水利水电、公路和市政公用工程专业资质的企业,也可以直接申请专业乙级资质。

④ 已具有专业丙级资质的企业可直接申请专业乙级资质，不需要提供业绩证明材料。已具有专业乙级资质申请晋升专业甲级资质的企业，应在近 2 年内独立监理过 3 个及以上相应专业的二级工程项目。

⑤ 具有甲级设计资质或一级及以上施工总承包资质的企业可以直接申请与主营业务相对应的专业工程类别甲级工程监理企业资质。申请主营业务以外的专业工程类别监理企业资质的，应从专业乙级及以下资质开始申请。主营业务是指企业在具有的甲级设计资质或一级及以上施工总承包资质中主要从事的工程类别业务。

⑥ 工程监理企业申请专业资质升级、增加其他专业资质的，相应专业的注册监理工程师人数应满足已有监理资质所要求的注册监理工程师等人员标准后，方可申请。申请综合资质的，应至少满足已有资质中的 5 个甲级专业资质要求的注册监理工程师人员数量。

⑦ 工程监理企业的注册人员、工程监理业绩（包括境外工程业绩）和技术装备等资质条件，均以独立企业法人为审核单位。企业（集团）的母、子公司在申请资质时，各项指标不得重复计算。

（二）申请及审批程序

《工程监理企业资质管理规定》第九条规定，申请综合资质、专业甲级资质的，可以向企业工商注册所在地的省、自治区、直辖市人民政府住房和城乡建设主管部门提交申请材料。省、自治区、直辖市人民政府住房和城乡建设主管部门收到申请材料后，应当在 5 日内将全部申请材料报审批部门。国务院住房和城乡建设主管部门在收到申请材料后，应当依法作出是否受理的决定，并出具凭证；申请材料不齐全或者不符合法定形式的，应当在 5 日内一次性告知申请人需要补正的全部内容。逾期不告知的，自收到申请材料之日起即为受理。国务院住房和城乡建设主管部门应当自受理之日起 20 日内作出审批决定。自作出决定之日起 10 日内公告审批结果。其中，涉及铁路、交通、水利、通信、民航等专业工程监理资质的，由国务院住房和城乡建设主管部门送国务院有关部门审核。国务院有关部门应当在 15 日内审核完毕，并将审核意见报国务院住房城乡建设主管部门。组织专家评审所需时间不计算在上述时限内，但应当明确告知申请人。

第十条规定，专业乙级、丙级资质和事务所资质由企业所在地省、自治区、直辖市人民政府住房和城乡建设主管部门审批。专业乙级、丙级资质和事务所资质许可延续的实施程序由省、自治区、直辖市人民政府住房和城乡建设主管部门依法确定。省、自治区、直辖市人民政府住房和城乡建设主管部门应当自作出决定之日起 10 日内，将准予资质许可的决定报国务院住房和城乡建设主管部门备案。

第十二条规定,企业申请工程监理企业资质,在资质许可机关的网站或审批平台提出申请事项,提交专业技术人员、技术装备和已完成业绩等电子材料。

(三)资质证书

《工程监理企业资质管理规定》第十一条规定,工程监理企业资质证书分为正本和副本,每套资质证书包括一本正本,四本副本。正、副本具有同等法律效力。工程监理企业资质证书的有效期为 5 年。工程监理企业资质证书由国务院住房和城乡建设主管部门统一印制并发放。

第十三条规定,资质有效期届满,工程监理企业需要继续从事工程监理活动的,应当在资质证书有效期届满 60 日前,向原资质许可机关申请办理延续手续。对在资质有效期内遵守有关法律、法规、规章、技术标准,信用档案中无不良记录,且专业技术人员满足资质标准要求的企业,经资质许可机关同意,有效期延续 5 年。

第十四条规定,工程监理企业在资质证书有效期内名称、地址、注册资本、法定代表人等发生变更的,应当在工商行政管理部门办理变更手续后 30 日内办理资质证书变更手续。涉及综合资质、专业甲级资质证书中企业名称变更的,由国务院住房和城乡建设主管部门负责办理,并自受理申请之日起 3 日内办理变更手续。

上述规定以外的资质证书变更手续,由省、自治区、直辖市人民政府住房和城乡建设主管部门负责办理。省、自治区、直辖市人民政府住房和城乡建设主管部门应当自受理申请之日起 3 日内办理变更手续,并在办理资质证书变更手续后 15 日内将变更结果报国务院住房和城乡建设主管部门备案。

第十五条规定,申请资质证书变更,应当提交以下材料:

① 资质证书变更的申请报告;

② 企业法人营业执照副本原件;

③ 工程监理企业资质证书正、副本原件。

工程监理企业改制的,除上述规定材料外,还应当提交企业职工代表大会或股东大会关于企业改制或股权变更的决议、企业上级主管部门关于企业申请改制的批复文件。

工程监理企业合并的,合并后存续或者新设立的工程监理企业可以承继合并前各方中较高的资质等级,但应当符合相应的资质等级条件。

工程监理企业分立的,分立后企业的资质等级,根据实际达到的资质条件,按照该规定的审批程序核定。

企业需增补工程监理企业资质证书的(含增加、更换、遗失补办),应当持资质证书增补申请及电子文档等材料向资质许可机关申请办理。遗失资质证书的,在申请补办前应当在公众媒体刊登遗失声明。资质许可机关应当自受理申请之日起 3 日内予以办理。

三、监督管理

县级以上人民政府住房和城乡建设主管部门和其他有关部门应当依照有关法律、法规和规定，加强对工程监理企业资质的监督管理。

住房和城乡建设主管部门履行监督检查职责时，有权采取下列措施：

① 要求被检查单位提供工程监理企业资质证书、注册监理工程师注册执业证书，有关工程监理业务的文档，有关质量管理、安全生产管理、档案管理等企业内部管理制度的文件；

② 进入被检查单位进行检查，查阅相关资料；

③ 纠正违反有关法律、法规和规定及有关规范和标准的行为。

住房和城乡建设主管部门进行监督检查时，应当有两名以上监督检查人员参加，并出示执法证件，不得妨碍被检查单位的正常经营活动，不得索取或者收受财物、谋取其他利益。

有关单位和个人对依法进行的监督检查应当协助与配合，不得拒绝或者阻挠。

监督检查机关应当将监督检查的处理结果向社会公布。

工程监理企业违法从事工程监理活动的，违法行为发生地的县级以上地方人民政府住房和城乡建设主管部门应当依法查处，并将违法事实、处理结果或处理建议及时报告该工程监理企业资质的许可机关。

工程监理企业取得工程监理企业资质后不再符合相应资质条件的，资质许可机关根据利害关系人的请求或者依据职权，可以责令其限期改正；逾期不改的，可以撤回其资质。

有下列情形之一的，资质许可机关或者其上级机关，根据利害关系人的请求或者依据职权，可以撤销工程监理企业资质。

① 资质许可机关工作人员滥用职权、玩忽职守作出准予工程监理企业资质许可的；

② 超越法定职权作出准予工程监理企业资质许可的；

③ 违反资质审批程序作出准予工程监理企业资质许可的；

④ 对不符合许可条件的申请人作出准予工程监理企业资质许可的；

⑤ 依法可以撤销资质证书的其他情形。

以欺骗、贿赂等不正当手段取得工程监理企业资质证书的，应当予以撤销。

有下列情形之一的，工程监理企业应当及时向资质许可机关提出注销资质的申请，交回资质证书，国务院住房和城乡建设主管部门应当办理注销手续，公告其资质证书作废。

① 资质证书有效期届满，未依法申请延续的；

② 工程监理企业依法终止的；

③ 工程监理企业资质依法被撤销、撤回或吊销的；

④ 法律、法规规定的应当注销资质的其他情形。

工程监理企业应当按照有关规定，向资质许可机关提供真实、准确、完整的工程监理企业的信用档案信息。

工程监理企业的信用档案应当包括基本情况、业绩、工程质量和安全、合同违约等情况。被投诉举报和处理、行政处罚等情况应当作为不良行为记入其信用档案。

工程监理企业的信用档案信息按照有关规定向社会公示，公众有权查阅。

四、法律责任

申请人隐瞒有关情况或者提供虚假材料申请工程监理企业资质的，资质许可机关不予受理或者不予行政许可，并给予警告，申请人在 1 年内不得再次申请工程监理企业资质。

以欺骗、贿赂等不正当手段取得工程监理企业资质证书的，由县级以上地方人民政府住房和城乡建设主管部门或者有关部门给予警告，并处 1 万元以上 2 万元以下的罚款，申请人 3 年内不得再次申请工程监理企业资质。

工程监理企业实施商业贿赂、涂改、伪造、出售、转让工程监理企业资质证书行为的，由县级以上地方人民政府住房和城乡建设主管部门或者有关部门予以警告，责令其改正，并处 1 万元以上 3 万元以下的罚款；造成损失的，依法承担赔偿责任；构成犯罪的，依法追究刑事责任。

工程监理企业不及时办理资质证书变更手续的，由资质许可机关责令限期办理；逾期不办理的，可处以 1 千元以上 1 万元以下的罚款。

工程监理企业未按照规定要求提供工程监理企业信用档案信息的，由县级以上地方人民政府住房和城乡建设主管部门予以警告，责令限期改正；逾期未改正的，可处以 1 千元以上 1 万元以下的罚款。

县级以上地方人民政府住房和城乡建设主管部门依法给予工程监理企业行政处罚的，应当将行政处罚决定及给予行政处罚的事实、理由和依据，报国务院住房和城乡建设主管部门备案。

县级以上人民政府住房和城乡建设主管部门及有关部门有下列情形之一的，由其上级行政主管部门或者监察机关责令改正，对直接负责的主管人员和其他直接责任人员依法给予处分；构成犯罪的，依法追究刑事责任。

① 对不符合规定条件的申请人准予工程监理企业资质许可的；

② 对符合规定条件的申请人不予工程监理企业资质许可或者不在法定期限内作出准予许可决定的；

③ 对符合法定条件的申请不予受理或者未在法定期限内初审完毕的；

④ 利用职务上的便利,收受他人财物或者其他好处的;

⑤ 不依法履行监督管理职责或者监督不力,造成严重后果的。

第三节 监理工程师注册执业制度

《注册监理工程师管理规定》适用于我国境内注册监理工程师的注册、执业、继续教育和监督管理。

国务院住房和城乡建设主管部门对全国注册监理工程师的注册、执业活动实施统一监督管理。县级以上地方人民政府住房和城乡建设主管部门对本行政区域内的注册监理工程师的注册、执业活动实施监督管理。

香港特别行政区、澳门特别行政区、台湾地区及外籍专业技术人员,申请参加注册监理工程师注册和执业的管理办法另行制定。

一、基本概念

注册监理工程师,是指经考试取得中华人民共和国监理工程师资格证书(简称“资格证书”),并按照《注册监理工程师管理规定》注册,取得中华人民共和国注册监理工程师注册执业证书(简称“注册证书”)和执业印章,从事工程监理及相关业务活动的专业技术人员。

注册监理工程师实行注册执业管理制度。取得资格证书的人员,经过注册方能以注册监理工程师的名义执业。

7-3 扩展阅读[注册监理工程师(水利工程)]

未取得注册证书和执业印章的人员,不得以注册监理工程师的名义从事工程监理及相关业务活动。

注册证书和执业印章是注册监理工程师的执业凭证,由注册监理工程师本人保管和使用,有效期为3年。

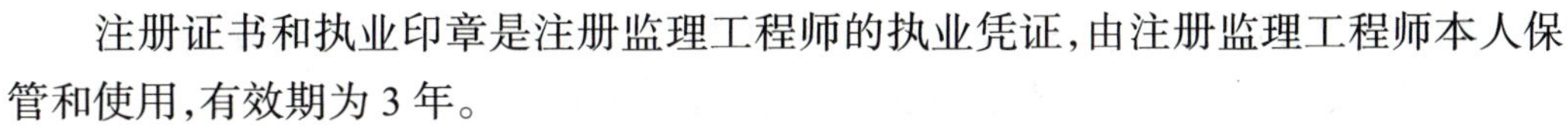

二、注册

注册监理工程师依据其所学专业、工作经历、工程业绩,按照《工程监理企业资质管理规定》划分的工程类别,按专业注册。每人最多可以申请两个专业注册。

取得资格证书的人员申请注册,由国务院住房和城乡建设主管部门审批。

取得资格证书并受聘于一个建设工程勘察、设计、施工、监理、招标代理、造价咨询等单位的人员,可以向单位工商注册所在地的省、自治区、直辖市人民政府住房和城乡建设主管部门提交申请材料。省、自治区、直辖市人民政府住房和城乡建设主管部门收到申请材料后，应当在5日内将全部申请材料报审批部门。符合条件的，由国务院住房和城乡建设主管部门核发注册证书，并核定执业印章编号。对不予批准的，应当说明理由，并告知申请人享有依法申请行政复议或者提起行政诉讼的权利。

（一）注册条件

1. 初始、延续、变更注册

初始注册者，可自资格证书签发之日起3年内提出申请。逾期未申请者，须符合继续教育的要求后方可申请初始注册。

申请初始注册，应当具备以下条件：

① 经全国注册监理工程师执业资格统一考试合格，取得资格证书；

② 受聘于一个相关单位；

③ 达到继续教育要求；

④ 没有《注册监理工程师管理规定》第十三条所列情形。

初始注册需要提交下列材料：

① 申请人的注册申请表；

② 申请人的资格证书和身份证复印件；

③ 申请人与聘用单位签订的聘用劳动合同复印件；

④ 所学专业、工作经历、工程业绩、工程类中级及中级以上职称证书等有关证明材料；

⑤ 逾期初始注册的，应当提供达到继续教育要求的证明材料。

《注册监理工程师管理规定》第十三条规定，申请人有下列情形之一的，不予初始注册、延续注册或者变更注册。

① 不具有完全民事行为能力的；

② 刑事处罚尚未执行完毕或者因从事工程监理或者相关业务受到刑事处罚，自刑事处罚执行完毕之日起至申请注册之日止不满2年的；

③ 未达到监理工程师继续教育要求的；

④ 在两个或者两个以上单位申请注册的；

⑤ 以虚假的职称证书参加考试并取得资格证书的；

⑥ 年龄超过65周岁的；

⑦ 法律、法规规定不予注册的其他情形。

2. 延续注册

注册监理工程师每一注册有效期为3年，注册有效期满需继续执业的，应当在注册有效期满30日前，按照有关程序申请延续注册。延续注册有效期3年。

延续注册需要提交下列材料：

① 申请人延续注册申请表；

② 申请人与聘用单位签订的聘用劳动合同复印件；

③ 申请人注册有效期内达到继续教育要求的证明材料。

3. 变更注册

在注册有效期内，注册监理工程师变更执业单位，应当与原聘用单位解除劳动关系，并按有关程序办理变更注册手续，变更注册后仍延续原注册有效期。

变更注册需要提交下列材料：

① 申请人变更注册申请表；

② 申请人与新聘用单位签订的聘用劳动合同复印件；

③ 申请人的工作调动证明（与原聘用单位解除聘用劳动合同或者聘用劳动合同到期的证明文件、退休人员的退休证明）。

（二）注册注销

注册监理工程师有下列情形之一的，负责审批的部门应当办理注销手续，收回注册证书和执业印章或者公告其注册证书和执业印章作废。

① 不具有完全民事行为能力的；

② 申请注销注册的；

③ 有《注册监理工程师管理规定》第十四条所列情形发生的；

④ 依法被撤销注册的；

⑤ 依法被吊销注册证书的；

⑥ 受到刑事处罚的；

⑦ 法律、法规规定应当注销注册的其他情形。

注册监理工程师有上述情形之一的，注册监理工程师本人和聘用单位应当及时向国务院住房和城乡建设主管部门提出注销注册的申请；有关单位和个人有权向国务院住房和城乡建设主管部门举报；县级以上地方人民政府住房和城乡建设主管部门或者有关部门应当及时报告或者告知国务院住房和城乡建设主管部门。

被注销注册者或者不予注册者，在重新具备初始注册条件，并符合继续教育要求后，可以按照《注册监理工程师管理规定》第七条规定的程序重新申请注册。

三、执业

取得资格证书的人员，应当受聘于一个具有建设工程勘察、设计、施工、监理、招标代理、造价咨询等一项或者多项资质的单位，经注册后方可从事相应的执业活动。从事工程监理执业活动的，应当受聘并注册于一个具有工程监理资质的单位。

注册监理工程师可以从事工程监理、工程经济与技术咨询、工程招标与采购咨询、工程项目管理服务,以及国务院有关部门规定的其他业务。

工程监理活动中形成的监理文件由注册监理工程师按照规定签字盖章后方可生效。

修改经注册监理工程师签字盖章的工程监理文件,应当由该注册监理工程师进行;因特殊情况,该注册监理工程师不能进行修改的,应当由其他注册监理工程师修改,并签字、加盖执业印章,对修改部分承担责任。

注册监理工程师从事执业活动,由所在单位接受委托并统一收费。

因工程监理事故及相关业务造成的经济损失,聘用单位应当承担赔偿责任;聘用单位承担赔偿责任后,可依法向负有过错的注册监理工程师追偿。

注册监理工程师在每一注册有效期内应当达到国务院住房和城乡建设主管部门规定的继续教育要求。继续教育作为注册监理工程师逾期初始注册、延续注册和重新申请注册的条件之一。继续教育分为必修课和选修课,在每一注册有效期内各为48学时。

四、权利和义务

(一)权利

① 使用注册监理工程师称谓;
② 在规定范围内从事执业活动;
③ 依据本人能力从事相应的执业活动;
④ 保管和使用本人的注册证书和执业印章;
⑤ 对本人执业活动进行解释和辩护;
⑥ 接受继续教育;
⑦ 获得相应的劳动报酬;
⑧ 对侵犯本人权利的行为进行申诉。

(二)义务

① 遵守法律、法规和有关管理规定;
② 履行管理职责,执行技术标准、规范和规程;
③ 保证执业活动成果的质量,并承担相应责任;
④ 接受继续教育,努力提高执业水准;
⑤ 在本人执业活动所形成的工程监理文件上签字、加盖执业印章;
⑥ 保守在执业中知悉的国家秘密和他人的商业、技术秘密;
⑦ 不得涂改、倒卖、出租、出借或者以其他形式非法转让注册证书或者执业印章;

⑧ 不得同时在两个或者两个以上单位受聘或者执业；

⑨ 在规定的执业范围和聘用单位业务范围内从事执业活动；

⑩ 协助注册管理机构完成相关工作。

五、法律责任

隐瞒有关情况或者提供虚假材料申请注册的，住房和城乡建设主管部门不予受理或者不予注册，并给予警告，1 年之内不得再次申请注册。

以欺骗、贿赂等不正当手段取得注册证书的，由国务院住房和城乡建设主管部门撤销其注册，3 年内不得再次申请注册，并由县级以上地方人民政府住房和城乡建设主管部门处以罚款。其中没有违法所得的，处以 1 万元以下罚款；有违法所得的，处以违法所得 3 倍以下且不超过 3 万元的罚款；构成犯罪的，依法追究刑事责任。

违反《注册监理工程师管理规定》，未经注册，擅自以注册监理工程师的名义从事工程监理及相关业务活动的，由县级以上地方人民政府住房和城乡建设主管部门给予警告，责令停止违法行为，处以 3 万元以下罚款；造成损失的，依法承担赔偿责任。

违反《注册监理工程师管理规定》，未办理变更注册仍执业的，由县级以上地方人民政府住房和城乡建设主管部门给予警告，责令限期改正；逾期不改的，可处以 5 000 元以下的罚款。

注册监理工程师在执业活动中有下列行为之一的，由县级以上地方人民政府住房和城乡建设主管部门给予警告，责令其改正。其中没有违法所得的，处以 1 万元以下罚款；有违法所得的，处以违法所得 3 倍以下且不超过 3 万元的罚款；造成损失的，依法承担赔偿责任；构成犯罪的，依法追究刑事责任。

① 以个人名义承接业务的；

② 涂改、倒卖、出租、出借或者以其他形式非法转让注册证书或者执业印章的；

③ 泄露执业中应当保守的秘密并造成严重后果的；

④ 超出规定执业范围或者聘用单位业务范围从事执业活动的；

⑤ 弄虚作假提供执业活动成果的；

⑥ 同时受聘于两个或者两个以上的单位，从事执业活动的；

⑦ 其他违反法律、法规、规章的行为。

有下列情形之一的，国务院住房和城乡建设主管部门依据职权或者根据利害关系人的请求，可以撤销监理工程师注册。

① 工作人员滥用职权、玩忽职守颁发注册证书和执业印章的；

② 超越法定职权颁发注册证书和执业印章的；

③ 违反法定程序颁发注册证书和执业印章的；

④ 对不符合法定条件的申请人颁发注册证书和执业印章的；

⑤ 依法可以撤销注册的其他情形。

县级以上人民政府住房和城乡建设主管部门的工作人员，在注册监理工程师管理工作中，有下列情形之一的，依法给予处分；构成犯罪的，依法追究刑事责任。

① 对不符合法定条件的申请人颁发注册证书和执业印章的；

② 对符合法定条件的申请人不予颁发注册证书和执业印章的；

③ 对符合法定条件的申请人未在法定期限内颁发注册证书和执业印章的；

④ 对符合法定条件的申请不予受理或者未在法定期限内初审完毕的；

⑤ 利用职务上的便利，收受他人财物或者其他好处的；

⑥ 不依法履行监督管理职责，或者发现违法行为不予查处的。

第四节　建设工程质量管理

《建设工程分类标准》（GB/T 50841—2013）定义建设工程是指为人类生活、生产提供物质技术基础的各类建筑物和工程设施的统称，包括土木工程、建筑工程、线路管道和设备安装工程及装修工程（可参看《建设工程质量管理条例》），是人类有组织、有目的、大规模的经济活动，也是可固定资产再生产过程中形成综合生产能力或发挥工程效益的工程项目。建设工程亦指建造新的或改造原有的固定资产。

《建设工程质量管理条例》第五条“从事建设工程活动，必须严格执行基本建设程序，坚持先勘察、后设计、再施工的原则。县级以上人民政府及其有关部门不得超越权限审批建设项目或者擅自简化基本建设程序。”第三条“建设单位、勘察单位、设计单位、施工单位、工程监理单位依法对建设工程质量负责。”第四条“县级以上人民政府建设行政主管部门和其他有关部门应当加强对建设工程质量的监督管理。”

国家鼓励采用先进的科学技术和管理方法，提高建设工程质量。

一、建设工程质量的监督管理

依据《房屋建筑和市政基础设施工程质量监督管理规定》，工程质量监督管理是指主管部门依据有关法律法规和工程建设强制性标准，对工程实体质量和工程建设、勘察、设计、施工、监理单位（以下简称“工程质量责任主体”）和质量检测等单位的工程质量行为实施监督。**工程实体质量监督**是指主管部门对涉及工程主体结构安全、主要使用功能的工程实体质量情况实施监督。**工程质量行为监督**是指主管部门对工程质量责任主体和质量检测等单位履行法定质量责任和义务的情况实施监督。

(一) 建设监理与工程质量监督的区别

1. 性质(受委托单位)

建设监理单位是接受建设单位(业主)的委托,依据委托的内容对工程建设进行监督管理,对建设单位负责,具有服务性;工程质量监督机构则是代表政府对工程建设实施质量监督与认证,对政府负责,具有一定的行政性。

2. 内容和范围

建设监理的范围囊括整个工程建设的全过程,包括招标、设计、施工、材料设备采供、设备安装调试等环节,对工期、质量、造价、安全诸方面进行监督管理。工程质量监督则主要是对施工质量进行监督,也包括对设计质量的监督。

依据《房屋建筑和市政基础设施工程质量监督管理规定》,工程质量监督管理应当包括下列内容:

① 执行法律法规和工程建设强制性标准的情况;

② 抽查涉及工程主体结构安全和主要使用功能的工程实体质量;

③ 抽查工程质量责任主体和质量检测等单位的工程质量行为;

④ 抽查主要建筑材料、建筑构配件的质量;

⑤ 对工程竣工验收进行监督;

⑥ 组织或者参与工程质量事故的调查处理;

⑦ 定期对本地区工程质量状况进行统计分析;

⑧ 依法对违法违规行为实施处罚。

3. 工作依据

建设监理以依法确立的工程建设合同为依据。工程质量监督则以技术标准、技术规范为依据,凡不符合规定的不准投入使用。

4. 行为目的

建设监理以追求包括工期、造价、质量、安全等在内的经济效益、社会效益乃至环境效益为目的;工程质量监督则以保证质量,特别是施工质量为目的。

5. 工作手段

建设监理主要运用经济手段(如对分部分项工程不合格者,监理工程师不予签认工程量,不予拨付工程款等),促使受益各方从关心自身经济利益出发,自觉提高工程建设质量,从而保证工程质量和合同的履行;工程质量监督则主要运用行政手段(如禁止不符合技术标准、技术规范的工程投入使用,以及给予行政处罚等),鞭策施工单位保证工程质量。

依据《房屋建筑和市政基础设施工程质量监督管理规定》,对工程项目实施质量监督应当依照下列程序进行：

① 受理建设单位办理质量监督手续；

② 制订工作计划并组织实施；

③ 对工程实体质量、工程质量责任主体和质量检测等单位的工程质量行为进行抽查、抽测；

④ 监督工程竣工验收，重点对验收的组织形式、程序等是否符合有关规定进行监督；

⑤ 形成工程质量监督报告；

⑥ 建立工程质量监督档案。

（二）建设工程质量监督

1. 国家实行建设工程质量管理制度

① 国务院住房和城乡建设主管部门对全国的建设工程质量实施统一监督管理。

② 国务院铁路、交通、水利等有关部门按照国务院规定的职责分工，负责对全国的有关专业建设工程质量的监督管理。

③ 国务院发展计划部门按照国务院规定的职责，组织稽查特派员，对国家出资的重大建设项目实施监督检查。国务院经济贸易主管部门按照国务院规定的职责，对国家重大技术改造项目实施监督检查。

2. 工程质量监督机构

建设工程质量监督管理，由住房和城乡建设主管部门或其他有关部门委托的建设工程质量监督机构具体实施。从事专业建设工程监督管理的机构，必须按照国家有关规定经国务院有关部门或省市自治区、直辖市人民政府有关部门考核（每三年一次）合格后，方可依法对工程实施质量监督，并对工程质量监督承担监督责任。

依据《房屋建筑和市政基础设施工程质量监督管理规定》，专业建设工程监督机构应当具备下列条件：

① 具有符合规定的监督人员。人员数量由县级以上地方人民政府住房和城乡建设主管部门根据实际需要确定。监督人员应当占监督机构总人数的 75% 以上。

② 有固定的工作场所和满足工程质量监督检查工作需要的仪器、设备和工具等。

③ 有健全的质量监督工作制度，具备与质量监督工作相适应的信息化管理条件。

县级以上人民政府住房和城乡建设主管部门和其他有关部门履行监督检查职责时，有权采取下列措施：

① 要求被检查单位提供有关工程质量的文件和资料；

② 进入被检查单位的施工现场进行检查；

③ 发现有影响工程质量的问题时，责令改正。

建设单位应当自建设工程竣工验收合格之日起 15 日内，将建设工程竣工验收报告和规划、公安消防、环保等部门出具的认可文件或者准许使用文件报住房和城乡建设主管部门或者其他有关部门备案。

住房和城乡建设主管部门和其他有关部门发现建设单位在竣工验收过程中有违反国家有关建设工程质量管理规定的，应责令停止使用，重新组织竣工验收。

供水、供电、供气、消防等部门或者单位不得明示或者暗示建设单位、施工单位购买其指定的生产供应单位的建筑材料、建筑构配件和设备。

建设工程发生质量事故，有关部门应当在24小时内向当地住房和城乡建设主管部门和其他有关部门报告。对重大质量事故，事故发生地的住房和城乡建设主管部门和其他有关部门应当按照事故类别和等级向当地人民政府和上级住房和城乡建设主管部门和其他有关部门报告。

特别重大质量事故的调查程序按照国务院有关规定办理。

二、工程建设各方质量责任和义务

《建设工程质量管理条例》明确了建设单位、勘察单位、设计单位、施工单位、工程监理单位的工程质量责任和义务。

（一）建设单位的质量责任和义务

建设单位应当将工程发包给具有相应资质等级的单位，不得将建设工程肢解发包，应当依法对工程建设项目的勘察、设计、施工、监理，以及与工程建设有关的重要设备、材料等的采购进行招标。

建设单位必须向有关的勘察、设计、施工、工程监理等单位提供与建设工程有关的原始资料。原始资料必须真实、准确、齐全。

建设工程发包单位不得迫使承包方以低于成本的价格竞标，不得任意压缩合理工期；不得明示或者暗示设计单位或者施工单位违反工程建设强制性标准，降低建设工程质量。

建设单位应当将施工图设计文件报县级以上人民政府住房和城乡建设主管部门或者其他有关部门审查。施工图设计文件未经审查批准的，不得使用。

建设单位在领取施工许可证或者开工报告前，应当按照国家有关规定办理工程质量监督手续。

建设单位收到建设工程竣工报告后，应当组织设计、施工、工程监理等有关单位进行竣工验收。建设工程经验收合格的，方可交付使用。

建设单位应当严格按照国家有关档案管理的规定，及时收集、整理建设项目各环节的文件资料，建立健全建设项目档案，并在建设工程竣工验收后，及时向住房和城乡建设主管部门或者其他有关部门移交建设项目档案。

（二）勘察、设计单位的质量责任和义务

从事建设工程勘察、设计的单位应当依法取得相应等级的资质证书，并在其资质等级许可的范围内承揽工程。禁止勘察、设计单位超越其资质等级许可的范围或者以其他勘察、设计单位的名义承揽工程。禁止勘察、设计单位允许其他单位或者个人以本单位的名义承揽工程。勘察、设计单位不得转包或者违法分包所承揽的工程。

勘察、设计单位必须按照工程建设强制性标准进行勘察、设计，并对其勘察、设计的质量负责。注册建筑师、注册结构工程师等注册执业人员应当在设计文件上签字，对设计文件负责。

勘察单位提供的地质、测量、水文等勘察成果必须真实、准确。

设计单位应当根据勘察成果文件进行建设工程设计。设计文件应当符合国家规定的设计深度要求，注明工程合理使用年限。

设计单位在设计文件中选用的建筑材料、建筑构配件和设备，应当注明规格、型号、性能等技术指标，其质量要求必须符合国家规定的标准。除有特殊要求的建筑材料、专用设备、工艺生产线等外，设计单位不得指定生产厂、供应商。

设计单位应当就审查合格的施工图设计文件向施工单位作出详细说明。

设计单位应当参与建设工程质量事故分析，并对因设计造成的质量事故，提出相应的技术处理方案。

（三）施工单位的质量责任和义务

施工单位应当依法取得相应等级的资质证书，并在其资质等级许可的范围内承揽工程。禁止施工单位超越本单位资质等级许可的业务范围或者以其他施工单位的名义承揽工程。禁止施工单位允许其他单位或者个人以本单位的名义承揽工程。施工单位不得转包或者违法分包工程。

施工单位对建设工程的施工质量负责。施工单位应当建立质量责任制，确定工程项目的项目经理、技术负责人和施工管理负责人。建设工程实行总承包的，总承包单位应当对全部建设工程质量负责；建设工程勘察、设计、施工、设备采购的一项或者多项实行总承包的，总承包单位应当对其承包的建设工程或者采购的设备的质量负责。

总承包单位依法将建设工程分包给其他单位的，分包单位应当按照分包合同的约定对其分包工程的质量向总承包单位负责，总承包单位与分包单位对分包工程的质量承担连带责任。

施工单位必须按照工程设计图纸和施工技术标准施工，不得擅自修改工程设计，不得偷工减料。

施工单位在施工过程中发现设计文件和图纸有差错的，应当及时提出意见和建议。

施工单位必须按照工程设计要求、施工技术标准和合同约定，对建筑材料、建筑构配件、设备和商品混凝土进行检验，检验应当有书面记录和专人签字；未经检验或者检验不合格的，不得使用。

施工单位必须建立、健全施工质量的检验制度，严格工序管理，做好隐蔽工程的质量检查和记录。隐蔽工程在隐蔽前，施工单位应当通知建设单位和建设工程质量监督机构。

施工人员对涉及结构安全的试块、试件及有关材料，应当在建设单位或者工程监理单位监督下现场取样，并送具有相应资质等级的质量检测单位进行检测。

施工单位对施工中出现质量问题的建设工程或者竣工验收不合格的建设工程，应当负责返修。

施工单位应当建立、健全教育培训制度，加强对职工的教育培训；未经教育培训或者考核不合格的人员，不得上岗作业。

（四）建设工程质量保修

1. 建设工程质量保修制度

建设工程实行质量保修制度。

建设工程承包单位在向建设单位提交工程竣工验收报告时，应当向建设单位出具质量保修书。质量保修书中应当明确建设工程的保修范围、保修期限和保修责任等。

2. 建设工程的保修期限

在正常使用条件下，建设工程的最低保修期限规定如下：

① 基础设施工程、房屋建筑的地基基础工程和主体结构工程的最低保修期限为设计文件规定的该工程的合理使用年限；

② 屋面防水工程、有防水要求的卫生间、房间和外墙面防渗漏的最低保修期限为5年；

③ 供热与供冷系统的最低保修期限为2个采暖期、供冷期；

④ 电气管线、给排水管道、设备安装和装修工程的最低保修期限为2年。

其他项目的保修期限由发包方与承包方约定。

建设工程的保修期自竣工验收合格之日起计算。

3. 保修责任

建设工程在保修范围和保修期限内发生质量问题的，施工单位应当履行保修义务，并对造成的损失承担赔偿责任。

建设工程在超过合理使用年限后需要继续使用的，产权所有人应当委托具有相应资质等级的勘察、设计单位鉴定,并根据鉴定结果采取加固、维修等措施,重新界定使用期。

三、建设工程质量管理罚则

违反《建设工程质量管理条例》规定,建设单位将建设工程发包给不具有相应资质等级的勘察、设计、施工单位或者委托给不具有相应资质等级的工程监理单位的,责令改正,处 50 万元以上 100 万元以下的罚款。

建设单位将建设工程肢解发包的,责令改正,处工程合同价款百分之零点五以上百分之一以下的罚款;对全部或者部分使用国有资金的项目,并可处以暂停项目执行或者暂停资金拨付。

建设单位有下列行为之一的,责令改正,处 20 万元以上 50 万元以下的罚款。

① 迫使承包方以低于成本的价格竞标的;

② 任意压缩合理工期的;

③ 明示或者暗示设计单位或者施工单位违反工程建设强制性标准,降低工程质量的;

④ 施工图设计文件未经审查或者审查不合格,擅自施工的;

⑤ 建设项目必须实行工程监理而未实行工程监理的;

⑥ 未按照国家规定办理工程质量监督手续的;

⑦ 明示或者暗示施工单位使用不合格的建筑材料、建筑构配件和设备的;

⑧ 未按照国家规定将竣工验收报告、有关认可文件或者准许使用文件报送备案的。

建设单位未取得施工许可证或者开工报告未经批准,擅自施工的,责令停止施工,限期改正,处工程合同价款百分之一以上百分之二以下的罚款。

建设单位有下列行为之一的,责令改正,处工程合同价款百分之二以上百分之四以下的罚款;造成损失的,依法承担赔偿责任。

① 未组织竣工验收,擅自交付使用的;

② 验收不合格,擅自交付使用的;

③ 对不合格的建设工程按照合格工程验收的。

建设工程竣工验收后,建设单位未向住房和城乡建设主管部门或者其他有关部门移交建设项目档案的,责令改正,处 1 万元以上 10 万元以下的罚款。

勘察、设计、施工、工程监理单位超越本单位资质等级承揽工程的,责令停止违法行为,对勘察、设计单位或者工程监理单位处合同约定的勘察费、设计费或者监理酬金 1 倍以上 2 倍以下的罚款;对施工单位处工程合同价款百分之二以上百分之四以下的罚款,可以责令停业整顿,降低资质等级;情节严重的,吊销资质证书;有违法所得的，予以没收。未取得资质证书承揽工程的，予以取缔，依照上述规定处以罚款；有违法所得的，予以没收。以欺骗手段取得资质证书承揽工程的，吊销资质证书，依照上述规定处以罚款；有违法所得的，予以没收。

勘察、设计、施工、工程监理单位允许其他单位或者个人以本单位名义承揽工程的，责令改正，没收违法所得，对勘察、设计单位和工程监理单位处合同约定的勘察费、设计费和监理酬金 1 倍以上 2 倍以下的罚款；对施工单位处工程合同价款百分之二以上百分之四以下的罚款；可以责令停业整顿，降低资质等级；情节严重的，吊销资质证书。

承包单位将承包的工程转包或者违法分包的，责令改正，没收违法所得，对勘察、设计单位处合同约定的勘察费、设计费百分之二十五以上百分之五十以下的罚款；对施工单位处工程合同价款百分之零点五以上百分之一以下的罚款；可以责令停业整顿，降低资质等级；情节严重的，吊销资质证书。工程监理单位转让工程监理业务的，责令改正，没收违法所得，处合同约定的监理酬金百分之二十五以上百分之五十以下的罚款；可以责令停业整顿，降低资质等级；情节严重的，吊销资质证书。

勘察、设计单位有下列行为之一的，责令改正，处 10 万元以上 30 万元以下的罚款。

① 勘察单位未按照工程建设强制性标准进行勘察的；

② 设计单位未根据勘察成果文件进行工程设计的；

③ 设计单位指定建筑材料、建筑构配件的生产厂、供应商的；

④ 设计单位未按照工程建设强制性标准进行设计的。

由于上述所列行为，造成工程质量事故的，责令停业整顿，降低资质等级；情节严重的，吊销资质证书；造成损失的，依法承担赔偿责任。

施工单位在施工中偷工减料的，使用不合格的建筑材料、建筑构配件和设备的，或者有不按照工程设计图纸或者施工技术标准施工等其他行为的，责令改正，处工程合同价款百分之二以上百分之四以下的罚款；造成建设工程质量不符合规定的质量标准的，负责返工、修理，并赔偿因此造成的损失；情节重的，责令停业整顿，降低资质等级或者吊销资质证书。

施工单位未对建筑材料、建筑构配件、设备和商品混凝土进行检验，或者未对涉及结构安全的试块、试件及有关材料取样检测的，责令改正，处 10 万元以上 20 万元以下的罚款；情节严重的，责令停业整顿，降低资质等级或者吊销资质证书；造成损失的，依法承担赔偿责任。

施工单位不履行保修义务或者拖延履行保修义务的，责令改正，处 10 万元以上 20 万元以下的罚款，并对在保修期内因质量缺陷造成的损失承担赔偿责任。

工程监理单位有下列行为之一的，责令改正，处 50 万元以上 100 万元以下的罚款，降低资质等级或者吊销资质证书；有违法所得的，予以没收；造成损失的，承担连带赔偿责任。

① 与建设单位或者施工单位串通，弄虚作假、降低工程质量的；

② 将不合格的建设工程、建筑材料、建筑构配件和设备按照合格签字的。

工程监理单位与被监理工程的施工承包单位及建筑材料、建筑构配件和设备供应单位有隶属关系或者其他利害关系承担该项建设工程的监理业务的，责令改正，处5万元以上10万元以下的罚款，降低资质等级或者吊销资质证书；有违法所得的，予以没收。

涉及建筑主体或者承重结构变动的装修工程，没有设计方案擅自施工的，责令改正，处50万元以上100万元以下的罚款；房屋建筑使用者在装修过程中擅自变动房屋建筑主体和承重结构的，责令改正，处5万元以上10万元以下的罚款。有上述所列行为，造成损失的，依法承担赔偿责任。

重大工程质量事故隐瞒不报、谎报或者拖延报告期限的，对直接负责的主管人员和其他责任人员依法给予行政处分。

供水、供电、供气、公安消防等部门或者单位明示或者暗示建设单位或者施工单位购买其指定的生产供应单位的建筑材料、建筑构配件和设备的，责令改正。

注册建筑师、注册结构工程师、监理工程师等注册执业人员因过错造成质量事故的，责令停止执业1年；造成重大质量事故的，吊销执业资格证书，5年以内不予注册；情节特别恶劣的，终身不予注册。

依照《建设工程质量管理条例》规定，给予单位罚款处罚的，对单位直接负责的主管人员和其他直接责任人员处单位罚款数额百分之五以上百分之十以下的罚款。

建设单位、设计单位、施工单位、工程监理单位违反国家规定，降低工程质量标准，造成重大安全事故，构成犯罪的，对直接责任人员依法追究刑事责任。

《建设工程质量管理条例》规定，责令停业整顿，降低资质等级和吊销资质证书的行政处罚，由颁发资质证书的机关决定；其他行政处罚，由住房和城乡建设主管部门或者其他有关部门依照法定职权决定。

依照《建设工程质量管理条例》规定，被吊销资质证书的，由工商行政管理部门吊销其营业执照。

国家机关工作人员在建设工程质量监督管理工作中玩忽职守、滥用职权、徇私舞弊，构成犯罪的，依法追究刑事责任；尚不构成犯罪的，依法给予行政处分。

7-4 第七章教学案例

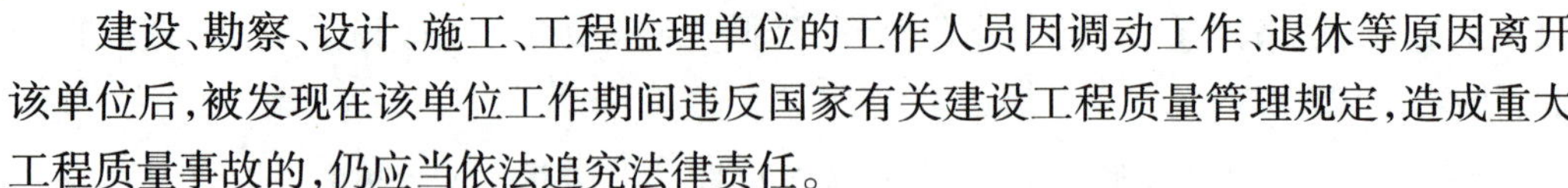

建设、勘察、设计、施工、工程监理单位的工作人员因调动工作、退休等原因离开该单位后，被发现在该单位工作期间违反国家有关建设工程质量管理规定，造成重大工程质量事故的，仍应当依法追究法律责任。

思考题

1. 简述我国推行建设监理制度的意义。
2. 简述工程建设监理的依据、范围和内容。

3. 简述工程监理企业资质类别、等级及相应的业务范围。

4. 监理工程师的权利、义务和法律责任有哪些?

5. 工程监理企业可能的不当行为主要有哪些?

6. 工程监理企业如何进行资质申请和审批?

7. 哪些情形下审批部门应当注销注册监理工程师的注册资格?

8. 建设监理与工程质量监督有何区别?

9. 我国规定建设单位、勘察单位、设计单位、施工单位、监理单位的主要质量责任和义务有哪些?

10. 我国规定工程质量监督机构履行监督检查职责时可以行使哪些权力?

第八章　建设基本法

建设基本法是调整国家机关、企业、事业单位和其他社会组织在基本建设过程中所形成经济关系的法律规范总称。这种经济关系，是参与基本建设的各个单位(建设活动的五方主体)，根据基本建设经济法规的规定所形成的权利、义务关系。本章简要介绍建筑法、城乡规划法、房地产管理法和建设项目环境保护管理法规。

8-1 第八章电子教案

第一节　建　筑　法

《中华人民共和国建筑法》(以下简称《建筑法》)是我国工程建设和建筑业的一部大法，是建筑活动的基本法。

一、立法意义(宗旨)

《建筑法》的颁布实施，对于加强建筑活动的监督管理，维护建筑市场秩序，保证建设工程质量和安全，促进建筑业的健康发展，具有十分重要的意义；为我国建筑业在各个环节上有法可依、有法必依、执法必严、违法必究提供了法律依据，是我国建筑行业法制化的重要里程碑；也为我国建筑业进一步向国际标准化迈进提供了保障。

我国建筑市场庞大，从业人数众多，因此建筑工程领域成了质量安全事故和市场违规行为的多发地，所以《建筑法》在建筑活动中的重要性不言而喻。

《建筑法》明确建筑行为的主体为建设单位、勘察设计单位、施工单位、监理单位。建设工程质量责任主体的多元化使工程质量的责任划分也有了明确的界限，各个主体都要按照法定的质量责任与义务来承担自己的责任，保证了建筑质量责任分配的公平客观。《建设工程质量管理条例》的颁布，对各行为主体的质量责任又作出了具体规定，明确了各个主体的行为约束。这些约束对保证建筑工程寿命、安全、质量等方面都起到了重要作用。

二、调整对象和适用范围

《建筑法》第二条“在中华人民共和国境内从事建筑活动，实施对建筑活动的监督管理，应当遵守本法。本法所称建筑活动，是指各类房屋建筑及其附属设施的建造和与其配套的线路、管道、设备的安装活动。”

该条规定的调整对象和适用范围包括三层意思：

① 调整的地域范围是中华人民共和国境内；

② 调整的主体是建设单位、勘察设计单位、施工企业、监理单位及管理机关，同时从事建筑活动的个人（如注册建筑师等）也适用本法；

③ 调整的行为是各类房屋建筑及其设施的新建、改建、扩建、维修、拆除、装饰装修等活动，以及线路、管道、设备（包括电梯）的安装活动。（依照《房地产管理法》的规定，房屋是指“土地上的房屋等建筑物及构筑物”。）

三、主要内容

《建筑法》是以市场管理为中心，以建筑工程质量和安全为重点，以加强对建筑活动的监督管理为主线而设置法律条文框架的。建筑市场、安全、质量构成了《建筑法》的基本内容框架，如图 8-1 所示。

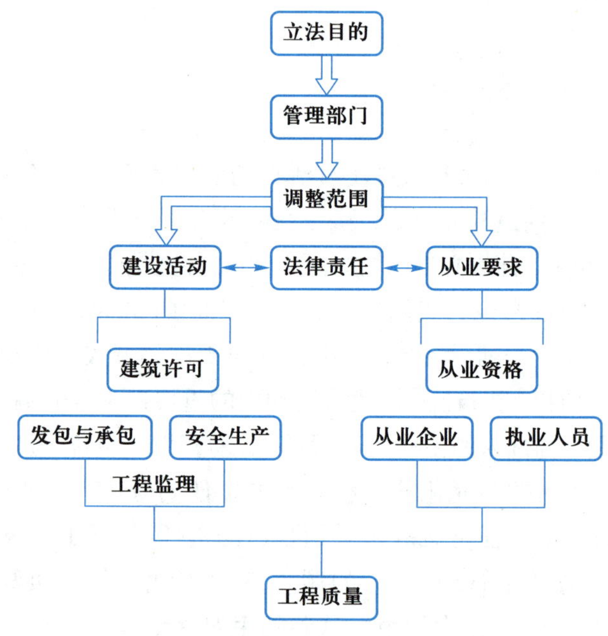

图 8-1 《建筑法》基本内容框架图

（一）总则

总则部分是整部《建筑法》的纲领性规定，除规定了《建筑法》的立法目的、调整对象和适用范围外，还就确保建筑工程质量和安全的原则，建筑业扶持政策、建筑活动当事人的权利和义务和建筑管理体制作了明确、概要的规定。

《建筑法》第六条“国务院建设行政主管部门对全国的建筑活动实施统一监督管理。”国务院建设行政主管部门即住建部。至于地方建设行政主管部门的职责,《建筑法》中没有明文规定。这主要考虑到目前全国各省、自治区、直辖市都对建设行政主管部门的职责作出了明确规定。

建筑活动的监督管理具有以下几个特点:

① 建筑活动监督管理具有权威性,它体现的是国家意志。

② 建筑活动监督管理具有强制性,这种监督有国家强制力保证,任何单位、个人不服从这种监督管理都将受到法律制裁。

③ 建筑活动监督管理具有综合性,它贯穿于建筑活动的全过程,适用于建设单位、勘察单位、设计单位、施工单位和监理单位等各方主体。

(二) 建筑许可

建筑许可是对建筑工程施工许可制度和从事建筑活动的单位及个人从业资格制度的规定。

建筑工程施工许可制度是指建设行政主管部门根据建设单位的申请,依法对建筑工程是否具备施工条件进行审查,符合条件者,准许该建筑工程开始施工并颁发施工许可证的一种制度。

从事建筑活动的单位资质制度是指建设行政主管部门对从事建筑活动的建筑施工企业、勘察单位、设计单位和工程监理单位的人员素质、管理水平、资金数量、业务能力等进行审查,以确定其承担任务的范围,并发给相应的资质证书的一种制度。

从事建筑活动的个人资格制度是指建设行政主管部门及有关部门对从事建筑活动的专业技术人员,依法进行考试和注册,并颁发执业资格证书的一种制度。

《建筑法》对这三项许可制度作出了明确规定,体现了国家对建筑活动作为一种特殊的经济活动,进行从严和事前控制管理,对规范建筑市场,保证建筑工程质量和建筑生产安全,维护社会经济秩序,提高投资效益,保障公民生命财产和国家财产安全,具有非常重要的意义。实行建筑工程施工许可,既可以监督建设单位尽快建成拟建项目,防止闲置土地,影响公众利益,又能保证建设项目开工后能够顺利进行,避免由于不具备条件盲目上马,给参与建设的各方造成不必要的损失,同时也有助于建设行政主管部门对在建项目实施有效的监督管理。实行从事建筑活动的单位资质制度和个人资格制度,有利于确保从事建筑活动的单位和人员的素质,提高建筑工程质量和投资效益。

(三) 建筑工程发包与承包

《建筑法》第三章“建筑工程发包与承包”是《建筑法》中规范内容最多的一章。关于发包与承包活动的一般规定,包括了建筑工程承包合同、发包与承包活动的基本原则、发包方和承包方的不正当竞争行为，以及建筑工程造价的规定。关于发包的规定，包括了发包工程的方式、程序、发包方在发包工程中的权力及行为限制。关于承包的规定，包括了承包单位的资质要求、承包方式、禁止转包及再分包的内容。

（四）建筑工程监理

《建筑法》第四章是对建筑工程监理的范围、程序、依据、内容及工程监理单位和工程监理人员的权利、义务与责任的规定。建筑工程监理是指具有一定资质的监理单位受建设单位委托，依照法律、行政法规及有关技术标准、设计文件和建筑工程承包合同，对建筑工程实施的监督管理。

《建筑法》对建筑工程监理设专章加以规定，有利于建筑工程监理制度在我国全面实行，对控制建筑工程的投资、保证建设工期、确保建筑工程质量，以及开拓国际建筑市场等都具有非常重要的意义。

（五）建筑安全生产管理

《建筑法》第五章是对建筑安全生产的方针、管理体制、安全责任制度、安全教育培训制度等的规定。建筑安全生产管理是指建设行政主管部门、建筑安全监督管理机构、建筑施工企业及有关单位对建筑生产过程中的安全工作，进行计划、组织、指挥、控制、监督等一系列的管理活动。其目的在于保证建筑工程安全和建筑职工的人身安全。建筑生产的特点是产品固定、人员流动，而且多为露天、高处作业，施工环境和作业条件较差，不安全因素随着工程进度的变化而不断变化，规律性差、隐患多。因此，建筑业属事故多发行业之一，每年施工中的死亡人数仅次于矿山井下，在全国各行业中居第二位。因此，《建筑法》专设一章对建筑安全生产管理作出规定是非常必要的。

《建筑法》对建筑安全生产管理作出规定，对强化建筑安全生产管理，保证建筑工程的安全性能，保障职工及其相邻居民的人身和财产安全，具有非常重要的意义。

（六）建筑工程质量管理

《建筑法》第六章确定了在建筑工程质量管理过程中的**五项基本法律制度**，即建筑工程政府质量监督制度、质量体系认证制度、质量责任制度、建筑工程竣工验收制度及建筑工程质量保修制度，是《建筑法》确立法律制度较多的一章。涉及的行为主体为从事建筑活动的各方行为主体，包括建设单位，勘察设计单位，施工企业，建筑材料、构配件和设备供应单位。

（七）法律责任

《建筑法》第七章是对违反《建筑法》应承担的法律责任的规定。

违反《建筑法》的责任也称建筑法律责任，是指建筑法律关系中的主体由于其行为违反《建筑法》，按照法律规定必须承担的消极的法律后果。

它包含以下几层含义：

① 承担建筑法律责任的主体是建筑法律关系中的主体。它不仅包括管理机关，还包括建设单位，勘察、设计单位，建筑施工单位及监理单位等；不仅包括公民个人，还包括外国人和无国籍的人。

② 建筑违法行为的实施是承担法律责任的前提。没有违法行为，就不承担法律责任。

③ 建筑法律责任是一种消极的法律后果。

④ 建筑法律责任只能由有权国家机关依法予以追究或者处理。

建筑法律责任不同于其他社会责任，如政治责任、道义责任及违反其他法律的责任。它具有以下几方面特点：

① 建筑法律责任是不履行《建筑法》规定的义务引起的后果。设定建筑法律责任，是为了保证《建筑法》规定的义务得以实现，它是以法定义务为基础的。

② 建筑法律责任是必须有法律明文规定的，即建筑法律关系的主体若不履行法定的义务，需要承担什么样的法律后果，涉及人身或者财产方面的权利。为了保护公民、法人及其他组织的基本权利，不能随意设置法律责任，必须在《建筑法》中明文规定，否则不能构成建筑法律责任。

③ 建筑法律责任具有强制性。这种强制性表现为建筑法律关系主体如果违反法律规定，不履行《建筑法》明文规定的义务，国家就要予以追究。也就是说，国家强制力是保证法律责任实施的后盾。国家追究建筑法律责任，主要是通过专门机关来实现的。建筑法律责任的追究机关有两类，一类是司法机关，另一类是建设行政主管部门或者有关部门。

④ 建筑法律责任的主要形式有行政法律责任、民事法律责任和刑事法律责任。但在日常管理中，大量的责任形式都是行政法律责任，包括行政处罚和行政处分。这是由《建筑法》的法律性质决定的。其中，行政处罚是指国家特定的行政机关对违法的单位或者个人进行的处罚；行政处分是指对国家机关和企业的工作人员和职工进行的惩罚。

行政处分和行政处罚两者的主要区别是：

① 依据不同。行政处分的依据是《国务院关于国家行政机关工作人员的奖惩暂行条例》和《企业职工奖惩条例》；行政处罚的依据是《建筑法》《行政处罚法》和其他法律，以及行政法规。

② 对象完全不相同。行政处分的对象只能是国家机关和建筑企业违法的工作人员和职工；行政处罚的对象是任何违法的单位和个人。

③ 程序不同。当事人对行政处分的决定不服的，可向作出处分决定的机关或者

单位和上一级机关提出申诉，或者提请劳动仲裁，不能向人民法院起诉；对行政处罚不服的，可以向作出处罚决定机关的上一级机关申请复议，也可以直接向人民法院起诉。

（八）附则

第八章附则是《建筑法》的重要补充。主要规定了专业工程的适用、小型房屋建筑工程的适用、特别工程的除外，军事工程的实施办法，收费办法，以及《建筑法》的实施日期。就重要性而言，附则与总则是相同的。

第二节 城乡规划法

《中华人民共和国城乡规划法》（以下简称《城乡规划法》）是城乡规划领域的基本法，主要调整城乡规划与社会经济发展及城市建设、城市发展过程中的各种关系，确立城乡规划法规与其他法律法规之间的关系，建立城乡规划合法性基本程序和框架，确定对违法行为处置的量度和执行主体，确立政府行政部门执行城乡规划职权的范围和相应的社会机制。

一、基本概念和相关法律

（一）城乡规划法有关基本概念

1. 城市

城市也叫城市聚落，是以非农业产业和非农业人口集聚形成的较大居民点。人口较稠密的地区称为城市，一般包括住宅区、工业区和商业区，并且具备行政管辖功能。

城市规模划分标准是由《关于调整城市规模划分标准的通知》明确提出的，即新的城市规模划分标准是以城区常住人口为统计口径，将城市划分为五类七档：Ⅰ型小城市、Ⅱ型小城市、中等城市、Ⅰ型大城市、Ⅱ型大城市、特大城市、超大城市；城区常住人口50万以下的城市为小城市，其中20万以上50万以下的城市为Ⅰ型小城市，20万以下的城市为Ⅱ型小城市；城区常住人口50万以上100万以下的城市为中等城市；城区常住人口100万以上500万以下的城市为大城市，其中300万以上500万以下的城市为Ⅰ型大城市，100万以上300万以下的城市为Ⅱ型大城市；城区常住人口500万以上1 000万以下的城市为特大城市；城区常住人口1 000万以上的城市为超大城市。（以上包括本数，以下不包括本数）

如按我国的城市行政级别划分，可分为一级市、二级市、三级市和特别行政区。

一级市是指直辖市，与省、自治区同级，直属国务院管辖。二级市是指地区一级的市，直属省管辖。三级市是指县一级的市，与县同级，属二级市管辖。特别行政区与一级市同级，直属国务院管辖。

第七次全国人口普查数据显示，截至 2020 年 11 月，我国城区常住人口超过 1 000 万的超大城市有 7 座，分别是上海、北京、深圳、重庆、广州、成都、天津；城区常住人口在 1 000 万以下 500 万以上的特大城市共 14 座，分别是武汉、东莞、西安、杭州、佛山、南京、沈阳、青岛、济南、长沙、哈尔滨、郑州、昆明、大连。

2. 城乡规划

城乡规划包括城镇体系规划、城市规划、镇规划、乡规划和村庄规划。城市规划和镇规划分为总体规划和详细规划。详细规划又分控制性详细规划和修建性详细规划。

城镇体系规划是指一定地域范围内，以区域生产力合理布局和以城镇职能分工为依据，确定不同人口规模等级和职能分工的城镇发展规划。城镇体系规划是政府综合协调辖区内城镇发展和空间资源配置的依据和手段。

城市规划是指对一定时期内城市的经济和社会发展、土地利用、空间布局及各项建设的综合部署、具体安排和实施措施。城市规划在指导城市有序发展、提高建设和管理水平等方面发挥着重要的先导和统筹作用。

《城乡规划法》的基本内容框架如图 8-2 所示。

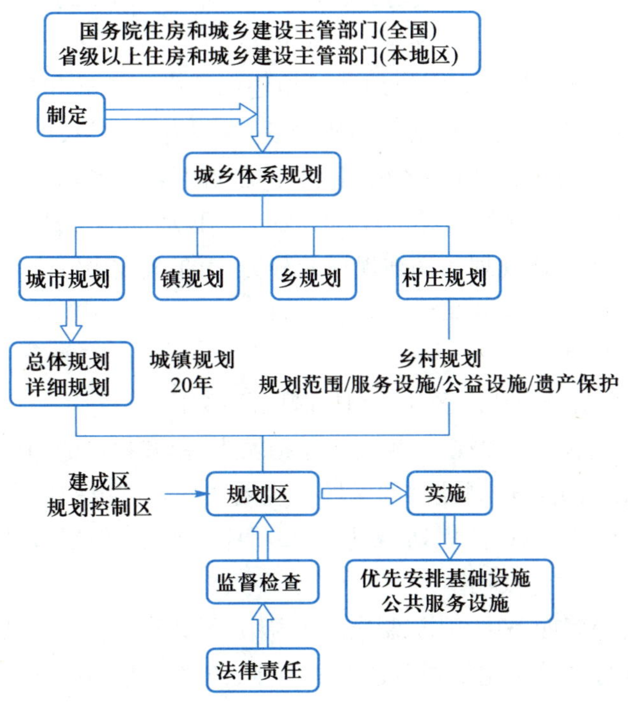

图 8-2 《城市规划法》基本内容框架图

省域城镇体系规划的内容包括省域城镇空间布局和规模控制，省域内重大基础设施的布局，为保护生态环境、资源等需要严格控制的区域，用于指导省域内城市总体规划、镇总体规划的编制。

城市总体规划是对一定时期内城市的性质、发展目标、发展规模、土地利用、空间布局及各项建设的综合部署、具体安排和实施措施，是引导和调控城市建设，保护和管理城市空间资源的重要依据和手段。经法定程序批准的城市总体规划是编制近期建设规划、详细规划、专项规划和实施城市规划行政管理的法定依据。

城市详细规划是指以城市总体规划为依据，对一定时期内城市的局部地区的土地利用、空间布局和建设用地所作的具体安排和设计。

城市控制性详细规划是指以城市总体规划为依据，确定城市建设地区的土地使用性质和使用强度的控制指标，道路和工程管线控制性位置，以及空间环境控制的规划要求。控制性详细规划是引导和控制城镇建设发展最直接的法定依据，是具体落实城市总体规划各项战略部署、原则要求和规划内容的关键环节。

镇是连接城乡的桥梁和纽带，是我国城乡居民点体系的重要组成部分。**镇的总体规划**是指对一定时期内镇的性质、发展目标、发展规模、土地利用、空间布局及各项建设的综合部署、具体安排和实施措施。镇的总体规划是管制镇的空间资源开发，保护生态环境和历史文化遗产，创造良好生活环境的重要手段，在指导镇的科学建设、有序发展，构建和谐社会，服务“三农”，促进社会主义新农村建设方面发挥规划协调和社会服务作用。镇的总体规划包括县人民政府所在地的镇的总体规划和其他镇的总体规划。

乡规划和村庄规划是做好农村地区各项建设工作的先导和基础，是各项建设管理工作的基本依据，对改变农村落后面貌，规范乡村有序建设，推进社会主义新农村建设事业具有重要的意义。由于乡规划、村庄规划的规划范围较小，建设活动形式单一，要求既编制总体规划又编制详细规划的必要性不大，因此《城乡规划法》没有对乡规划、村庄规划再作总体规划和详细规划的分类，而是规定由一个乡规划或村庄规划统一安排。

3. 城乡规划区的构成

城乡规划区主要分为建成区和规划控制区两部分。

《城乡规划法》第二条中规定，规划区是指城市、镇和村庄的建成区以及因城乡建设和发展需要，必须实行规划控制的区域。规划区的具体范围由有关人民政府在组织编制城市总体规划、镇总体规划、乡规划和村庄规划中，根据城乡经济社会发展水平和统筹城乡发展的需要划定。

《城乡规划法》第四条中规定，制定和实施城乡规划，应当遵循城乡统筹、合理布局、节约土地、集约发展和先规划后建设的原则，改善生态环境，促进资源、能源节约和综合利用，保护耕地等自然资源和历史文化遗产，保持地方特色、民族特色和传统风貌，防止污染和其他公害，并符合区域人口发展、国防建设、防灾减灾和公共卫生、公共安全的需要。在规划区内进行建设活动，应当遵守土地管理、自然资源和环境保护等法律、法规的规定。

规划区一般划分为中心区（市区）、近郊区、规划控制区和统一控制的其他区域。在实际操作中，常用“四区”“四线”表示其规划区域。

四区是指**禁建区**（最深色）、**限建区**（蓝色）、**宜建区**（粉色）和**已建区**（黄色）。

四线包括：**城市绿线**是指各类绿草地范围的控制线；**城市紫线**是指国家历史文化名城的历史文化街区和省、自治区、直辖市人民政府公布的历史文化街区的保护范围界线，以及文化街区外经县级以上人民政府公布的历史建筑的保护范围界线；**城市蓝线**是指规划的江、河、湖、库、渠和湿地等地表水保护和控制地域界线；**城市黄线**是指对城乡发展有影响的、城乡规划中确定的、必须控制的基础设施用地的控制界线。

（二）城乡规划法相关法律

城乡规划法是指调整城乡规划制定、实施和管理过程中各种社会关系的法律规范的总称。狭义的城乡规划法是指《城乡规划法》；广义的城乡规划法除《城乡规划法》外，还包括与之配套的《土地管理法》《环境保护法》《中华人民共和国文物保护法》《房地产管理法》《城镇国有土地使用权出让和转让暂行条例》等法规和规章。

二、立法目的、适用范围与主要内容

1. 立法目的

《城乡规划法》第一条“为了加强城乡规划管理，协调城乡空间布局，改善人居环境，促进城乡经济社会全面协调可持续发展，制定本法。”

制定《城乡规划法》的根本目的在于依靠法律的权威，运用法律的手段，保证科学、合理地制定和实施城乡规划，实现其经济和社会发展目标，建设高度文明的、具有中国特色的社会主义现代化城市，从而推动我国整个经济和社会的协调发展。

目前，世界上许多国家都制定了有关城市规划的法律，在实施过程中取得了显著成效，并在长期实践中不断加以完善。例如英国颁布了《城市规划法》，日本颁布了《都市计划法》，波兰颁布了《城市规划法》，法国颁布了《城镇规划与住房规范》等。

我国台湾地区也早就有了《都市计划法》，并作过多次修订。可见，制定《城乡规划法》不仅反映了我国经济社会发展的客观实际和迫切需要，也适应了世界城市建设和发展的趋势和潮流。

2. 适用范围

《城乡规划法》第二条第一款“制定和实施城乡规划，在规划区内进行建设活动，必须遵守本法。”

3. 主要内容

《城乡规划法》共七章、七十条，包括总则、城乡规划的制定、城乡规划的实施、城乡规划的修改、监督检查、法律责任和附则。

三、城乡规划的原则与管理体制

1. 城乡规划的原则

① 城乡统筹原则。从规划的制定和实施两个方面作了规定，通过加强城镇体系规划编制，从规划区域整体出发，统筹安排和合理布局区域基础设施、公共服务设施建设，实现基础设施、公共服务设施共享，促进城乡协调发展。

② 合理布局原则。合理布局是城乡规划制定和实施的重要内容。《城乡规划法》明确省域城镇体系规划要有城镇空间布局和规模控制内容，城市和镇总体规划要有城市、镇的发展布局、功能分区、用地布局的内容。

③ 节约土地原则。《城乡规划法》规定，制定和实施城乡规划，应当保护耕地等自然资源；在规划区进行建设活动，要遵守土地管理、自然资源和环境保护等法律、法规的规定。

④ 集约发展原则。在编制和实施城乡规划过程中，要充分认识我国长期面临的资源短缺约束和环境容量压力的基本国情，认真分析城镇发展的资源环境条件，推进城镇发展方式从粗放型向集约型转变，增强可持续发展能力。

⑤ 先规划后建设原则。这是根据我国城乡建设快速发展的实际，从保障城镇发展的目标出发而提出的一项重要原则。

先规划后建设原则具体包括以下三方面内容。

一是各级人民政府及其城乡规划主管部门要严格依据法定的事权，及时制定城乡规划，加强规划的实施管理与监督。

二是要严格依据法定程序制定和修改城乡规划，保证法定规划的严肃性。

三是要严格依据法律规定，充分发挥法定规划对土地使用的指导和调控，促进城乡社会有序发展。

《城乡规划法》第三十条第二款“在城市总体规划、镇总体规划确定的建设用地范围以外，不得设立各类开发区和城市新区。”第三十八条第一款中规定，城市、县人民政府城乡规划主管部门应当依据控制性详细规划，提出出让地块的位置、使用性质、开发强度等规划条件，作为国有土地使用权出让合同的组成部分。未确定规划条件的地块，不得出让国有土地使用权。第四十二条“城乡规划主管部门不得在城乡规划确定的建设用地范围以外作出规划许可”。

上述各条款分别从开发区和城市新区设立、国有土地使用权出让、规划许可等各方面，进一步阐明了“先规划后建设”的原则。

2. 城乡规划管理体制

《城乡规划法》第十一条“国务院城乡规划主管部门负责全国的城乡规划管理工作。县级以上地方人民政府城乡规划主管部门负责本行政区域内的城乡规划管理工作。”

(1) 城市总体规划

直辖市的城市总体规划由直辖市人民政府报国务院审批。省、自治区人民政府所在地的城市以及国务院确定的城市的总体规划,由省、自治区人民政府审查同意后,报国务院审批。其他城市的总体规划,由城市人民政府报省、自治区人民政府审批。

(2) 县域城镇规划

县人民政府组织编制县人民政府所在地镇的总体规划,报上一级人民政府审批。其他镇的总体规划由镇人民政府组织编制,报上一级人民政府审批。

(3) 省域城镇规划

省、自治区人民政府组织编制的省域城镇体系规划,城市、县人民政府组织编制的总体规划,在报上一级人民政府审批前,应当先经本级人民代表大会常务委员会审议,常务委员会组成人员的审议意见交由本级人民政府研究处理。

(4) 镇总体规划

镇人民政府组织编制的镇总体规划,在报上一级人民政府审批前,应当先经镇人民代表大会审议,代表的审议意见交由本级人民政府研究处理。

四、城乡规划的实施

(一) 城乡规划的内容

1. 城市、镇规划

《城乡规划法》第十七条中规定,城市总体规划、镇总体规划的内容应当包括:城市、镇的发展布局,功能分区,用地布局,综合交通体系,禁止、限制和适宜建设的地域范围,各类专项规划等。规划区范围、规划区内建设用地规模、基础设施和公共服务设施用地、水源地和水系、基本农田和绿化用地、环境保护、自然与历史文化遗产保护以及防灾减灾等内容,应当作为城市总体规划、镇总体规划的强制性内容。

2. 省域城镇规划

《城乡规划法》第十三条中规定,省域城镇体系规划的内容应当包括:城镇空间布局和规模控制,重大基础设施的布局,为保护生态环境、资源等需要严格控制的区域。

3. 乡、村规划

《城乡规划法》第十八条中规定,乡规划、村庄规划的内容应当包括:规划区范围,住宅、道路、供水、排水、供电、垃圾收集、畜禽养殖场所等农村生产、生活服务设施、公益事业等各项建设的用地布局、建设要求，以及对耕地等自然资源和历史文化遗产保护、防灾减灾等的具体安排。乡规划还应当包括本行政区域内的村庄发展布局。

（二）城乡规划实施的管理制度

城乡规划的实施涉及社会的各个部门、各个行业。因此，城乡规划经批准后，必须由人民政府组织实施。

选址意见书、建设用地规划许可证和建设工程规划许可证（即“一书两证”）制度是城乡规划实施过程中必须遵循的制度。

1. 法定城乡规划编制制度

《城乡规划法》明确了依法编制城乡规划。各类规划中，城镇体系规划、城市总体规划、镇总体规划及城市、镇控制性详细规划为法定必须编制的规划。

《城乡规划法》完善了城乡规划体系，包括城市、镇和乡村各类规划，城乡规划体系体现的特点是一级政府、一级规划、一级事权，下位规划不得违反上位规划的原则；明确了法定必须编制的城乡规划，根据“先规划后建设”原则，未依法编制总体规划者，不得批准建设或者出让国有土地使用权；明确了组织编制各类规划的责任主体，确定各级政府作为组织编制城乡规划的主体；规定了城乡规划的编制程序，组织编制机关应当委托具有相应资质等级的城乡规划编制单位承担城乡规划的具体编制工作。

2. 城乡规划公布制度

《城乡规划法》第四十条中规定，城市、县人民政府城乡规划主管部门或者省、自治区、直辖市人民政府确定的镇人民政府应当依法将经审定的修建性详细规划、建设工程设计方案的总平面图予以公布。第九条中规定，任何单位和个人都应当遵守经依法批准并公布的城乡规划，服从规划管理，并有权就涉及其利害关系的建设活动是否符合规划的要求向城乡规划主管部门查询。

3. 选址意见书制度

《城乡规划法》第三十六条中规定，按照国家规定需要有关部门批准或者核准的建设项目，以划拨方式提供国有土地使用权的，建设单位在报送有关部门批准或者核准前，应当向城乡规划主管部门申请核发选址意见书。

规划区内的建设工程的选址和布局必须符合城乡规划。设计任务报请批准时，必须附有城乡规划主管部门的选址意见书。为了保障城乡规划区内的建设项目的选址和布局与城乡规划密切结合，科学合理，提高综合效益，《城乡规划法》《建设项目用地预审管理办法》《建设用地审查报批管理办法》《城镇国有土地使用权出让和转让暂行条例》等，对建设项目选址意见书的内容及审批权限相关要求作了详细规定。

4. 城乡规划许可证制度

城乡规划许可证制度主要分为建设用地规划许可证制度和建设工程规划许可证制度。

(1) 建设用地规划许可证制度

《城乡规划法》第三十七条中规定，在城市、镇规划区内以拨款方式提供国有使用权的建设项目，经有关部门批准、核准、备案后，建设单位应当向城市、县人民政府城乡规划主管部门提出建设用地许可申请，由城市、县人民政府城市规划主管部门依据控制性详细规划核定建设用地的位置、面积、允许建设的范围，核发建设用地规划许可证。

(2) 建设工程规划许可证制度

建设工程规划许可证是由城乡规划主管部门核发的，用于确认建设工程是否符合城乡规划要求的法律凭证。在规划区内新建、扩建和改建建筑物、构筑物、道路、管线和其他工程设施，必须持有关批准文件向城乡规划主管部门提出申请，由城乡规划主管部门根据城乡规划提出的规划设计要求，核发建设工程规划许可证。建设单位或个人在取得建设工程规划许可证和其他有关批准文件后，方可申请办理开工手续。

《城乡规划法》第四十条中规定，在城市、镇规划区内进行建筑物、构筑物、道路、管线和其他工程建设的，建设单位或者个人应当向城市、县人民政府城乡规划主管部门或者省、自治区、直辖市人民政府确定的镇人民政府申请办理建设工程规划许可证。申请办理建设工程规划许可证，应当提交使用土地的有关证明文件、建设工程设计方案等材料。需要建设单位编制修建性详细规划的建设项目，还应当提交修建性详细规划。对符合控制性详细规划和规划条件的，由城市、县人民政府城乡规划主管部门或者省、自治区、直辖市人民政府确定的镇人民政府核发建设工程规划许可证。

《城乡规划法》第四十一条中规定，在乡、村庄规划区内进行乡镇企业、乡村公共设施和公益事业建设的，建设单位或者个人应当向乡、镇人民政府提出申请，由乡、镇人民政府报城市、县人民政府城乡规划主管部门核发乡村建设规划许可证。

(3) 基本许可程序

对城市、镇规划区内的建设项目，与土地使用制度和投资体制改革相衔接，按划拨、出让两种建设用地供应方式，分别实行“一书两证”“两证”两类规划许可程序。

① 对土地以划拨方式供应的建设项目，实行“一书两证”。基本许可程序是：规划部门核发选址意见书→发展改革部门办理批准、核准、备案→规划部门核发建设用地规划许可证→国土部门办理建设用地批准→规划部门核发建设工程规划许可证。

② 对土地以出让方式供应的建设项目，实行“两证”。基本许可程序是：规划部门提出规划条件，作为国有土地使用权出让条件→国土部门出让土地、签订国有土地使用权出让合同→规划部门颁发建设用地规划许可证→规划部门核发建设工程规划许可证。

③ 对乡、村庄规划区内的建设项目，实行乡村建设规划许可证"一证"制度。

五、注册城乡规划师

为加强城乡规划师队伍建设，保障规划工作质量，维护国家、社会和公共利益，根据《城乡规划法》和国家职业资格证书制度有关规定，人社部和住建部制定了《注册城乡规划师职业资格制度规定》。

第二条"国家对注册城乡规划师实行准入类职业资格制度，纳入全国专业技术人员职业资格证书制度统一规划。"

第三条"本规定所称的注册城乡规划师，是指通过全国统一考试取得注册城乡规划师职业资格证书，并依法注册后，从事城乡规划编制及相关工作的专业人员。从事城乡规划实施、管理、研究工作的国家工作人员及相关人员，可以通过考试取得注册城乡规划师职业资格证书。"

第四条"人力资源社会保障部、住房城乡建设部共同负责注册城乡规划师职业资格制度的政策制定，并按职责分工对制度的实施进行指导、监督和检查。各省、自治区、直辖市人力资源社会保障行政主管部门和城乡规划行政主管部门，按照职责分工负责本行政区域内注册城乡规划师职业资格制度实施的监督管理。"

关于注册城市规划师的考试、注册、执业，可参看《注册城乡规划师职业资格制度规定》和《注册城乡规划师职业资格考试实施办法》有关规定。

第三节 房地产管理法

房地产立法是一项十分复杂的系统工程。在中华人民共和国城市规划区国有土地（以下简称"国有土地"）范围内取得房地产开发用地的土地使用权，从事房地产开发、房地产交易，实施房地产管理，应当遵守《中华人民共和国城市房地产管理法》（以下简称《房地产管理法》）。《房地产管理法》属于房地产活动的基本法。

一、基本概念

（一）房地产和房地产业

1. 房地产

（1）房产

房产是指在法律上有明确的权属关系、可在不同的所有者和使用者之间出租、出售或者由所有者自用或作其他用途的房屋，又称房屋财产。房产具体包括住宅、厂房、仓库及商业、服务、文化、教育、办公、医疗、体育等多方面的用房。房产不同于房屋，房屋是建筑物的自然形态，是自然科学研究的对象。而房产是建筑物的社会经济形态，是社会科学研究的对象，其调整结果就是赋予房产以房屋所有权的法律形态，并以国家强制力保证其实现。

(2) 地产

地产有狭义和广义之分。狭义的地产是指在法律上有明确的权属关系，可以由所有者、经营者和使用者进行开发和经营，并能够带来相应经济效益的建设土地。广义的地产从性质上说就是土地财产，是指有明确的法律权属关系的土地，而这个土地是由土地物质(纯属自然土地)和全部土地资本构成的。

《房地产管理法》称房地产是房屋财产和土地财产的总称。在物质形态上，房产与地产联结为一体，房依地建，地为房载，房地不可分离。在经济形态上，房地产的经济内容和运行过程(也就是房地产商品再生产过程，即生产、流通、分配和消费四个环节的循环过程)具有内在整体性和不可分割性，也就是说，房地产是房屋建筑与其所占用的土地有机组成的整体。目前，我国多数地方实行的是权属分离管理的模式，即房屋所有权与土地使用权在权属上分离管理。

《房地产估价规范》(GB/T 50291—2015)中将房地产定义为：土地、建筑物及其他地上定着物，包括物质实体和依托于物质实体上的权益。

2. 房地产业

(1) 基本定义

地产是作为财产的土地，也是从事土地开发和经营的产业，通常与房产相结合称为房地产业。《房地产管理法》称房地产业为从事房地产开发、经营、管理和服务的产业。房地产业包括土地的开发，房屋的建设、管理、维修，土地使用权转让，房屋的买卖、租赁、抵押，以及由此而形成的房地产市场。

房地产业是第三产业的重要组成部分，是国民经济基础性、先导性的产业。

房地产业与人们的生产和生活息息相关。房屋作为生活资料和吃、穿、用一样，是人们赖以生存的条件；房屋作为生产资料，是人们从事生产经营活动，维护社会再生产的基本条件，各行各业所进行的各种活动基本上都与房地产业有关。

在社会主义市场经济条件下，房地产业除能实现自身的使用价值外，还可以发挥其特有的高附加值的产业优势，对社会主义市场经济的培育和完善，推动国民经济发展有着十分重要的意义。

(2) 房地产开发企业

《房地产开发企业资质管理规定》第二条“本规定所称房地产开发企业是指依法设立、具有企业法人资格的经济实体。”第三条第一款“房地产开发企业应当按照本规定申请核定企业资质等级。”房地产开发企业按照企业条件分为一、二两个资质等级。

《城市房地产开发经营管理条例》第二条“本条例所称房地产开发经营，是指房地产开发企业在城市规划区内国有土地上进行基础设施建设、房屋建设，并转让房地产开发项目或者销售、出租商品房的行为。”第三条“房地产开发经营应当按照经济效益、社会效益、环境效益相统一的原则，实行全面规划、合理布局、综合开发、配套建设。”

（二）房地产法规及其体系

1. 房地产法

所谓房地产法，就是用来调整房地产所有权人之间，所有权人与非所有权人（包括使用人、修建人和管理人等）之间在房地产的权属、建设、开发、转让、租赁、交易、经营、修缮、涉外等过程中发生的各种关系的法律规范的总称。

（1）狭义与广义

狭义的房地产法，仅指《房地产管理法》，它是调整我国房地产关系的基本法律。广义的房地产法，除《房地产管理法》之外，还包括所有调整房地产关系的法律规范，即由不同层次的调整房地产关系的法律规范所组成的有机结合体。

（2）维护与调整

房产、地产等财产从表面上看是物，实际上掩盖着人与人之间的关系。这些关系就是要通过房地产法来维护和调整的，主要涉及：

① 所有权人之间的关系，对房地产的拥有、交换、交易、继承、赠与等；

② 所有权人与使用权人之间的关系，使用权人使用所有权人的房地产，所有权人向使用人出租房屋，出让土地等；

③ 所有权人与修建人之间的关系，建造、改建、扩建中发生的关系；

④ 使用人与修缮人之间的关系，改善居住条件、日常维修等方面发生的关系；

⑤ 所有权人和使用人与房产管理人之间的关系，如房地产权属登记、交易管理等发生的关系。

在所有关系中，房地产所有权关系是核心，其他房地产相关的行为均以此为基础。

2. 房地产法律法规体系

房地产法律法规体系主要有以下几个层次：

① 房地产法律。指由全国人民代表大会及其常务委员会审议颁布的用于调整房地产关系的各项法律，如《房地产管理法》。

② 房地产行政法规。指由国务院依法制定或者批准发布的用于调整房地产开发、经营、管理和服务的法律规定，如《城市房屋拆迁管理条例》。

③ 房地产部门规章。指由国务院房地产行政主管部门即住建部根据国务院规定的职责范围，依法制定并发布的用于调整房地产开发、经营、维修和服务的法律规定，如《房地产开发企业资质管理规定》。

④ 地方性法规。指在不与宪法、法律、行政法规相抵触的前提下，由省、自治区、

直辖市人民代表大会及其常务委员会制定并发布的或经省、自治区人民代表大会常务委员会批准后施行的由较大城市人民代表大会及其常务委员会制定的，调整房地产开发、经营、管理和服务的法律规定。

⑤ 地方规章。指省、自治区、直辖市和省、自治区人民政府所在地的市，以及经国务院批准的较大的市的人民政府，根据法律和国务院的行政法规制定并发布的用以调整房地产开发、经营、管理和服务的法律规定。

3. 管理体制

(1) 国务院主管部门

《房地产管理法》第七条第一款"国务院建设行政主管部门、土地管理部门依照国务院规定的职权划分，各司其职，密切配合，管理全国房地产工作。"房地产业的行业管理由住建部负责。

(2) 地方人民政府主管部门

《房地产管理法》第六十三条中规定，经省、自治区、直辖市人民政府确定，县级以上地方人民政府由一个部门统一负责房产管理和土地管理工作的，可以制作、颁发统一的房地产权证书。这项规定，充分肯定了城市房地产管理体制改革的经验，指明了改革方向。

二、主要内容

(一) 立法目的、适用范围和调整对象

1. 立法目的

《房地产管理法》第一条"为了加强对城市房地产的管理，维护房地产市场秩序，保障房地产权利人的合法利益，促进房地产业的健康发展，制定本法。"该条规定明确了《房地产管理法》的立法目的。

建筑业是国民经济支柱产业之一，而房地产业是建筑业的重要组成部分。改革开放以来，随着房地产业走向市场化，它在国民经济发展中发挥的作用愈加明显，而且房地产业和人民群众的生活息息相关，因此《房地产管理法》的出台是社会发展和需要的必然结果。

2. 适用范围和调整对象

《房地产管理法》第二条中规定，在中华人民共和国城市规划区国有土地范围内取得房地产开发用地的土地使用权，从事房地产开发、房地产交易，实施房地产管理，应当遵守本法。

该条规定指出了《房地产管理法》的适用范围和调整对象，主要包括三层含义：

① 调整的地域范围是中华人民共和国境内，城市规划区国有土地范围内。

② 调整的主体是房地产开发单位、交易单位、房地产管理部门。

③ 调整的行为包括房地产的开发、交易和管理。

（二）内容框架

《房地产管理法》共七十三条，分为七章（总则、房地产开发用地、房地产开发、房地产交易、房地产权属登记管理、法律责任和附则），其内容框架如图 8-3 所示。总则给出《房地产管理法》的立法目的、适用范围，管理体制等；房地产开发用地主要包括土地使用权的出让和土地使用权的划拨两部分内容；房地产开发就相关的原则、程序、企业资质等作了规定；房地产交易主要包括房地产转让、房地产抵押、房屋租赁和中介服务机构。

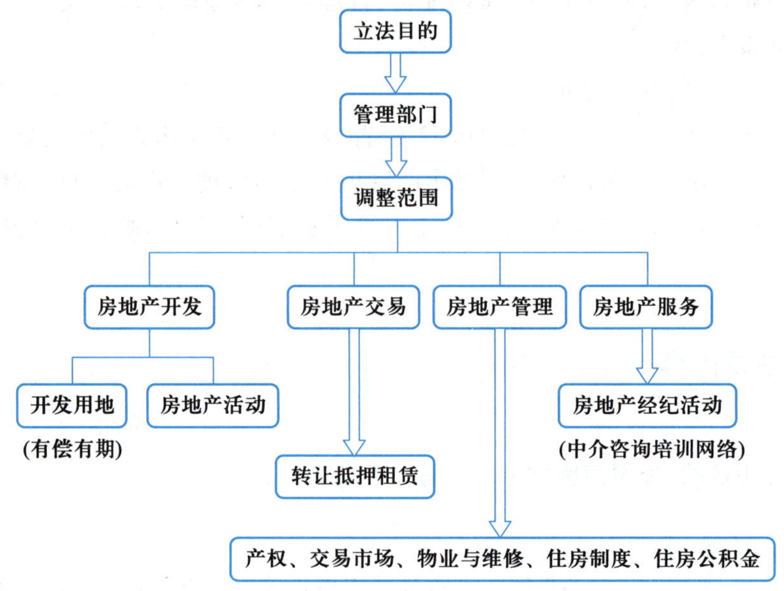

图 8-3 《房地产管理法》内容框架图

（三）房地产开发

1. 基本含义

《房地产管理法》所称房地产开发，是指在依据该法取得国有土地使用权的土地上进行基础设施、房屋建设的行为；所称房地产交易，包括房地产转让、房地产抵押和房屋租赁。也就是说，房地产开发是指对于房地产建设全过程（包括从规划设计、征地拆迁、施工准备、建筑施工、竣工验收、交付使用到出售、出租、经营管理等）组织实施的总称。

房地产综合开发，是指根据城市总体规划要求，对一定区域内的土地征用、房屋建筑、配套工程及基础设施进行科学组织、全面计划、分期施工、统一建设，并在竣工验收之后，做好经营销售、综合服务等事项，以取得良好的经济效益、社会效益和环境效益。

2. 房地产开发用地的取得

《土地管理法》第四条中规定，国家实行土地用途管制制度。国家编制土地利用总体规划，规定土地用途，将土地分为农用地、建设用地和未利用地。严格限制农用地转为建设用地，控制建设用地总量，对耕地实行特殊保护。

农用地是指直接用于农业生产的土地，包括耕地、林地、草地、农田水利用地、养殖水面等；建设用地是指建造建筑物、构筑物的土地，包括城乡住宅和公共设施用地、工矿用地、交通水利设施用地、旅游用地、军事设施用地等；未利用地是指农用地和建设用地以外的土地。

使用土地的单位和个人必须严格按照土地利用总体规划确定的用途使用土地。

房地产开发公司取得房地产开发用地应遵守国家法律的规定，遵循城镇国有土地使用权有偿出让的原则。《中华人民共和国土地管理法实施条例》对房地产开发公司取得开发用地作了具体规定。该条例在《土地管理法》制度框架下，聚焦土地征收、集体经营性建设用地入市、宅基地管理等重点问题，强化对耕地的保护，针对耕地“非农化”“非粮化”及“合村并居”中违背农民意愿等突出问题，进一步明确制度边界，强化法律责任。

为规范和加强建设用地土壤污染风险管控和修复从业单位和个人执业情况的信用记录管理，增强从业单位和个人诚信自律意识和信用水平，营造公平诚信的市场环境和社会环境，根据《中华人民共和国土壤污染防治法》等有关法律法规，生态环境部制定了《建设用地土壤污染风险管控和修复从业单位和个人执业情况信用记录管理办法（试行）》。根据该办法相关要求，生态环境部已建设完成“建设用地土壤污染风险管控和修复从业单位和个人执业情况信用记录系统”，并于 2021 年 9 月 1 日启用。

房地产开发公司开发用地，一种是从土地使用权出让取得，另一种是从土地使用权划拨取得。土地使用权出让一般采取协议、招标、拍卖等方式，《房地产管理法》规定，有条件的必须采取拍卖、招标方式。

关于开发用地使用权出让的最高年限，《中华人民共和国城镇国有土地使用权出让和转让暂行条例》第十二条作了具体规定：

① 居住用地 70 年；

② 工业用地 50 年；

③ 教育、科技、文化、卫生、体育用地 50 年；

④ 商业、旅游、娱乐用地 40 年；

⑤ 综合或其他用地 50 年。

房地产开发公司与国家土地管理部门签订土地使用权出让合同后，按照规定必须支付土地使用权出让金，未按期支付的，土地管理部门有权解除合同，并可以请求违约赔偿。

《房地产管理法》还规定，以出让方式取得土地使用权进行房地产开发的，必须按照土地使用权出让合同约定的土地用途，在动工开发期限内开发土地。超过出让合同约定的动工开发日期满一年未动工开发的，可以征收相当于土地使用权出让金20%以下的土地闲置费；满二年未动工开发的，可以无偿收回土地使用权。但是，因不可抗力，政府、政府有关部门的行为，或者动工开发必需的前期工作造成动工开发迟延的除外。

土地使用权划拨，是指县级以上人民政府依法批准，在土地使用者缴纳补偿、安置等费用后将该幅土地交付其使用，或将土地使用权无偿交付给土地使用者使用的行为。《房地产管理法》第二十四条规定，下列建设用地的土地使用权，确属必需的，可以由县级以上人民政府依法批准划拨：

① 国家机关用地和军事用地；

② 城市基础设施用地和公益事业用地；

③ 国家重点扶持的能源、交通、水利等项目用地；

④ 法律、行政法规规定的其他用地。

3. 房地产开发企业

根据有关法律法规，我国对房地产开发企业实行依法管理，主要内容是规定开发企业的成立条件，如何划分等级，并规定每一级开发公司的经营范围，开发企业考核标准，升级程序等。

《房地产管理法》第三十条规定，房地产开发企业是以营利为目的，从事房地产开发和经营的企业。设立房地产开发企业，应当具备下列条件：

① 有自己的名称和组织机构；

② 有固定的经营场所；

③ 有符合国务院规定的注册资本；

④ 有足够的专业技术人员；

⑤ 法律、行政法规规定的其他条件。

设立房地产开发企业，应当向工商行政管理部门申请设立登记。工商行政管理部门对符合《房地产管理法》规定条件的，应当予以登记，发给营业执照；对不符合《房地产管理法》规定条件的，不予登记。设立有限责任公司、股份有限公司，从事房地产开发经营的，还应当执行公司法的有关规定。房地产开发企业在领取营业执照后的一个月内，应当到登记机关所在地的县级以上地方人民政府规定的部门备案。

《房地产管理法》第三十一条规定，房地产开发企业的注册资本与投资总额的比例应当符合国家有关规定。房地产开发企业分期开发房地产的，分期投资额应当与项目规模相适应，并按照土地使用权出让合同的约定，按期投入资金，用于项目建设。

（四）房地产市场管理

1. 基本含义

城市房地产市场是社会主义市场体系中的一个重要组成部分。加强房地产市场行政管理,是政府对房地产流通环节宏观管理的重要内容。

(1) 房地产市场的含义

从狭义上说,房地产市场是房地产交换的场所;从广义上而言,房地产市场是房地产交换关系,即房地产流通全部过程的总和。房地产市场是有形的房地产商品(如房屋和土地)和无形的房地产商品(如劳务、信息、咨询服务等)的统一体,是有限空间(交易场所)和无限空间(交易场所外社会各个角落)的统一体。

(2) 房地产交易的含义

狭义的房地产交易仅仅是指当事人之间进行房地产转让、房地产抵押和房屋租赁的活动。广义的房地产交易是指当事人之间在进行房地产转让、抵押、租赁等行为时,所发生的各种关系的总和。它除了包括房地产转让、抵押、租赁等交易行为之外,还包括与房地产交易行为有着密切关系的房地产价格体系、房地产交易的中介服务等。

2. 房地产交易的特点

社会主义的房地产交易是建立在社会主义公有制基础之上的,是人与人之间新型的社会主义关系,是劳动者之间互相协作的关系。

社会主义的房地产交易是为了合理使用城市房屋和土地,真正起到调剂余缺的作用,满足人民日益增长的改善居住条件的要求,并实现房地产生产和消费的良性循环。

社会主义的房地产交易是受到一定限制的。由于土地是国家最基本的资源,是重要的生产资料,房屋是土地之上的建筑物(又称土地定着物),也是重要的物质资料,因此对它们的流转要加以控制。在房产交易中,土地是随房屋所有权转移而转移其使用权的,土地不能随意出卖或出租。新的房产所有人必须履行土地使用人应尽的义务。

房地产交易包括房地产转让、房地产抵押和房屋租赁。

(1) 房地产转让

在房地产管理中,产权产籍管理是其中的基础和核心。为保障实现房地产的社会属性(特别是财产权属性),依照国家制定的政策、法律、法规等规定,对房地产的产生、流通、使用及其灭失所进行的管理,称之为房地产权属管理。房地产管理中的房地产交易管理、房地产抵押管理、房地产租赁管理等都要基于房地产产权明晰的基础之上才能得以进行。

房地产转让的一般原则是:

① 房地产转让、抵押时,房屋的所有权和该房屋占用范围内的土地使用权同时转让、抵押。

② 基准地价、标定地价和各类房屋的重置价格应当定期确定并公布。具体办法由国务院规定。

③ 国家实行房地产价格评估制度。房地产价格评估，应当遵循公正、公平、公开的原则，按照国家规定的技术标准和评估程序，以基准地价、标定地价和各类房屋的重置价格为基础，参照当地的市场价格进行评估。

④ 国家实行房地产成交价格申报制度。房地产权利人转让房地产，应当向县级以上地方人民政府规定的部门如实申报成交价，不得瞒报或者作不实的申报。

⑤ 房地产转让、抵押，当事人应当依照《房地产管理法》的规定办理权属登记。

《房地产管理法》第三十七条规定，房地产转让，是指房地产权利人通过买卖，赠与或者其他合法方法将其房地产转让给他人的行为。

《房地产管理法》第三十九条规定，以出让方式取得土地使用权的，转让房地产时，应当符合下列条件：

① 按照出让合同约定已经支付全部土地使用权出让金，并取得土地使用权证书；

② 按照出让合同约定进行投资开发，属于房屋建设工程的，完成开发投资总额的25%以上，属于成片开发土地的，形成工业用地或者其他建设用地条件。

③ 转让房地产时房屋已经建成的，还应当持有房屋所有权证书。

以出让方式取得土地使用权的，转让房地产后，其土地使用权的使用年限为原土地使用权出让合同约定的使用年限减去原土地使用者已经使用年限后的剩余年限。

以出让方式取得土地使用权的，转让房地产后，受让人改变原土地使用权出让合同约定的土地用途的，必须取得原出让方和市、县人民政府城市规划行政主管部门的同意，签订土地使用权出让合同变更协议或者重新签订土地使用权出让合同，相应调整土地使用权出让金。

《房地产管理法》第四十条规定，以划拨方式取得土地使用权的，转让房地产时，应当按照国务院规定，报有批准权的人民政府审批。有批准权的人民政府准予转让的，应当由受让方办理土地使用权出让手续，并依照国家有关规定缴纳土地使用权出让金。以划拨方式取得土地使用权的，转让房地产报批时，有批准权的人民政府按照国务院规定决定可以不办理土地使用权出让手续的，转让方应当按照国务院规定将转让房地产所获收益中的土地收益上缴国家或者作其他处理。

《房地产管理法》第四十一条规定，房地产转让，应当签订书面转让合同，合同中应当载明土地使用权取得的方式。第四十二条规定，房地产转让时，土地使用权出让合同载明的权利、义务随之转移。

《房地产管理法》第三十八条规定，下列房地产，不得转让：

① 以出让方式取得土地使用权的，不符合《房地产管理法》第三十九条规定的条件的；

② 司法机关和行政机关依法裁定、决定查封或者以其他形式限制房地产权利的；

③ 依法收回土地使用权的；

④ 共有房地产,未经其他共有人书面同意的;

⑤ 权属有争议的;

⑥ 未依法登记领取权属证书的;

⑦ 法律、行政法规禁止转让的其他情形。

《房地产管理法》第四十五条规定,商品房预售,应当符合下列条件:

① 已交付全部土地使用权出让金,取得土地使用权证书;

② 持有建设工程规划许可证;

③ 按提供预售的商品房计算,投入开发建设的资金达到工程建设总投资的25%以上,并已经确定施工进度和竣工交付日期;

④ 向县级以上人民政府房产管理部门办理预售登记,取得商品房预售许可证明。

商品房预售人应当按照国家有关规定将预售合同报县级以上人民政府房产管理部门和土地管理部门登记备案。商品房预售所得款项,必须用于有关的工程建设。

(2) 房地产抵押

《城市房地产管理法》第四十七条规定,房地产抵押,是指抵押人以其合法的房地产以不转移占有的方式向抵押权人提供债务履行担保的行为。债务人不履行债务时,抵押权人有权依法以抵押的房地产拍卖所得的价款优先受偿。

① 房地产抵押权的设定。抵押权一般依照当事人之间的设定行为及登记而成立。《房地产管理法》第四十八条规定,依法取得的房屋所有权连同该房屋占用范围内的土地使用权,可以设定抵押权。以出让方式取得的土地使用权,可以设定抵押权。第五十条规定,房地产抵押,抵押人和抵押权人应当签订书面抵押合同。

《中华人民共和国城镇国有土地使用权出让和转让暂行条例》第三十三条"土地使用权抵押时,其地上建筑物、其他附着物随之抵押。地上建筑物、其他附着物抵押时,其使用范围内的土地使用权随之抵押。"第三十四条"土地使用权抵押,抵押人与抵押权人应当签订抵押合同。抵押合同不得违背国家法律、法规和土地使用权出让合同的规定。"第三十五条"土地使用权和地上建筑物、其他附着物抵押,应当依照规定办理抵押登记。"

下列房地产不得设定抵押:

A. 权证有争议或权证不齐全的房地产;

B. 用于教育、医疗等公共福利性的房地产;

C. 被依法查封、扣押等施以司法保全措施的房地产;

D. 已书面承借不作抵押或其他依法不得抵押的房地产。

② 房地产抵押合同。房地产抵押合同,是指房地产受让人(即抵押人)与债权人(即抵押权人)签订的关于以房地产作抵押以担保债的履行的协议。房地产抵押合同,应当采取书面合同形式,签订抵押合同不得违背国家有关法律、法规的规定。

③ 抵押当事人双方的权利和义务。

A. 抵押物由抵押人占管。抵押人在抵押期间应维护抵押物的安全、完好，不得改变其使用性质，不得拆建。抵押人需征得抵押权人书面同意，不得擅自将被抵押的房地产出租、变卖、赠与。出现遗赠情况，受遗赠人应及时书面通知抵押权人。

B. 抵押权人有权按抵押合同规定检查同抵押人占管的抵押物。

C. 抵押房地产发生除自然损耗外的较大损毁，抵押人应及时将情况通知抵押权人，并应尽力防止损失的扩大。

D. 抵押房地产因抵押人过错造成贬值，以致明显不足以作为债务的担保时，抵押权人有权要求抵押人增添新的担保物，抵押人有责任重新提供或增加担保物以弥补不足。

E. 因某种原因，当债务人无法履行债务时，抵押权人有权向房地产管理机关申请处分抵押的房地产，并有权依法以抵押的房地产拍卖所得的价款优先受偿。

④ 抵押房地产的处理，房地产管理机关在接到处理抵押房地产申请后，一般应在一个月内作出决定。

抵押房地产的处理一般应委托当地房地产拍卖行或交易所公开拍卖。

如果设定房地产抵押权的土地使用权是以划拨方式取得的，依法拍卖该房地产的，应当从拍卖所得的价款中缴纳相当于应缴纳的土地使用权出让金的款额后，抵押权人方可优先受偿。房地产抵押合同签订后，土地上新增的房屋不属于抵押财产。需要拍卖该抵押的房地产时，可以依法将土地上新增的房屋与抵押财产一同拍卖，但对拍卖新增房屋所得，抵押权人无权优先受偿。

(3) 房屋租赁

《房地产管理法》第五十三条规定，房屋租赁，是指房屋所有权人作为出租人将其房屋出租给承租人使用，由承租人向出租人支付租金的行为。

第五十四条规定，房屋租赁，出租人和承租人应当签订书面租赁合同，约定租赁期限、租赁用途、租赁价格、修缮责任等条款，以及双方的其他权利和义务，并向房地产管理部门登记备案。

根据《城市私有房屋管理条例》(以下简称《条例》)，租赁城市私有房屋，出租人和承租人必须签订租赁合同，明确双方的权利和义务，并报房屋所在地房管部门备案。房屋租金应按当地规定的租金标准议定，当地没有标准的，双方应根据公平的原则，参照当地租金实际水平协商议定，不得任意抬高。出租人除收租金外，不准许收取押租或其他额外费用，承租人应当按照合同规定交租，不得拒交或拖欠。承租人需要与他人互换住房时，必须事先征得出租人同意，出租人应当支持承租人的合理要求。

出租房屋的修缮责任应当由出租人承担，出租人确实无力修缮的，可以和承租人合修，以保护房屋安全和正常使用。承租人垫付的修缮费用，可以折抵租金或由出租人分期偿还。

租赁合同终止时，如承租人到期确实无法另外找到房屋，出租人应当酌情延长租赁期限。

《条例》规定，承租人有下列行为的，出租人有权解除租赁合同。

① 承租人擅自将承租的房屋转租、转让的；

② 承租人利用房屋进行非法活动，损害公共利益的；

③ 承租人累计 6 个月不交租金的。

《条例》同时规定，机关、团体、部队、企业事业单位不得租用或变相租用城市私房，如因特殊需要必须租用，须经县以上人民政府批准。

对于公有房屋的租赁，根据有关的法律法规，出租人和承租人均应持当地政府规定的证明文件到房管部门办理租赁手续。租赁双方应当签订书面租赁合同，明确租赁期限和使用性质，规定双方的权利和义务。租赁公有房屋，必须执行国家和房屋所在地城市人民政府规定的租金政策和租金标准。承租人必须按期交纳租金，对拖欠租金的，出租人有权按规定收取滞纳金。对出租房屋及其附属设施的自然损坏，出租人应当负责修复。

由于承租人过错造成损坏的，由承租人负责修复或赔偿。承租人应当爱护并合理使用所承租的房屋及附属设施，不得私自拆改、扩建或添附，确需变动时，必须征得出租人同意，并签订书面协议。

出租人因不可预见的原因，确有需要自己使用该房产，或房屋发生重大损失，经鉴定为危险房屋不能继续使用的情况下，出租人可以提出提前解除租赁合同的要求，但应协助作好承租人的安置并赔偿有关损失。

出租人不按合同规定履行房屋正常维修义务，或承租房屋经鉴定为危险房屋不适宜继续使用的，承租人有权提出解除租赁合同。

房产租赁合同到期或提前终止时，租赁双方应共同对房屋及设备进行现场检查，双方认为无异的签署书面意见。私人房产租赁和用于经营性房产租赁的，应到租赁登记部门办理注销手续，租赁期间房产所有权转移的，原房屋租赁合同继续有效，出租方姓名应变更为现产权所有人。

以营利为目的，房屋所有权人将以划拨方式取得使用权的国有土地上建成的房屋出租的，应当将租金中的土地收益上缴国家。

3. 城市房地产权属登记管理

根据《房地产管理法》规定，国家实行土地使用权和房屋所有权登记发证制度。

以出让或者划拨方式取得土地使用权，应当向县级以上地方人民政府土地管理部门申请登记，经县级以上地方人民政府土地管理部门核实，由同级人民政府颁发土地使用权证书。在依法取得的房地产开发土地上建成房屋的，应当凭土地使用权证书向县级以上地方人民政府房产管理部门申请登记，由县级以上地方人民政府房产管理部门核实并颁发房屋所有权证书。

房地产抵押时，应当向县级以上地方人民政府规定的部门办理抵押登记。因处分抵押房地产而取得土地使用权和房屋所有权的，应办理过户登记。

经省、自治区、直辖市人民政府确定，县级以上地方人民政府由一个部门统一负责房产管理和土地管理工作，可以制作、颁发统一的房地产权证书。

根据《城市房屋产权产籍管理暂行办法》的有关规定，城市房屋产权是指城市房屋的所有权；城市房屋产籍是指房屋的产权档案、地籍图册、账册、表卡等反映产权现状和历史情况的资料。

该办法规定，城市房屋产权与该房屋占用土地的使用权实行权利人一致的原则，除法律、法规另有规定的以外，不得分离。

城市房屋产权的取得、转移、变更和他项权利的设定，均须符合有关法律、法规、规章和政策的规定。房屋产权转移时，该房屋占用土地的使用权应当同时转移；共有房屋的产权，除确实难以分割的以外允许分割；土地使用权不能分割的，应当维持土地的共同使用权。

城市房产设定抵押等他项权利时，应当包括房屋所占用的土地使用权。

城市房屋有下列情况之一的，除依法继承或者人民法院判决的外，禁止产权转移或设定他项权利。

① 在城市改造规划实施范围内的；

② 在国家建设征用土地范围内的；

③ 其他依法禁止转移、变更的。

除上述第三项外，禁止期限不得超过一年。

房屋产权证是房屋产权的合法凭证，任何单位和个人都不得涂改或者伪造。

对于城市房屋户籍管理，应由县级以上地方政府房地产行政主管部门统一进行，并建立健全房产档案和房产测绘管理制度。城市房屋的测量，应符合房屋管理和测量规范的要求，准确反映房屋的自然状况，并绘制符合规范的图表，为审查确认产权提供可靠依据。

4. 中介服务机构

《房地产管理法》第五十七条规定，房地产中介服务机构包括房地产咨询机构、房地产价格评估机构、房地产经纪机构等。

《房地产管理法》第五十八条规定，房地产中介服务机构应当具备下列条件：

① 有自己的名称和组织机构；

② 有固定的服务场所；

③ 有必要的财产和经费；

④ 有足够数量的专业人员；

⑤ 法律、行政法规规定的其他条件。

设立房地产中介机构，应当向工商行政管理部门申请设立登记，领取营业执照后，方可开业。

三、房地产物业管理

《物业管理条例》第二条中规定，物业管理是指业主通过选聘物业服务企业，由业主和物业服务企业按照服务合同约定，对房屋及配套的设施设备和相关场地进行维修、养护、管理，维护物业管理区域区内的环境卫生和秩序活动。

物业管理的内涵：物业管理的管理对象是物业；物业管理的服务对象是人，即物业所有人（业主）和物业使用人；物业管理的属性是经营。

（一）物业管理的基本内容

物业管理的基本内容有三种服务类型，即常规性公共服务、针对性专项服务和委托性特约服务。

① 常规性公共服务。包括：房屋建筑主体管理及住宅装修日常监督；房屋设备、设施管理；环境卫生管理；绿化管理；配合公安和消防部门做好住宅区内公共秩序维护和安全防范工作；车辆道路管理；公众代办性质服务。

② 针对性专项服务。包括：日常生活类，商业服务类，文化、教育、卫生、体育类，金融服务类，社会服务类和经纪代理中介服务。

③ 委托性特约服务。委托性特约服务是指物业管理企业为了满足业主、物业使用人的个别需求受其委托而提供的服务。通常是指在物业服务合同中未约定、在专项服务中未设立，而业主、物业使用人又有该方面需求的服务。特约服务实际上是专项服务的补充和完善，当有较多的业主和物业使用人有某种服务需求时，物业管理企业可以将此项特约服务纳入专项服务。

（二）业主的权利

《物业管理条例》规定，业主在物业管理活动中享有的权利包括：按照物业服务合同的约定，接受物业服企业提供的服务；提议召开业主大会会议，根据物业管理的有关事项提出建议；提出制定和修改管理规约，业主大会议事规则的建议；参加业主大会会议，行使投票权；选举业主委员会委员，并享有被选举权；监督业主委员会的工作；监督物业服务企业履行物业服务合同；对物业共用部位、共用设施设备和相关场地使用情况享有知情权和监督权；监督物业共用部位、共用设施设备专项维修资金的管理和使用；法律、法规规定的其他权利。

（三）业主大会

业主大会由物业管理区域内全体业主组成。

业主大会是物业管理区内物业管理的最高权力机构，是物业管理的决策机构，代表和维护物业管理区域内全体业主在物业管理活动中的合法权益。业主委员会是业主大会的执行机构，由业主大会选举产生。业主大会和业主委员会并存，业主决策机构和执行机构分离，业主委员会向业主大会负责。业主大会应当在首次会议召开时选举产生业主委员会。一个物业管理区域应当成立一个业主委员会，人数为 5 ～ 11 名的单数。业主委员会成员应当由热心公益事业，责任心强，具有一定组织能力和必要工作时间的业主担任。

(四)《民法典》关于物业

物业管理属于物权范畴，涉及房地产物业管理。

《民法典》第二百七十一条～第三百一十条，第九百三十七条～第九百五十条，第一千二百五十二条～第一千二百五十八条，对于业主的建筑物区分所有权、相邻关系、共有、物业服务合同、建筑物和物件损害责任等都有明确规定，具体可参看《民法典》有关条款。

第四节 建设项目环境保护管理法规

《民法典》第九条“民事主体从事民事活动，应当有利于节约资源、保护生态环境。”第五百零九条第三款“当事人在履行合同过程中，应当避免浪费资源、污染环境和破坏生态。”由此，“绿色原则”已作为民法基本原则明确写入了《民法典》中，意味着建设工程中的选址、设计、施工、维修、拆除都要坚持这一原则，充分考虑建筑设计与自然的统一、可持续的场址规划、高效的能源利用、材料和资源的循环使用、室内环境质量达标等因素，把建设工程的经济效益、使用感受、实用程度与绿色原则共同作为设计、施工的考量因素，也作为法院处理建设工程合同纠纷的重要原则和裁量依据。

《建设项目环境保护管理条例》对建设项目产生新的污染、破坏生态环境给出了明确规定。第五条“改建、扩建项目和技术改造项目必须采取措施，治理与该项目有关的原有环境污染和生态破坏。”

一、环境影响评价

《中华人民共和国环境保护法》(以下简称《环境保护法》)第十九条“编制有关开发利用规划，建设对环境有影响的项目，应当依法进行环境影响评价。未依法进行环境影响评价的开发利用规划，不得组织实施；未依法进行环境影响评价的建设项目，不得开工建设。”

（一）基本要求

① 建设产生污染的建设项目，必须遵守污染物排放的国家标准和地方标准；在实施重点污染物排放总量控制的区域内，还必须符合重点污染物排放总量控制的要求。

② 工业建设项目应当采用能耗物耗小、污染物产生量少的结晶生产工艺，合理利用自然资源，防止环境污染和生态破坏。

③ 改建、扩建项目和技术改造项目必须采取措施，治理与该项目有关的原有环境污染和生态破坏。

④ 建设项目环境保护涉及建设项目全过程，始于初步设计、预研、实施，直至项目投产使用。

（二）评价制度

国家实行建设项目环境影响评价制度。

1. 分类管理

建设项目环境影响评价分类管理名录，由国务院环境保护行政主管部门在组织专家进行论证和征求有关部门、行业协会、企事业单位、公众等意见的基础上制订并公布。

建设单位对环境可能造成重大影响的，应当编制环境影响报告书，对建设项目产生的污染和对环境的影响进行全面、详细的评价。

建设项目对环境可能造成轻度影响的，应当编制环境影响报告书，对建设项目产生的污染和对环境的影响进行分析或者专项评价。

建设项目对环境影响很小，不需要进行环境影响评价的，应当填报环境影响登记表。

2. 环境影响报告书

（1）环境影响报告书的内容

环境影响报告书应当包括下列内容：

① 建设项目概况；

② 建设项目周围环境现状；

③ 建设项目对环境可能造成影响的分析和预测；

④ 环境保护措施及其经济、技术论证；

⑤ 环境影响经济损益分析；

⑥ 对建设项目实施环境监测的建议；

⑦ 环境影响评价结论。

（2）环境影响报告表或登记表

建设项目环境影响报告表、环境影响登记表的内容和格式，由国务院环境保护行政主管部门规定。

国务院环境保护行政主管部门负责审批下列建设项目影响报告书、环境影响报告表：

① 核设施、绝密工程等特殊性质的建设项目；

② 跨省、自治区、直辖市行政区域的建设项目；

③ 国务院审批的或者国务院授权有关部门审批的建设项目。

(3) 环境影响报告书的审批

依法应当编制环境影响报告书、环境影响报告表的建设项目，建设单位应当在开工建设前将环境影响报告书、环境影响报告表报有审批权的环境保护行政主管部门审批；建设项目的环境影响评价文件未依法报审批部门审查或者审查后未予批准的，建设单位不得开工。

环境保护行政主管部门审批环境影响报告书、环境影响报告表，应当重点审查建设项目的环境可行性、环境影响分析预测评估的可靠性、环境保护措施的有效性、环境评价结论的科学性等，并分别自收到环境影响报告书之日起60日内、收到环境影响报告表之日起30日内，作出审批决定并书面通知建设单位。

环境保护行政主管部门可以组织技术机构对建设项目环境影响报告书、环境影响报表进行技术评估，并承担相应费用；技术机构应当对其提出的技术评估意见负责，不得向建设单位、从事环境影响评价工作的单位收取任何费用。

依法应当填报环境影响登记表的建设项目，建设单位应当按照国务院环境保护行政主管部门的规定将环境影响登记表报建设项目所在地县级环境保护行政主管部门备案。

环境保护行政主管部门应当开展环境影响文件网上审批、备案和信息公开。

建设项目环境影响报告书、环境影响报告表或者环境影响登记表经批准后，建设项目的性质、规模、地点或者采用的生产工艺发生重大变化的，建设单位应当重新报批建设项目环境影响报告书、环境影响报告表或者环境影响登记表。

建设项目环境影响报告书、环境影响报告表或者环境影响登记表自批准之日起满5年，建设项目方开工建设的，其环境影响报告书、环境影响报告表或者环境影响登记表应当报原审批机关重新审核。原审批机关应当自收到建设项目环境影响报告书、环境影响报告表或者环境影响登记表之日起10日内，将审核意见书面通知建设单位；逾期未通知的，视为审核同意。

审核、审批建设项目环境影响报告书、环境影响报告表或者环境影响登记表，不得收取任何费用。

建设单位可以采取公开招标的方式，选择从事环境影响评价工作的单位，对建设项目进行环境影响评价。任何行政机关不得为建设单位指定从事环境影响评价工作的单位，进行环境影响评价。

《中华人民共和国环境影响评价法》(简称《环境影响评价法》)第二条“本法所称环境影响评价，是指对规划和建设项目实施后可能造成的环境影响进行分析、预测和评估，提出预防或者减轻不良环境影响的对策和措施，进行跟踪监测的方法与制度。”第五条“国家鼓励有关单位、专家和公众以适当方式参与环境影响评价。”第八条中规定，国务院有关部门、设区的市级以上地方人民政府及其有关部门，对其组织编制的工业、农业、畜牧业、林业、能源、水利、交通、城市建设、旅游、自然资源开发的有关专项规划，应当在该专项规划草案上报审批前，组织进行环境影响评价，并向审批该专项规划的机关提出环境影响报告书。

最新修正的《环境影响评价法》不再强制要求由具有资质的环评机构编制建设项目环境影响报告书（表），规定建设单位可以委托技术单位为其编制环境影响报告书（表），如果自身具备相应技术能力也可以自行编制，有利于进一步激发市场活力，通过更加充分的市场竞争提升环评技术服务水平和服务意识，也有利于进一步减轻企业负担，推进实体经济发展。

最新修正的《环境影响评价法》的一个突出特点就是明确了建设单位对其建设项目环境影响报告书（表）承担主体责任。督促建设单位按照谁获益谁担责的原则，自觉履行环保责任，明确规定建设单位对其建设项目环境影响报告书（表）的内容和结论负责，技术单位承担相应责任。

《环境影响评价法》对监督管理、责任追究作出了更加严格的规定，赋予了各级生态环境主管部门更强有力的监管措施。

一是大幅强化法律责任，实施单位和人员的“双罚制”。环评文件如果存在严重质量问题，对建设单位将处五十万元至二百万元罚款，对其相关责任人员处五万元至二十万元罚款；对技术单位罚款额度由 1 ～ 3 倍提高到 3 ～ 5 倍，并没收违法所得，情节严重的禁止从业；对编制人员实施五年内禁止从业等处罚，构成犯罪的还将依法追究刑事责任，并终身禁止从业。

二是提高了有关考核和处罚的可操作性，从基础资料明显不实，内容存在重大缺陷、遗漏或者虚假，环境影响评价结论不正确或者不合理等三个方面，细化了环境影响报告书（表）存在“严重质量问题”的具体情形，标准更明确，有利于各级生态环境部门加强监管。

三是加强环评文件质量考核，明确要求市级以上生态环境主管部门均应当对建设项目环境影响报告书（表）编制单位进行监督管理和质量考核。

四是实施信用管理，负责审批建设项目环境影响报告书（表）的生态环境主管部门需依法将编制单位、编制主持人和主要编制人员的相关违法信息记入社会诚信档案，并纳入全国信用信息共享平台和国家企业信用信息公示系统向社会公布，这样将产生联合惩戒的强大威慑力。

二、环境保护设施

《环境保护法》第四十一条中规定，防治污染设施应当符合经批准的环境影响评价文件的要求，不得擅自拆除或者闲置。

(一) 基本原则

① 建设项目需要配套建设的环境保护设施,必须与主体工程同时设计、同时施工、同时投产使用,即“三同时原则”。

② 流域开发、开发区建设、城市新区建设和旧区改造等区域性开发,编制建设规划时,应当进行环境影响评价,具体办法由国务院环境保护行政主管部门会同国务院有关部门另行规定。

③ 海洋工程建设项目的环境保护管理,按照国务院关于海洋工程环境保护管理的规定执行。

④ 军事设施建设项目的环境保护管理,按照中央军事委员会的有关规定执行。

(二) 建设项目环境保护的实施

建设项目的初步设计,应当按照环境保护设计规范的要求,编制环境保护篇章,并依据经批准的建设项目环境影响报告书或者环境影响报告表,在环境保护篇章中落实防治环境污染和生态破坏的措施及环境保护设施投资概算。

建设单位应当将环境保护设施建设纳入施工合同,保证环境保护设施建设进度和资金,并在项目建设过程中同时组织实施环境影响报告书、环境影响报告表及其审批部门审批决定提出的环境保护对策措施。

编制环境影响报告书、环境影响报告表的建设项目竣工后,建设单位应当按照国务院环境保护行政主管部门规定的标准和程序,对配套建设的环境保护设施进行验收,编制验收报告。

分期建设、分期投入生产或者使用的建设项目,其相应的环境保护设施应当分期验收。

编制环境影响报告书、环境影响报告表的建设项目,其配套建设的环境保护设施经验收合格,方可投入生产或者使用;未经验收或者验收不合格的,不得投入生产或使用。

环境保护行政主管部门应当对建设项目环境保护设施设计、施工、验收、投入生产或使用情况,以及有关环境影响评价文件确定的其他环境保护措施的落实情况,进行监督检查。环境保护行政主管部门应当对建设项目有关环境违法信息计入社会诚信档案,及时向社会公开违法者名单。

三、法律责任

(一) 罚款

建设单位有下列行为之一的,依照《环境影响评价法》的规定进行处罚。

① 建设项目环境影响报告书、环境影响报告表未依法报批或者报请重新审核,擅

自开工建设；

② 建设项目环境影响报告书、环境影响报告表未经批准或者重新审核同意，擅自开工建设；

③ 建设项目环境影响登记未依法备案。

建设单位编制建设项目初步设计未落实防治环境污染和生态破坏的措施及环境保护投资概算，未将环境保护设施建设纳入施工合同，或未依法开展环境影响评价的，由建设项目所在地县级以上环境保护行政主管部门责令限期改正，处以 5 万元以上 20 万元以下的罚款；逾期不改正的处以 20 万元以上 100 万元以下的罚款。

建设单位在项目建设过程中未同时组织实施环境影响报告书、环境影响报告表及其审批部门审批决定中提出环境保护对策措施的，由建设项目所在地县级以上环境保护行政主管部门责令限期改正，处 20 万元以上 100 万元以下的罚款；逾期不改正的，责令停止建设。

建设项目需要配套建设的环境保护设施未建成、未经验收或者经验收不合格，建设项目即投入生产或使用，或者在环境保护设施验收中弄虚作假的，由县级以上环境保护行政主管部门责令限期改正，处 20 万元以上 100 万元以下的罚款；逾期不改正的，处 100 万元以上 200 万元以下的罚款；对直接负责的主管人员和其他责任人员，处 5 万元以上 20 万元以下的罚款；造成重大环境污染或者生态破坏的，责令停止生产或使用，或者报经有批准权的人民政府批准，责令关闭。

技术机构向建设单位、从事环境影响评价工作的单位收取费用的，由县级以上环境保护行政主管部门责令退还所收费用，处所收费用 1 倍以上 3 倍以下的罚款。

从事建设项目环境影响评价工作的单位，在环境影响评价工作中弄虚作假的，由县级以上环境保护行政主管部门处所收费用 1 倍以上 3 倍以下的罚款。

(二) 行政处分

8-2 第八章教学案例

环境保护行政主管部门的工作人员徇私舞弊、滥用职权、玩忽职守、构成犯罪的，依法追究刑事责任；尚不构成犯罪的，依法给予行政处分。

思考题

1. 论述《建筑法》的立法意义。
2. 建筑活动的监督管理具有什么特点？
3. 建筑法律责任的含义有哪些？其特点是什么？
4. 什么是建设用地规划许可证制度、建设工程规划许可证制度？
5. 建设项目环境影响评价制度有什么意义？
6. 建设项目环境影响报告书应当包括什么内容？

参考文献

[1] 法律出版社法规中心.中华人民共和国工程建设法律法规全书[M]. 8版.北京:法律出版社,2022.

[2] 石晓娟,田芳芳,邵丽.建设法规[M].杭州:浙江大学出版社,2021.

[3] 王晓琴,赵冬梅.建设法规[M]. 3版.武汉:武汉理工大学出版社,2021.

[4] 顾永才.建设法规[M]. 5版.武汉:华中科技大学出版社,2021.

[5] 卢扬,谢颖川.建设法规[M].郑州:郑州大学出版社,2018.

[6] 张叶红,甄小丽.建设法规[M].北京:机械工业出版社,2022.

作者简介

王立久，大连理工大学教授、博士生导师，被授予辽宁省和大连市优秀专家、山东省“5150”引才倍增计划创业人才等称号。多年来致力于混凝土基本理论（架构模型）研究；硅铝资源洁净多联产技术；我国荒漠化治理技术与工程；农业秸秆绿色资源化综合利用技术。主要理论贡献：混凝土架构模型基本理论，材料过程工程学理论。主要技术：燕尾型轻钢龙骨网模建筑关键技术；煤矸石、粉煤灰洁净多联产关键技术；低能耗自保温节能建筑关键技术；黄土高原水土流失（砒砂岩）根治技术；黄河泥沙混凝土及其堤坝护岸、口门抢险应用关键技术；准超临界流体连续洁净制备农用秸秆纸浆关键技术。

读者意见反馈

为收集对教材的意见建议，进一步完善教材编写并做好服务工作，读者可将对本教材的意见建议通过如下渠道反馈至我社。

咨询电话　400-810-0598

反馈邮箱　gjdzfwb@pub.hep.cn

通信地址　北京市朝阳区惠新东街 4 号富盛大厦 1 座
高等教育出版社总编辑办公室

邮政编码　100029

防伪查询说明

用户购书后刮开封底防伪涂层，使用手机微信等软件扫描二维码，会跳转至防伪查询网页，获得所购图书详细信息。

防伪客服电话

(010) 58582300